U0638583

历史的厚赠

国家级传统工艺传承人的匠艺之路

方鸿琴／编著

中国出版集团　全国百佳图书

中国民主法制出版社　出版单位

图书在版编目（CIP）数据

历史的厚赠：国家级传统工艺传承人的匠艺之路 / 方鸿琴编著 . —北京：
中国民主法制出版社，2022. 10

ISBN 978-7-5162-2946-0

Ⅰ.①历… Ⅱ.①方… Ⅲ.①非物质文化遗产－民间艺人－生平
事迹－中国－现代 Ⅳ.① K825.7

中国版本图书馆 CIP 数据核字（2022）第 194045 号

图书出品人：刘海涛
出版统筹：石 松
责任编辑：张佳彬 刘险涛

书 名／历史的厚赠——国家级传统工艺传承人的匠艺之路
作 者／方鸿琴 编著

出版·发行／中国民主法制出版社
地址／北京市丰台区右安门外玉林里 7 号（100069）
电话／（010）63055259（总编室） 63058068 63057714（营销中心）
传真／（010）63055259
http://www.npcpub.com
E-mail: mzfz@npcpub.com
经销／新华书店
开本／16 开 710 毫米 ×1000 毫米
印张／21 **字数／**310 千字
版本／2022 年 10 月第 1 版 2022 年 10 月第 1 次印刷
印刷／北京天宇万达印刷有限公司

书号／ISBN 978-7-5162-2946-0
定价／138.00 元
出版声明／版权所有，侵权必究。

（如有缺页或倒装，本社负责退换）

传统工艺承千古

匠艺之路照来人

祝贺方鸿琴新书匠艺之路出版

壬寅秋月于北京　陈虹

民政部原副部长、国家民族事务委员会原常务副主任，
中国藏学研究中心原党组书记（正部长级）　　陈虹

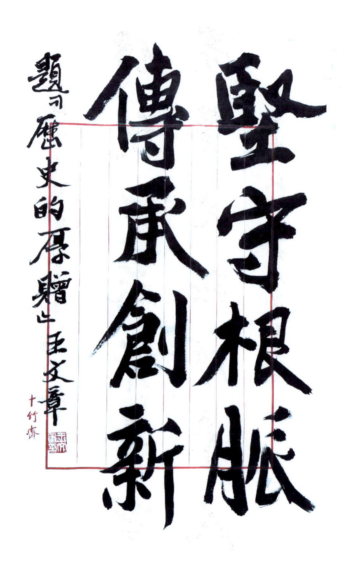

坚守根脉 传承创新

题写 历史的厚赠 王文章

十竹斋

原文化部副部长,中国艺术研究院原院长,中国非物质文化遗产保护中心原主任,
全国政协京昆室副主任　　王文章

坚持守正创新，激发创造活力
推动传承发展，促进永续利用

吴忠泽

中央纪委驻国家科学技术部纪检组原组长（副部长级）、党组成员，
第十一届全国人大教育科学文化卫生委员会委员　　吴忠泽

历史的厚赠
——国家级传统工艺传承人的匠艺之路

打造一支高技能人才队伍　袁彦鹏

匠心创造非凡
精工成就卓越

原劳动和社会保障部副部长，中央纪委驻人力资源和社会保障部纪检组原组长　　袁彦鹏

向传统工艺大师致敬

壬寅春林少杜于东海^雅

外经贸部原副部长，中国对外贸易经济合作企业协会会长，
第十届全国政协外事委员会副主任　　周可仁

前　言

PREFACE

　　我国的非物质文化遗产绚丽多姿、博大精深，是中华文明传承发展的重要纽带，是中华优秀传统文化的重要组成部分，是中国文化创新的宝贵源泉，其与物质文化遗产一同构成的历史文化遗产紧紧联结着中华各族儿女的情感，并在同世界其他文明交流对话中讲述着中华文明的故事。党的十八大以来，习近平总书记高度重视文化遗产保护，多次作出重要指示批示。2022 年 5 月 27 日，在十九届中央政治局第三十九次集体学习时，习近平总书记发表重要讲话指出："文物和文化遗产承载着中华民族的基因和血脉，是不可再生、不可替代的中华优秀文明资源。要让更多文物和文化遗产活起来，营造传承中华文明的浓厚社会氛围。要积极推进文物保护利用和文化遗产保护传承，挖掘文物和文化遗产的多重价值，传播更多承载中华文化、中国精神的价值符号和文化产品。"历史长河奔腾向前，包括非物质文化遗产在内的中华优秀传统文化犹如扎根岸边的棵棵大树，使河岸变得更加坚实和生机盎然，默默支撑着大河入海，也让我们拥有更加坚定的信心扬帆远航。无论我们走多远，中华民族历史长河中那些坚毅的品格与美好的风景，深入我们的心灵，伴随我们前行，也伴随我们走向更广阔的世界和更美好的未来，让我们一同珍惜和爱护。

　　如今，我国的非物质文化遗产保护传承体系日趋完善，已经建立了国家、省、市、县非物质文化遗产四级名录体系，明确提出了相关保护工作的中长期目标、重点任务和具体举措。2021 年 8 月，中共中央办公厅、国务院办公厅印发了《关于进一步加强非物质文化遗产保护工作的意见》，提出"到 2025 年，非物质文化遗产代表性项目得到有效保护，工作制度科学规范、运行有效，人民群众对非物质文化遗产的参与感、获得感、认同感显著增强，非物质文化遗产服务当代、造福人民的作用进一步发挥。""到 2035 年，非物质文化遗产得到全面有效保护，传承活力明显增强，工作制度更加完善，传承体系更加健全，保护理念进一步深入人心，国际影响力显著提升，在推动经济社会可持续发展和服务国家重大战略中的作用更加彰显。"并提出，要健全和完善包括调查记录体系、代表性项目制度、代表性传承人制度、区域性整体保护制度、传承体验设施体系和理论研究体系在内的非物质文化遗产保护传承体系。2022 年 6 月 28 日，文化和旅游部、教育部、科技部等十部门联合印发《关于推动传统工艺高质量传承发展的通知》（以下简称《通知》），提出了一系列保护、引导、支持和鼓励传统工艺高质量传承发展的措施，健全非物质文化遗产保护传承体系，推动传统工艺实现创造性转化、创新性发展，更好服务经济社会发展和人民高品质生活。《通知》由十部门联合发布，足见国家决心之大、决策之重。同时，也可以看到非物质文化遗产特别是传统工艺代表性项目的保护传承牵涉面广，任务艰巨复杂，需要大家协同努力，把此项工作引向深入。

今天的中华大地上，仍有无数的非物质文化遗产传承人在孜孜不倦地耕耘着这片广袤的文明之地。《历史的厚赠——国家级传统工艺传承人的匠艺之路》记录和描绘了部分国家级传统工艺代表性传承人的匠艺之路。本书选定了十位技艺精湛的传统工艺类非物质文化遗产代表性传承人，他们是 90 岁的中国象牙雕刻工艺美术大师李定宁；87 岁的中国陶瓷工艺美术大师夏侯文；80 岁的著名面塑民间艺术家郎志丽；78 岁的中国竹编工艺美术大师何福礼；76 岁的中国漆艺漆画工艺美术大师郑修钤；76 岁的中国苏绣工艺美术大师张美芳；68 岁的中国云锦工艺美术大师金文；60 岁的中国景泰蓝工艺美术大师钟连盛；56 岁的著名剪纸民间工艺美术家高佃亮；还有最年轻的 51 岁的娘本，他是中国唐卡工艺美术大师。他们为中华传统工艺的传承和发展贡献着自己的力量。作为非遗传承人，他们在各自领域深研细琢，竭尽所能，潜心笃行，将非物质文化遗产的技艺发挥到了至高境界，并向人们传递着蕴含其中的精神文化。他们是平凡的，又是如此可敬，他们的作品令人神往。然而，我们也看到，他们中多数已经是高龄老人，他们的技艺，特别是他们的精神，迫切地需要传承。

　　我国非物质文化遗产保护体量庞大、种类丰富。本书限于篇幅，仅推出其中十位国家级非物质文化遗产代表性传承人，希望通过讲述他们的"绝技"，展现蕴含其中的精神文化，以及与之相关的故事，与读者分享他们的匠艺之路，也为保护和弘扬非物质文化遗产尽绵薄之力。

　　向传承和弘扬中华优秀传统文化的每一位敬业者致敬！

目　　录

C O N T E N T S

第六章　张美芳　坚持苏绣创新　传播中华文化

第七章　金　文　云锦织梦　寸尺匠心

第十章　娘　本　梵心绘唐卡　卌载传丹青

李定宁说

第一章

李定宁
传神人物雕刻　追求艺术之美

在广州大新象牙工艺厂（以下简称大新象牙工艺厂），厂长钟启祥和书记伍尚秋正在跟厂里的技术骨干——李定宁说着一件很担忧的事。原来大新象牙工艺厂的仓库里有许多象牙的根很空，空的部分很宽，像喇叭的样子。这种象牙一直积压在仓库里，因为它非常不好上手雕刻。厂长和书记看到仓库积压了这么多象牙，很忧心，询问李定宁如何能有效地利用这些材料。

李定宁仔细研究后，决定因材施艺。他将原先一段空心的不成形的象牙材料设计制作成撒网船，通过象牙的天然独特造型，展现出船舶的形态，船似弯弯眉月，头小、中间大。通过精巧的雕刻，精准再现了渔夫收网捕鱼的瞬间动态，人物形态各异，有男有女，有老有少，他们有的划船、有的拉网、有的抓鱼，神态逼真，熟练的雕刻手法再现了渔家的劳动乐章，具有浓厚的生活气息。

就这样，牙雕"渔翁撒网船"系列作品诞生了，将仓库积压多年的象牙材料实现了最优利用，而且成为厂里的明星产品。

李定宁，1932 年生于广东省南海县（现南海区，下同）。由于他后来在象牙雕刻方面取得的杰出成就，国务院授予其"中国工艺美术大师"，首批国家级非物质文化遗产"象牙雕刻"广东省代表性传承人。20 世纪 50 年代，

李定宁创作的象牙雕作品《渔汛》——渔翁撒网船

他进入广州市大新象牙工艺厂工作直至退休，历任生产科科长、设计室主任、技术副厂长等职，现任广州市宝象工艺品有限公司艺术总监。

李定宁至今从艺 70 多年，技艺全面，熟悉掌握镂雕、圆雕、浅浮雕、高浮雕等各种雕刻技法。李定宁的拼嵌技艺十分高超，其拼嵌作品浑然一体，毫无斧凿痕迹。在牙雕造型设计及艺术风格上，李定宁在继承传统技艺的基础上，融会中外美术理论和雕塑技法，大胆创新，形成轻盈剔透的艺术风格。其作品造型新颖，寓意深长，有鲜明的艺术个性。他把广州牙雕尤其是牙雕人物作品的艺术水平提高到一个新的高度。古代仕女雕刻是李定宁的拿手绝活儿，在业界有"美人宁"之称。他还首创人物内容与牙灯、牙球的结合，开发设计了"渔翁撒网船"这种新的牙雕作品种类。其中，代表作品有大型牙雕《丰收》《天女散花》《大圣闹蟠桃》《宝莲灯》《月宫明灯》《英雄颂》《月下追贤》《群仙祝寿》《群芳竞放》《龙的传人》《盛世乾坤》《麻姑献寿》《贺寿》等。

李定宁还曾荣获广东省人民政府授予的"广东省工艺美术家"称号，是广东省民间文化杰出传承人、广东省先进工作者、广州市劳动模范。作品《丰收》获第三届广东省工艺美术精品展金奖，《群仙祝寿》获广东省二轻系统优秀"四新"产品一等奖，《月下追贤》《群芳竞放》获中国工艺美

术品百花奖银杯奖,《月宫明灯》获
中国工艺美术品百花奖创作设计二等
奖。《盛世乾坤》荣获第十届中国民
间文艺"山花奖"、广东省第九届鲁
迅文学艺术奖、第八届广州文艺奖精
品奖。《东方之冠——世博中国馆同
道印》参加"迎世博纪念品全球华人
设计大奖赛",在 1080 个参赛设计
师的 4274 件作品中,以最高票数荣
获唯一的"特等奖"。

　　李定宁的很多作品被广州博物
馆、广东民间工艺博物馆、广东省工
艺美术珍品馆、中国工艺美术馆等
收藏。

李定宁

牙雕艺术　历史悠久

　　牙雕自古以来就被帝王将相、达官显贵视为奇珍异宝,象征着身份与
地位。它的价值不仅仅是因为象牙的特质,更在于它所承载的历史与艺术。

　　牙雕在中国有着悠久的历史,在黄河流域的山西、陕西等地,发现有
几十万年前的象牙化石。距今 7000 多年前的河姆渡遗址、5000 多年前的
大汶口文化遗址,都出土有象牙器皿和象牙雕刻。商代以后,考古出土的
象牙雕刻和象牙制品,更是层出不穷。由于受到佛教影响,象牙被赋予辟
邪的寓意,也使得象牙成为贵重的特种工艺制作材料。因此,象牙雕刻与
竹雕、木雕并称为传统雕刻工艺中的三大门类。到了清代,象牙雕刻进入
鼎盛时期,以康熙、雍正、乾隆三朝尤为突出。

　　牙雕在技法上主要分为南、北二派,北派以北京的传统雕刻为主,南

派以广州牙雕为代表，二者有不少区别。在品种上，北京牙雕以人物和花卉为主，广州牙雕多以古装的仕女、人物、山水、花鸟为题材。著名的产品有象牙球、渔翁撒网船、画舫、西洋棋等。在风格上，广州牙雕特点是玲珑剔透、飘逸，雕工细腻。例如，广州牙雕中的观音往往给人婀娜多姿、高雅的感觉。而北京牙雕的风格则偏向端庄、厚重。此外，广州牙雕重视吉祥文化，喜欢寓意比较好的东西。在牙雕工具上，二者也有区别，牙雕工具通常有锯、凿、铲、锉刀、刮刀，以各种形状、大小不同的刮刀最显眼，北派牙雕多用凿、铲；南派牙雕多用刮刀，可以对象牙做深层次处理，方便转弯，营造出玲珑剔透的效果。

广州牙雕制作着重于雕工，作品多以牙质莹润、精镂细刻见长，玲珑精巧、华丽美观。作为广东工艺的一张名片，广州牙雕分雕刻、镶嵌和编织三大类，雕刻之中的镂雕最具特色。在雕刻手法上，主要分为圆雕和通雕两大类：圆雕用以制作实心、立体工艺品，如人物、动物、山石风景等；通雕用以制作画舫、花瓶、花塔、牙球等通透玲珑的品种。

广州牙雕的类型主要分为三类：一是欣赏品，包括象牙球、画舫、蟹笼、花塔、花瓶、鸟兽、人物、山石景等；二是实用品，包括折扇、台灯、烟盅、烟嘴、笔筒、粉盒、图章、梳具、筷子、牙签、书签、纸刀、象棋等；三是装饰品，包括手镯、项链、耳环、戒指、别针等。

广州牙雕的兴盛，源于广州"处近海，多犀象"。作为中国最早的开放门户，广州汇聚了外国商人输入的包括象牙在内的原料，尤其在明朝末期，在大新街形成了一个象牙雕刻、经营和生产的作坊集中地。

明清时期，广州牙雕技艺达到高峰，匠人还被召入宫中搞创作。相传，法国拿破仑被放逐圣赫勒拿岛上时，他还专门差人到广州订制一副象牙国际象棋。据清宫档案记载，自雍正至咸丰年间，宫廷中留有名字的广州牙雕艺人就有 15 名之多。如今在广州博物馆还收藏着一只三层的牙雕龙船，就是同治时期用以进贡庆贺慈禧寿辰的。

广州牙雕种类之多、技艺之精、国际影响之大，在全国牙雕艺坛上独领风骚百余年。清朝时期的牙雕制品主要出口外国，是各国商人和游客回国的首选手信。而清代宫廷设有御用器物的作坊"造办处"，从广州招去的牙雕师最多。

广州的牙雕作坊，最初集中在大德路与惠福西路之间的象牙街、象牙巷一带。清道光年间，广州已有牙雕行会，鸦片战争后出现贡品行和洋行。贡品行名为"慎玉堂"，经营雕工精细的牙球、牙塔、人物造型，多为贡品和出口精品。洋行名为"怀远堂"，做外销行货，也有部分内销产品。当时的贡品行在三府前，由于专做高端货，很快就成为牙雕行业的标杆，艺人也纷纷迁来这一带。于是，大新街、小新街、玉子巷、三府前便逐渐发展成一条繁盛的商业街。中华民国以后，大牙行——象牙会馆崛起，取代了贡品行的地位。1931年，广州大新街扩宽至11米，改名为大新路。此时全广州从事牙雕的工匠达2000多人，店铺百间有余，风光无限。

家族传承　自幼接触

1932年，李定宁出生在广东省南海县。他出身牙雕世家，祖父和父亲都是牙雕大师，家里用于牙雕的工具和设备很齐全。祖父李君禄，在家中排行第六，1920年至1935年在广州大新路经营一家店铺，名为"联昌号"，专门从事象牙工艺品及洋货生意。后来，祖父将店铺交由儿子，即李定宁的父亲——李党安全权打理。从1930年开始，李家雕刻了无数象牙作品，是南派牙雕的重要一支，可以说占据了南方牙雕的半壁江山。1938年10月，侵华日军占领广州，百业萧条，原来十分兴盛的工艺行业纷纷破产，牙雕艺人四散而去。迫于形势，李定宁一家人回到了南海西樵乡下。

李定宁自幼生活的环境中充满了牙雕，象牙原料、半成品的象牙、雕刻象牙的各种道具等，祖父、父亲、大哥的对话几乎都围绕着牙雕。所以，受家庭的艺术熏陶，李定宁自幼就喜爱牙雕艺术。李定宁的二哥象牙雕刻得极好。13岁时，李定宁开始跟着父亲和二哥学习制作牙雕，他一边在家里学牙雕，一边在学校学习，半工半读。当时二哥是他的师傅，从如何塑造泥模到下第一刀，都是二哥教他的。虽然是自家人，但二哥对他这个学徒不讲一点情面，该骂的时候就骂，比教外边的徒弟还

严厉。二哥最擅长人物雕刻，李定宁跟着他学，后来也把人物雕刻练成了强项。

在父亲和二哥的严厉教导下，李定宁刻苦学习了牙雕四年，在那一千多个日子里，李定宁慢慢学习如何雕刻象牙：拿着一块象牙第一步是刮，刮到师傅说可以了就开始学打坯，动物、花鸟什么样的都学。最考验功夫的是人物像，等自己能雕出个风姿绰约的美人来时，就算是基本合格，可以出师了。一般的学徒出师要五年。

有父兄的言传身教，加上李定宁勤奋好学，他的牙雕技艺进步很快。这可能与李定宁血液中流淌的牙雕基因有关，在他家里，从祖父一辈传下来的牙雕精品有很多，他从小就过眼了无数遍。与牙雕朝夕相处，天天看着家里那些种类繁多、造型精美的牙雕，使得李定宁的视野十分开阔，既能雕小部件，也能雕大物件。

李定宁人生中第一个雕刻的作品是仕女牙雕。他觉得仕女很漂亮，加上仕女牙雕是打基础的难关，于是他毅然选择了制作最难的仕女牙雕。李定宁的计划是，以仕女牙雕打基础，把仕女的神态、比例都雕刻好，那么以后雕刻其他的山水、人物等就非常简单了。直到现在，李定宁仍然清晰地记得做完第一个仕女牙雕时的情景，用他的话说，"当时开心得合不拢嘴"。自此，他与牙雕结下了不解之缘。

后来，李定宁和二哥从南海西樵回到广州从艺，一起做牙雕的技术工。当时的技术工人多在家从事接单的活儿，做人物、山水、动物、花鸟、象牙球等，加起来大概有 10 个工种，仅是象牙球就有 3 个工种。人物这种题材基本可由一人独立完成。那时的象牙雕刻技术比较简单，但行业很兴旺，以外销为主。

再后来，李定宁与二哥到中国香港边打工边学艺。到了 1953 年，李定宁的父亲见政府很关注和支持牙雕工艺，还组织出口，便写信让他们两兄弟回广州。1954 年，李定宁和二哥回到广州，在牙雕店铺承接一些象牙加工，以维持生计。

进厂工作 赴京学习

1956 年，广州市政府组织手工行业私人作坊走集体合作道路，李定宁和二哥一起进入刚刚组建起来的广州市第一象牙雕刻生产合作社（大新象牙工艺厂前身）。李定宁兄弟两人从家庭作坊走向集体，从个体变为国有，终于摆脱动荡不安的生活，过上了安定的日子，他们对人民政府充满了感激之情。李定宁想：一定要把所学技艺发挥出来，为国家多做一些牙雕精品。

当时单位要给大家评定技艺等级，无论是老师傅还是年轻人，都需要当众显技艺。在规定的时间内，李定宁酣畅淋漓地完成了一尊人物牙雕，获得了一致好评。就这样，

李定宁在雕刻象牙

未满 30 岁的李定宁被定为五级技工，收入比其他行业的同龄人要高，大家都尊称他为"师傅仔宁哥"。

在日常工作中，李定宁颇有当师傅的样子，虽然他的学历只有初中，但这在 20 世纪 50 年代的大新象牙工艺厂算得上是知识分子了。所以，李定宁不仅在工作中带徒弟，在业余时间还当上了文化教员，帮助文化低的牙雕艺人提高文化水平。李定宁非常了解那一时代的手艺人：由于战乱，民不聊生，手工业者大多文化水平很低，不会写字，也不会画画，不懂人体构成，只知道动手制作。李定宁意识到，如今是新社会，要做好牙雕工艺品，必须要提高牙雕艺人的文化素养。因此，李定宁下班后就经常给工人们扫盲，他因此被同伴们称为模范教师。

尽管平时被人称为师傅，但李定宁并没有表露出任何骄傲或自满的情

绪，他仍然虚心地向其他人请教学习，他觉得即使是最差的一个，也有值得他学习的地方。李定宁对自己的技术也不太满意，毕竟南北两派的技法是有区别的。他认为如果只懂南派的细腻，而忽略了北派的狂野，这样的牙雕匠人不能算是国家级的，只能算广州级的。

1958年，李定宁雕刻了一尊高24英寸、重20公斤的仕女雕像，这是他学艺以来第一次独立制作大型牙雕人物作品。这次立体雕刻获得了很大成功，使他明确了以后要主攻象牙人物题材的方向。

同年，作为厂里的技术骨干，李定宁得到一个外出学习的机会，就是赴北京参加南北技艺大交流，学习时间为一个月。在北京期间，他主要在北京象牙雕刻厂学习，学习仕女、花鸟的先进雕刻技法。业余时间，李定宁经常到故宫博物院观摩，如痴如醉地欣赏了历代艺术珍品。

在北京一个月的所见所闻，让李定宁深深折服于中华民族传统文化的博大精深。那时的李定宁，犹如一块大海绵，如饥似渴地学习技艺、提升文化。比如，北派的牡丹雕得栩栩如生，他就不断地请教。他从来不打牌、不好酒，午休时分，人家休息，他就去拉开各个工位的柜台，看别人的作品，偷师学技艺。这是他后来成功的关键之处——勤奋、认真、刻苦。这段时间的学习，令他对传统与创新的关系有了更深的理解：传统的技艺需要继承，但更要突破，才能更好地传承下去。

好学的李定宁用他的智慧和才情将在北京的学习内容转化成知识，回到广州后，他全盘传授给大新象牙工艺厂的同事们。尽管已经过去半个多世纪，李定宁仍感慨地说："在北京学习的一个月，影响了我的一生，使我从此与象牙人物雕刻艺术结下了终身的情缘。"

在大新象牙工艺厂，李定宁先后担任了生产科科长、设计室主任、生产技术副厂长，手艺一步步得到肯定，有大量作品在全国和省市的展览评比中屡获金奖，多件作品被博物馆或国内外收藏家收购和珍藏。李定宁一直在这里工作了36年，一直到1992年退休，退休后还被返聘为该厂的高级艺术顾问。36年的时间里，从不止一人高的象牙，到只有小指头大的象牙，李定宁用一双巧手雕刻了大大小小的牙雕作品，但具体有多少件连他自己也记不清了。

潜心研制　革新传统

对于李定宁来说，一件牙雕就是一个天地，有艺术、有感情、有诗意。他热爱自己的手艺，却不甘心只是做一个匠人。因材施艺是师傅教的，怎样做得形神兼备还得自己研究。只有初中文化的李定宁熟读了四大名著，还参加了美术训练班，白描、写生、泥塑、解剖一点点学起。凡是与牙雕有关的，凡是对雕刻有所帮助的，李定宁都不放过。

从北京学习归来的李定宁眼界大开，开始探索牙雕的创新。他跟厂里提出两个建议：一是保留广州牙雕传统特色，如牙球、画舫、飞龙、山水、花鸟等，拓展人物造型、亭台楼阁等题材，以此来改进广州牙雕、人物雕刻技艺滞后的问题。二是将北派牙雕的人物艺术雕刻手法吸收进南派牙雕中。

李定宁通过调查发现，当时全国大约有一两万人从事象牙手工行业，其中，做人物雕刻的占90%。这个数据说明，人物主题是创作的最大元素。他认为，要做好人物，最重要的是提高牙雕生产者、设计者的素质，使塑造人物的题材贯穿到牙雕行业的几大技艺中去。李定宁为此曾发表了一篇论文——《人物是技艺之最》，在文中，他阐述了"学技术容易，学艺术难"的观点。实践证明，具有人物塑造艺术基础的手艺人通常都能制作其他造型的题材，就是我们现在经常讲的"触类旁通"的意思。但只会单一雕刻花鸟的能手却不一定能雕刻好人物，因为这只属于技术，与具有生命力的艺术是有区别的。艺术包括动作造型、神情表达等，雕刻好人物之所以有难度就是因为它牵涉思维、艺术眼光、美学知识等。单纯做镂通的品种甚至不要求你画画，但是做人物、花鸟、动物、山水等，就要求你具备较强的技艺性。所以，要推动广州牙雕发展，李定宁感到一定要在原有技艺的基础上开拓牙雕人物造型的题材。李定宁首先在古代静态仕女的设计造型上展开技术突破，在相貌、体态和衣纹等方面提出有针对性的雕刻要求，力求每个人物题材的产品都体现出艺术美感。

对于李定宁的建议，大新象牙工艺厂十分重视，工厂特地抽调了一群技艺高超的人员组成技术骨干小组，李定宁也在列。这个小组一方面集中

李定宁创作的《麻姑献寿》

研究如何提高广州人物牙雕的雕刻水平；另一方面，所有人都下车间指导工人，与工人们一起工作，研究人物雕刻怎样才能做得准、做得美，攻克人物雕刻中遇到的难题。

在大家的艰苦努力下，大新象牙工艺厂在制作牙雕仕女及其他人物造型工艺上取得了巨大的进步，生产出来的牙雕仕女造型优美、体态婀娜多姿、神韵逼真，被誉为"东方美女"。产品问世后，前来订货的外商特别高兴，按照 16 英寸、12 英寸、8 英寸的要求大批下单订货，成为当时十分抢手的创汇（外汇）商品。自此以后，牙雕人物成为广州牙雕的一大亮点。

这个质的飞跃可谓是李定宁牵头干起来的，而加工的任务同样也责无旁贷地落到李定宁的肩上。从 1958 年到 1962 年，李定宁几乎每星期都有三个上午扎在车间与一线工人们一道开牙坯、做雕刻、琢磨仕女的相貌神情直至制作成产品。

李定宁看不惯广州传统牙雕里头大、驼背、手不美的仕女样子，于是加以改变，雕刻出惟妙惟肖的仕女。为了更传神地刻画出南方少女的特色美，李定宁经常到广州最繁华的街头伫立观察，描摹写生。功夫不负有心人，他做的仕女神韵逼真，有新派的手法，跟传统的仕女有所不同。从此，古代仕女雕刻成了李定宁的拿手绝活儿，他被业内戏称为"美人宁"。不认识李定宁的人听到这个称呼之后，还以为李定宁是一位女性，其实这是因为他擅长古典仕女的雕刻，他的牙雕仕女个个婀娜多姿、飘逸潇洒。

在广州牙雕传统的"渔翁撒网船"题材上，李定宁也进行了新的研制。他因材施艺，将原先一段空心的不成形的象牙材料设计制作成撒网船。渔船的前面有一个老渔翁在抛渔网，渔网非常精细，后面有老渔翁一家捕鱼的场景。他发挥广州牙雕的镂通雕刻的特长，加上镶嵌的技法，更立体地表现出了古代渔民全家老少出海捕鱼的情形。"渔翁撒网船"作品问世后，受到了人们的喜爱，外销创汇很高。几十年过去了，这个题材的产品销售仍旧长盛不衰，深受市场欢迎。后来，大新象牙工艺厂正式向国家专利局申请"渔翁撒网船"题材专利生产权。

古代仕女和"渔翁撒网船"系列成为大新象牙工艺厂的主流产品，占当时广州牙雕工艺品销售市场的 60%。从此，栩栩如生的牙雕人物造型正式成为广州牙雕百花园里盛开的一朵奇葩。

因为广州牙雕能为国家创造大量外汇，当时的广州市领导朱光等十分重视这个行业的发展。1959 年，朱光专门到大新象牙工艺厂摸查情况，一大早就碰上了来上班的李定宁。李定宁也不认识他，径直将他带到收发室，搬张小凳子让他坐下。原来，当时大新象牙厂要建一幢占地面积 300 平方米的四层厂房。在初建厂房时，曾因钢筋不足而停滞下来。朱光知道此事后，视察施工现场，很快就批准购买了一批钢筋，使基建顺利进行。

1962 年，在朱光市长的倡导下，在广州文化公园举办了市工艺美术展，这是广州牙雕有史以来第一个展览，广州牙雕艺人们的作品争相向社会展示，是行业的一件大事。李定宁参展的《子建会洛神》，是他首创用整支象牙镂空通雕的象牙红梅花瓶，瓶外雕花，瓶内雕刻人物——子建、洛神，作品获得二等奖。另一件 20 寸的大型仕女为静态的人物造型，在此次展会上也同样获得优秀奖。在当时的业界，仕女作品也能获奖，实属少有。在其后很长的一段时间里，这种仕女造型更是为制作《天女散花》《麻姑献寿》等大型作品提供了丰富的题材。

李定宁还认真研究现代人物的雕刻技法，大胆创作了反映革命战争题材的《八女投江》牙雕。他将设计题材从古代美女拓展到当代英雄，实现了时空上的跨越。该作品同样因材施艺，塑造的人物活灵活现、神态生动，后被广东民间工艺博物馆收藏。

1963 年，大新象牙工艺厂将李定宁调到设计室，与比他年长七八岁的牙雕大师翁荣标、郭康等一起进行牙雕设计。李定宁意识到肩上的责任更重了：设计人员要懂得设计，要能解决技术难题，还要能培养技术骨干。他进入设计室后负责设计的第一件大型作品是《英雄颂》。这是一件以原支象牙材料制作的牙雕座件，高约 2.4 米，重约 40 公斤，整件作品将雷锋、王杰、欧阳海、焦裕禄四个英雄人物以立体形象的方式雕刻出来，再现了英雄们的精神风貌。李定宁从 1964 年设计动工制作，直到 1969 年才完工。因受"文化大革命"的影响，工厂经常停工，整个制作过程历时五年。

1970 年，《英雄颂》牙雕作品在广州秋季出口商品交易会上展出，最后被一位德国驻法的商人看中，以重金买走。李定宁和他的工友们为国家赚取了大笔外汇，但他们自己那时每月的工资却只有一百多元。让李定宁感到遗憾的是，当时他们一大批著名手艺人呕心沥血设计制作的牙雕艺术品未能标上自己的名字，从而不能获得知识产权权益的保障。

推陈出新　精品不断

正当李定宁想大展拳脚的时候，"文化大革命"开始了，牙雕被定性为资产阶级的产品而遭到批判。不过，当时的广州出口商品交易会却一届也没有停办，大新象牙工艺厂仍担负着出口贸易创汇的任务。工厂仍需要一批著名老艺人继续做些传统题材的工艺产品参加广交会，为国家赚取外汇。李定宁重新回到车间工作，当班长带徒弟，但他从来没有放弃在牙雕人物塑造方面的探索。他默默地训练雕刻技艺，创作积极性丝毫不受影响。

李定宁先是设计和制作了大型牙雕座件《麻姑献寿》，突破了以往牙雕作品受原材料限制做成的产品规格小、造型款式单调的问题。他用整段象牙材料制作麻姑的身体主干，其他造型动作就用零散的牙料，分别制作成型后再采用镶、拼、嵌的技艺手法将各部位连接起来。这种做法使《麻姑献寿》的造型达 1 米多高，重约 50 公斤，规格宏大，人物神态生动，如同真人一般。

凭借对仕女雕刻的研究，李定宁还创造了人物主题与牙灯、牙球的结合。20 世纪 70 年代，中美建交后，李定宁创作了《友谊第一、比赛第二》

李定宁创作的《贺寿》

的牙雕作品，生动地雕刻了美国跳水队队员来华比赛的场景，利用光线明暗的投射，将跳水后激起水花的效果雕刻得惟妙惟肖。

此后，李定宁的全新创作就没停止过。他设计了《天女散花》，在制作工艺上同样采取了《麻姑献寿》的方法，制作的牙雕人物婀娜多姿、飘逸洒脱；又用镶拼的新技法设计了《七姐下凡》《宝莲灯》《南海明珠》《蟠桃会》等几个神话题材的大型牙雕工艺品，赢得了一片赞扬声，先后获得广东省或广州市工艺行业的各种设计奖项。

1978 年，李定宁任大新象牙工艺厂的设计室主任。此时的大新象牙工艺厂已成为广州市重要的出口贸易创汇单位，李定宁负责全厂的创作设计、技术管理、质量管理、技艺培训。

1982 年，按照干部队伍"革命化、年轻化、知识化、专业化"的要求，李定宁因技艺与知识水平都较高，被提拔为副厂长，主管生产技术和设计。当时的大新象牙工艺厂进入全盛期，全厂有六七百人，生产规模空前壮大。李定宁走上领导岗位后，除了领导全厂的技术工作，他个人在牙雕创新之路上也是佳作频出。

李定宁创作的《蟠桃会》

李定宁和《群仙祝寿》

　　1983 年，李定宁完成了大型牙雕作品《群仙祝寿》。这件牙雕作品的缘起是这样的：1982 年，一位外国商人打听到广州有一个李姓牙雕师傅的手艺很好，就通过广东省出口公司牵线，联系到大新象牙工艺厂，找到李定宁，想请他做一件有好寓意的大型牙雕作品，名字叫《群仙祝寿》。李定宁接受了这个任务，全权负责设计和制作。

　　《群仙祝寿》取材于中国古代神话传说，作品展现了各路仙人赶赴瑶池向王母娘娘献寿礼的场景。作品的规格创造了历史纪录，全长 190 厘米，高 170 厘米，厚 90 厘米，共用了象牙材料 200 多公斤，动用技术人员达 20 多人，历时一年才制作完成。

　　《群仙祝寿》通过数百个雕刻的组合，把献寿礼的热闹场面完美地刻画出来。这件牙雕集人物、花鸟、山水风景、亭台楼阁、灯饰、书画等传统雕刻技艺之大成。如果仔细在这件牙雕上数人的话，能在上面数出来 128 个人。而且每个人的神态各异，有人翩翩起舞，有人腾云驾雾，有雍容华贵的王母娘娘，也有惟妙惟肖的各路神仙。

　　《群仙祝寿》问世后，由于人数之众多、技艺之繁杂，让人惊讶不已，不少工艺行业的兄弟单位争相前来观摩。负责外贸出口的市出口公司想以 16 万元人民币买走《群仙祝寿》，但大新象牙工艺厂坚持要以 20 万元的价格出售，这当中牵涉的是以工艺品还是艺术品定价的问题：如果归工艺品，那么产品只能在原成本的基础上加上 15%—20% 的利润，如果超利润，税收高达 45%。李定宁坚持以艺术品定价。由于相关政策未能理顺，《群仙祝寿》便一直放在大新象牙工艺厂的陈列室。

　　1985 年秋季的一天，上海友谊商店到大新象牙工艺厂挑选牙雕艺术品，用来摆放在商场内部，一是增添商场艺术气息；二是吸引人气。他们最后看中了《群仙祝寿》，以 25 万元的价格买走了这件作品。这在当时是非常高的价格，那时候一套普通商品房的价格才 1 万元左右，25 万元可以买下一幢楼了。上海友谊商店将《群仙祝寿》放进橱窗，陈列在商场里。摆了两年后，又以 158 万元的价格卖给日本一个银行家。那位银行家非常欣赏《群仙祝寿》，他特地通过中国政府的批准，邀请作品的创作者——李定宁作为嘉宾，亲自护送这份牙雕艺术品到日本，并带领李定宁在日本参观游览了半个月。

李定宁创作的《贺寿灯》

《群仙祝寿》是李定宁非常满意的一件作品，但依然让人感到遗憾的是，他不能在作品上镌刻自己的名字。当时虽然已经改革开放了，但由于还没有制定保护知识产权的法律，所以牙雕行业的所有作品，即便是艺术大师的佳作，也不能刻上姓名。一直到21世纪，保护知识产权才正式落实。

有人喜欢自己的作品，愿意花钱买，对于制作者来说当然是一件非常高兴的事情，这代表了他的作品经受住了市场的考验，得到了顾客的喜欢。李定宁的牙雕作品还受到很多博物馆的欢迎，有多件作品被一些机构收藏，如广州博物馆收藏的《冼夫人练兵》，广东民间工艺博物馆收藏的《龙的传人》；《八女投江》则是李定宁1956年进入大新象牙工艺厂第一年设计制作的，1958年由广东民间工艺术博物馆收藏。而中国工艺美术馆收藏了李定宁设计制作的《月宫明灯》《麻姑献寿》等作品。

广州象牙雕刻品种有一特色之作——象牙球，在明代又称"鬼功球"，意为鬼斧神工之作。象牙球雕刻始于宋代，最初是三层，随着时间的推移，层数越来越高，内容也日益丰富。1915年，旧金山的万国博览会上，展出了日本的一个30层象牙球和中国广州的一个20多层象牙球。将两个球放入沸水里，结果日本展出的象牙球散开了，而中国广州的象牙球完整无缺。原来，那个散开的象牙球是黏合而成，而广州的象牙球是整体镂雕，从此广州象牙球名扬海外。

象牙球目前的最高纪录是由李定宁创作的57层。2010年，上海世博会"广东周"，李定宁和儿子李斌成的牙雕作品《盛世乾坤》以多达57层的象牙球，再度向世界人民展示了广州牙雕技艺的精湛。其独到之处是用一块完整的象牙料巧妙地镂空成层层相套的球体，球体精巧剔透，且每层镂空雕刻有不同的通透花纹图案，是能转动自如的活球。李定宁的牙雕鬼工球一层套一层，层层皆可转动，灵动美、精细美和恢宏大气感兼具，他被业内称为"鬼工球千古第一人"。

《盛世乾坤》由李定宁亲自设计和主刀，前后花了 30 年时间，主体以巨龙喷出水柱衬托起龙珠，象牙球上则以敦煌飞天仕女为主题，寓意中华民族的繁华盛世。其中，最为珍贵的是象牙球每层都薄如丝纸，且均为镂空雕刻，层层都是同心圆，灵活转动。

层数达到 50 层的象牙球，每加一层，直径每加几毫米，难度就要翻好几倍，而且对材料的要求特别高。李定宁说："象牙球都必须用一支完好的象牙来雕，直径 17 厘米，意味着象牙体积巨大而且韧性极佳，制作这只象牙球所用的是我们家传了四代、珍藏了过百年的一支非洲象牙，重达 80 公斤！"

李定宁有一座由很多小仙童组成的《百子贺寿》牙雕，这是李定宁最

李定宁创作的《盛世乾坤》

李定宁创作的《百子贺寿》

满意的作品之一。这个牙雕作品里有他独创的东西，就是顶上那个象牙球，广式的象牙球都是雕龙凤多，而他的创新是将人物雕刻在象牙球上。作品用传统广式象牙雕技法，在直径 17 厘米的长毛象牙球上雕刻了 36 个童子，支撑象牙球的球柱雕刻有 72 个童子，簇拥着"南极仙翁"。

从艺七十多年，经历抗日战争、中华人民共和国成立、"文化大革命"、改革开放等诸多历史大事件，李定宁总是能安下心做牙雕，寻求工艺的突破改进，他的牙雕作品不仅绽放着中华传统艺术美感，还成为世界通用的"语言"，销往国外为国家创汇。

教授学徒　薪火相传

李定宁的幼子李斌成继承父业，从事牙雕创作，成为李家牙雕第四代传承人。

在家族传承过程中，李斌成深受父亲的影响。从小到大，家里家外，他看到父亲太多的牙雕作品，日复一日的耳濡目染，让他对牙雕的兴趣与日俱增。加上父亲的社会地位高、工资高，备受周围人的尊重，这让李斌成感觉很自豪，认为牙雕艺术品是一个很有意义的东西。李斌成正式学习牙雕的时候，正值改革开放不久，十八九岁的他有较多精力去学习牙雕。他是在家里的阁楼学习牙雕的，当时的学习枯燥又苦闷。他在阁楼刮象牙，在楼下的李定宁一听到刮的声音不对，就会大声喊："没吃饭吗？"然后，李定宁再到阁楼上指导，告诉李斌成应该在哪里下刀、刀要怎么下才会好看。李定宁对儿子的教学非常严厉，远比对徒弟严厉，大概是对儿子报以最深切的期望吧。在父亲严厉的教导下，李斌成慢慢地琢磨牙雕，还经常去父亲工作的地方观看，最终学有所成。

李斌成创办了宝象工艺品有限公司，从事牙雕艺术创作。李定宁十分支持儿子的创业，他希望李氏牙雕在儿子这一辈顺利传承下去。从大新象牙工艺厂退休后，李定宁没有停止自己的牙雕艺术生涯，他给儿子当起了创业顾问，担任艺术总监，给他的牙雕艺术品把关。

然而，李斌成的创业很快遭遇了大挑战。1989 年，90 多个国家在瑞士洛桑举行国际会议，决定执行禁止象牙原料及制品贸易的禁令。中国作为《濒临野生动植物种国际贸易公约》的成员国，宣布从 1990 年 1 月 18 日正式执行禁令。一时间，所有关于象牙的原料不能进口，象牙成品和半成品也不能出口。

没有了原材料，产品也不允许流通和买卖，牙雕行业遇到了前所未有的困难。李定宁只好想方设法地用名贵木材、牛骨、塑料、铸铜等材料来代替象牙，但试制品都以失败告终，而由于象牙原材料所剩不多，他只好想办法节省。

后来，在父亲李定宁的指导下，李斌成曾以檀香木做原料，用牙雕技法制作了一批精良的檀香球、香木球工艺品。或许是因为雕刻技术娴熟，或许是父亲的名声远扬，他们做出来的产品很畅销，像仕女系列的作品，雕刻完成后，虽然没有象牙的晶莹剔透，但形体神韵保持得很不错。2006 年，瑞典国王随"哥德堡号"造访广州，广州市有关部门指定李斌成制作的香木球代表广州"三雕"之一的工艺品赠送给瑞典国王留念，瑞典国王大赞香木球"太奇妙"。

2008 年，中国加入了联合国象牙贸易伙伴国，合法购得一批象牙原材料，李定宁也获得了部分配售，李斌成感觉自己的牙雕事业迎来了新的曙光，他说："因为我们做的是艺术品，而不是工艺品，所以少量材料就足够了，而且这都是大象自然死亡后留下来的。我们走高精尖的艺术收藏品路线，每件都做成精品、孤品，一定要让大家享受到精雕细刻、玲珑剔透的广州牙雕艺术。"

李定宁虽然年事已高，其毕生的雕刻艺术和技能急需年轻人的继承，他特别想找几个有天分的牙雕学徒。在他的眼中，李家传了四代的牙雕还要继续传承下去。李定宁亲自选定了一些学徒，手把手教授相关知识和技艺。他一再告诫徒弟：一、学习牙雕技艺和设计创作不能死板模仿，要有创新意识；二、要多读文学经典名著，提升文学功力；三、设计或制作的工艺品要体现文化内涵，才会有生命力。

但是，传承牙雕的道路上遇到了一些困难。

　　首先是材料的问题。在普通人的观念中，牙雕使用象牙会导致对大象的屠杀，仿佛给牙雕带上了残忍的杀戮气息。其实不然，广州牙雕和大象保护一点儿都不矛盾，国家会将获得的合法象牙配额分给具有资质的象牙加工企业。牙雕用量并不多，每年正常死亡的大象的门齿都已经够用。用量不多，是因为每件牙雕制品都需经过精雕细琢。以广州文物总店曾展出的《象牙雕十七层球瓶》为例，该瓶子需经过五道制作工序。每道工序大概需一个多月，按照每天八小时的工作量来计算，该瓶子完成需耗时八九个月，一年下来精品也不过两三件。2018年开始，国家禁止象牙的商业贸易。但有些单位持有特许经营，国家允许牙雕艺人使用象牙作为非物质文化遗产来研究。

　　然而，象牙资源的有限性还是无可回避的，牙雕技师们思考着寻找另一种替代品，此时，猛犸象牙进入他们的视线。猛犸象已经灭绝一万多年，俗称长毛象。由于不涉及动物保护，猛犸象牙成为最好的替代品，逐渐成为牙雕行业创作的主要材料。但是，猛犸象牙属于国家出土文物，私人不能任意使用。目前，中国利用的主要是俄罗斯西伯利亚地区冻土层出土的几万年前的猛犸象牙。近20年来，随着全球气温变暖，北极圈永冻土融化，许多猛犸象遗骸露出地表。李斌成说，猛犸象牙以西伯利亚地区保存得最好。当地气温极低，是一个天然的冷冻冰柜，出土的猛犸遗骸比较完整。中国使用的猛犸象牙要经过检疫局批准，每一步都有严格的标准，只有按照国家要求，遵循猛犸象牙的使用流程，才能利用上。

　　李斌成介绍，到目前为止，猛犸象牙制品的价格低于现代象牙制品价格，仅为现代象牙制品的六七成。这是因为现代象牙作为收藏品已有几千年历史，而猛犸象牙藏于地下几万年，材质发生变化，仅未变为化石的部分可用于雕刻。目前除了猛犸象牙外，河马牙、海象牙也作为第二级、第三级的替代品出现。

　　相比材料紧缺，传承无人是个更令人惆怅的问题，最主要的困难在于没有优秀人才进入牙雕行业。大型牙雕一件作品从几万元到几十万元不等，但从事牙雕这一行业薪水却并不高。改革开放之前，通常月入几十元，改革开放之后，高级牙雕技工的月薪仅五六千元。牙雕人才成才率又低，年轻人怕吃苦，很多牙雕作品需要持续雕刻几个月甚至数年，年轻人不愿意整天坐在桌椅上雕刻。

关于中国从事牙雕的人数，据李斌成估计，在 20 世纪 80 年代的鼎盛时期，中国内地大概有两三千人，中国香港和澳门则有两三万人。其实，内地比港澳地区的牙雕艺术质量要高，但内地从事牙雕行业的人反而少，这主要是受到市场的影响。

港澳地区的牙雕质量相对一般，但他们做首饰类的牙雕作品比较多，这个类型的产品很容易上手，吸引了很多人进入牙雕行业。而且中国香港是象牙材料进口的第一大港，所以虽然技艺方面没有内地好，但它占了市场的优势。

现在，李斌成估计中国国内从事牙雕的人数在一万人左右。但是有技艺的牙雕艺人是很少的，大多数从事一般性工艺品，或者是电脑雕刻。有些人跟随网络潮流，在网上搞直播卖货，走的是日用品路线，其雕刻技艺自然非常简单。

李斌成虽然继承了父业，扛起了李氏牙雕的大旗，可目前广州从事牙雕制作的优秀人才实在太少了。优秀牙雕人才的标准，首先是要有天赋，其次要经过艺术理论的培养。美术学院的大学生、研究生基本都具备这个条件，但是能进入工艺美术行业、静下心做牙雕的太少了。所以，即便李定宁父子很想把手艺传给别人，但如果对方资质平庸、没有艺术理论修养的话，培养起来很困难，很难成为优秀的牙雕人才。

牙雕行业有个规律，技艺的传承并非一朝一夕，学徒要成为一名熟练的工艺师一般要十五年。李斌成忧心忡忡地说："至少十年才能看出是否能成才，熟练使用工具至少要三年。而牙雕想要成为精品，文化和历史底蕴不可或缺，还要看工艺师的悟性与禀赋。现在像父亲这种大师级的都已经是高龄艺人了，牙雕行业现在青黄不接，中年段少，青年学的也不多。社会发展太快，年轻人很难静下心来学个十年八年的。"

在李定宁刚开始教学徒的那个年代，从美术学院过来的学生非常勤快，很听师傅的话，师傅让拿工具去磨，他就会去磨。即便磨了 20 多天的工具，以为师傅可以教技艺了，但是师傅又吩咐他拿工具去磨，他也会接着去磨工具，从来没有怨言。但是现在，美术学院毕业的学生投身牙雕行业的话，会有眼高手低的情况，动手能力比较差。师傅让他去磨工具，他就会很不

情愿，认为自己一个大学生怎么能把时间耗费在磨工具上。这就导致一个问题：连最基本的工作都不愿意做，那么何谈做高难度的技术呢？

李斌成对学徒的要求比较高，大概20个人里面才能出1个优秀的人才，这个成才率是很低的，只有5%。如果是做比较单一、小型的作品，勉强10个人里面有1个人能完成。很多人在学习过程中半途而废，没有完全掌握技艺就急着走了。他们等不及时间，只急着赚钱，比如，现在能赚5000元，你跟他说再学习两年，就可以赚2万元，但是他等不及，不愿意花费时间继续学习，急着去做简单的象牙工艺品赚钱。但是学习牙雕的过程主要是悟，需要静下心来慢慢学习。现在很多人比较浮躁，静不下心来学习。主要问题就是文化水平有限，艺术理论功底差，需要不断地去辅导他们，才能帮助他们提高艺术修养。

以前，有一些高校想与李定宁父子合作开班来教授学生，但是在牙雕这一行业，开班教学比较困难，因为牙雕艺人首先需要掌握工具，这个在大学教学期间是难以实现的，大学生还有其他课程要完成，用来专门学习牙雕的时间和精力都很有限。所以，与高校合作的话，只能在学生空闲时间抽空教授一些课程。

现在比较理想的教学方式是：师傅带学徒，手把手教习，然后一个星期学习几次艺术理论课程。在实际操作过程中，遇见了什么问题，师徒再具体解决。

面对材料缺乏的问题，李定宁说："对我们来说，现在要把重心放在如何更好地利用象牙的材料，如何施以更高的技艺，才能对得起这些稀缺资源，赋予它们更高的艺术和历史价值。"

面对传承后继无人的问题，李定宁一直致力于保护牙雕艺术，不断通过新闻媒体等途径宣传牙雕工艺绝技。从2015年起，李定宁开始致力于牙雕艺术的传播。他建议美术学院可以适当招收学生学习雕刻。有条件的民营牙雕企业应该抓紧家庭传承，但要从单一的师傅带徒弟或父传子的模式中跳出来，要多与外界交流，学习多方经验。李定宁悉心培养儿子李斌成传承家族牙雕艺术，李斌成也不负期望，在牙雕界成绩斐然，荣获了"中国十佳民间艺人"称号。

李斌成还建议说，希望国家给出更加优惠的政策支持牙雕行业，关注牙雕行业；再就是在行业的传承人评选方面出台更加积极的政策，共同将牙雕技艺传承好、发扬好，让中华牙雕艺术文明在世界绽放更加灿烂的光彩。

半个多世纪以来，李定宁的牙雕家族薪火相传，不断创造出诸多牙雕精品，绽放了牙雕丰富的艺术生命力。2006 年，牙雕工艺进入第一批国家非物质文化遗产名录。李定宁读书虽不多，却深谙牙雕想要成为精品，文化和历史底蕴不可或缺的道理。他孜孜不倦地学习，大胆创新，通过镶、拼、驳等方法，组拼大型的牙雕作品，令人几乎看不出拼接的痕迹。从牙雕生产者到设计者，再到牙雕行业的革新者，李定宁见证了整个广州牙雕行业的历史。

第二章

夏侯文
传承大国工匠精神　创新华夏青瓷文化

　　一位吴姓顾客站在浙江龙泉青瓷摊位前问摊主："你这两个盘看起来差不多，一个标价 1800 元，一个标价 3 万元，是不是多写了一个零？"摊主不急不慢地回答说："这件青瓷的价值根本不止 3 万元，而且我也不准备卖它，只是展示给大家看看。"顾客吴先生就是看中了标价 3 万元的双鱼洗，开始还有还价的念头，听摊主说不卖，更加激起了他的购买欲望，3 万元就 3 万元，一定要拿走。他一摸身上，没带那么多现金，而摊主只收现金。他便掏出身上全部现金 600 元作为定金，然后告诉摊主："你千万不要卖给其他人，我明天就带钱过来买。"

　　第二天早上 9 点，刚一开馆，吴先生就带着钱来到摊位前。摊主见他如此诚心，被他的诚意感动，主动提出自降 1 万元，最后双方以 2 万元的价格成交，皆大欢喜。吴先生又另外买了两件产品，合计花费 36000 元。

　　这位摊主就是非物质文化遗产项目（青瓷烧造技艺）代表性传承人夏侯文。2001 年 4 月，龙泉市政府在北京民族文化宫举办青瓷宝剑展示会。为了展示技艺，大家都把最好的产品带过去。夏侯文带了两种双鱼洗，直径大约 23 厘米。因那段时期夏侯文的咽炎发作，不想多说话，就对自己的

《梅子青双鱼洗》

作品明码标价。有一件准备售卖，标价 1800 元；有一件不想卖，就标价 3 万元。当时龙泉城里从来没有卖过上万元的青瓷，之所以标这么高的价钱，是想让人望而却步，可以把任何买家拒之门外，免得问的人多，嗓子受不了。这是夏侯文第一次去北京参加展示会，而且他所在的摊位在一个不起眼的角落，但他的青瓷却是整个展厅卖得最好的，深受喜爱。

夏侯文是江西分宜人，如今的他不仅是中国工艺美术大师、中国陶瓷艺术大师，同时还兼任全国古陶瓷专业委员会理事、中国工艺美术协会高级会员、浙江省工艺美术行业协会理事等职务，还曾当选为龙泉市第七届党代表，第三、第四届龙泉市政协委员。

历数夏侯文的艺术生涯，还要从多年前讲起。1963 年，夏侯文毕业于景德镇陶瓷学院美术系，同年分配到浙江龙泉瓷厂，从事青瓷产品设计及工艺研究。他在龙泉瓷厂工作 30 余年，共设计出新产品 1700 余件套。其中，有 75% 投入生产，远销亚

夏侯文

洲、欧洲、美洲等 60 多个国家和地区，单个品种如《竹节杯》生产 30 余年仍畅销不衰。此举创下龙泉青瓷之最，也是中国陶瓷产品非常少有的现象。他曾研制出多项科研成果，获 4 项省科技成果奖，2 项市县科技成果奖，还有 38 项新产品获奖。其获奖作品大多线条简练，优雅大气，整体造型巧妙，强调局部图案装饰效果，充满细节的韵味。同时，其精细的刻画融合在简练而明快的现代造型里，使龙泉青瓷在继承了前人古朴大气风格的基础上，向隽永精巧的现代艺术延伸，在龙泉青瓷发展史上具有划时代的意义。

在龙泉青瓷上的建树颇多，令夏侯文荣获中国工艺美术"终身成就奖"、首届中国工艺美术大师暨工艺美术精品博览会金奖、第二届中国工艺美术大师暨工艺美术精品博览会金奖、全国第七届陶瓷艺术设计创新评比一等奖、第一届中国陶瓷艺术展金奖、浙江省科技成果一等奖等诸多殊荣。同时，他还被评为有突出贡献的科学技术专家、中国一级民间工艺美术家、国家级非物质文化遗产项目（青瓷烧造技艺）代表性传承人、最美浙江人、最美工匠等光荣称号，并享受国务院政府特殊津贴。

热爱美术　钟情陶瓷

1935 年，夏侯文出生在江西一个农村家庭。他的父亲叫夏侯曰海，在家中排行第三。初中毕业后，他的父亲到国民党军队里当卫生兵，之后加入了国民党。夏侯文的母亲是童养媳，没有多少文化。在夏侯文五六岁时，他的父亲娶了二房，后来又娶了第三房。所以，夏侯文的家庭情况比较复杂，他的父亲曾加入国民党，这个历史问题影响了他父亲后半生，也影响到全家和夏侯文的生存状态。

因为时局动荡，加上家庭不太稳定，耽误了夏侯文的学习。夏侯文到十二岁时还没有读书，他的祖母非常着急，于是请了一位私塾先生教夏侯文识字。当时只读两本书，一本是《增广贤文》，另一本是《三字经》。每天上午读两个小时，然后写字描红，下午背书。学费是一学期一石米，但

历史的厚赠
——国家级传统工艺传承人的匠艺之路

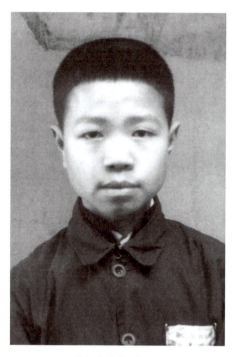

刚上中学的夏侯文

先生只教了半年就不教了。

1948年，夏侯文进入私塾学习。1950年，夏侯文到正规小学就读五年级。然而，因为在私塾没有接触过数学，夏侯文的数学学习跟不上，不得已留级了一年才升到六年级。1953年，夏侯文小学毕业，考入宜春中学。学校离家很远，夏侯文无法走读回家，便寄宿在学校，从此开始了独立生活，只有星期天才回到彬江的舅父家。

在彬江，夏侯文继母的亲兄弟的老婆（当时称为舅妈）对他颇为照顾，会为他做饭、洗衣服等，令他感受到家庭的温暖，夏侯文的性格也因此变得更为活泼。夏侯文常常下河抓鱼，还去地里种菜，做一些力所能及的家务活儿。有时寒暑假有其他事，他就不回彬江，独自在学校生活。寄宿生活锻炼了夏侯文独自生活的能力，培养了他吃苦耐劳、坚韧、朴实的品格。

夏侯文从小就很喜欢美术。有时候，家里厨房的墙壁因为烧柴被熏得黑黑的，他就捡同学剩下不用的粉笔头，在墙上画花鸟鱼虫，画得最多的是常常接触的小鱼、小虾。生活经验使然，让他对日常所见所喜之物的外形、线条、比例、色彩等铭记于心，随手便能画出来，而且画得有模有样，经常得到亲友的称赞。

在中学，夏侯文的代数、几何的成绩都非常好，常常是满分，但最吸引他的仍然是美术。随着年龄的增长，夏侯文对美术的兴趣越发浓厚。美术老师彭国平讲课时，先在课堂黑板上画样子，然后让学生们临摹，夏侯文每次作业都能拿到满分，彭老师因此很喜欢他。

课余时间，夏侯文负责班级宣传画和黑板报，每次都得到老师和同学们的表扬，赞他画得栩栩如生。彭老师当时在文化馆兼职，便叫夏侯文去参加文化馆的美术培训，这让夏侯文的美术能力提升很快。夏侯文还跟着彭老师做工业展览和农业展览的美工工作，在实际事务中进一步锻炼了美术能力。

1959 年，夏侯文高中毕业，报名参加江西省高等学校暑期招生考试。适逢景德镇陶瓷学院提前到宜春招生，其中美术系有彩绘专业。出于对美术的喜欢，夏侯文毫不犹豫地报名应试，去考素描、水彩，劲头十足。

那年的高考统一考试从 7 月 20 日开始，考前三天，景德镇陶瓷学院派人通知夏侯文被录取了。他听到消息后无比兴奋，因为他终于跨进了大学的门槛，而且读的是梦寐以求的专业。这件事对全家而言也是天大的喜讯。由于被提前录取，就

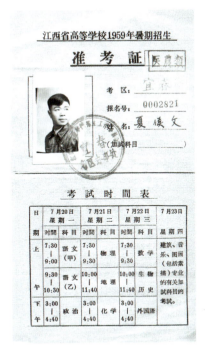

夏侯文的高考准考证

不用参加统一的高考了。同学们去参加考试的时候，夏侯文跑去给他们送包子，心里快乐无比。对夏侯文而言，考上景德镇陶瓷学院是人生的新起点，他非常重视。学校规定 8 月 28 日报到、9 月 1 号开学，他提前早早地就到学校报到了。

大学一年级时，由于比其他同学更为成熟，夏侯文被老师指定为班长。当时学校的政治运动多，同学们比较厌烦，周末就想到校外去听越剧放松一下。同学们找到夏侯文，他不想去但同意同学们外出。不巧碰到老师来检查，发现许多学生不在校，一问得知是夏侯文同意大家请假外出的，便对夏侯文大为不满，第二年就不让夏侯文担任班长了。事实上，夏侯文很喜欢越剧，越剧是浙江的地方戏，后来回想起来，夏侯文觉得这好像是冥冥之中注定要到越剧的家乡去工作似的。

大学四年，夏侯文被动地参与各种政治运动，但他一直小心翼翼，从不多言多语，为人没有任何棱角，也不吹牛拍马。夏侯文这般作风，一来是因为听到和看到"反右派斗争"时的种种故事；二是农村土地改革后，

由于他祖母的成分被划成地主，他算是有"辫子"的人，稍有不慎就有被打成右派或反革命的危险。因此夏侯文非常谨慎，在心里不断告诫自己千万要小心。高度的谨言慎行让夏侯文平稳地度过了大学生涯，未因家庭问题受到牵累。

夏侯文在校的生活比较艰苦，因为家庭条件有限，父亲每月只能寄10元钱生活费给他。夏侯文靠这点钱紧巴巴地生活，日常吃穿用度要精打细算才不会超支。但他从不叫苦，不怨天尤人，也从不和其他同学攀比，就算日常吃馒头喝白水，也甘之如饴。他一直保持积极乐观的心态，把所有的时间和精力都放在专业学习上面。

1962年，夏侯文进入实习阶段，准备毕业设计。夏侯文所在美术系的全体学生，包括25个学美术、15个学雕塑的同学，在两位老师的带领下，从景德镇到南昌，经武汉北上，到北京参观后再一路南下。一行人先后到河北、天津、山东济南、浙江杭州，最后返回景德镇，历时一个月左右。在北京故宫参观陶瓷馆时，夏侯文第一次全面领略了陶瓷珍品的风采，龙泉青瓷肥厚的釉色和敦厚的形体给他留下了美好的印象。

在浙江杭州，夏侯文参观了浙江博物馆。浙江是青瓷的故乡，越窑青瓷历史悠久，从东晋的缥瓷，到修内司官窑的瓷器，精品数不胜数。展品更是陈列了两大间房子，琳琅满目、美不胜收。浙江的富庶也让夏侯文印象深刻。当时是三年困难时期，粮食和日用品十分匮乏，但杭州的情况比全国其他地方要好些。山川地理也不错，气候温和，虽然进入冬季，山寒水瘦，但柳色依然发青，轻风和煦。临别杭州，夏侯文还在街上买了几斤地瓜带回家。由于对杭州的印象非常好，夏侯文当时心存一念，希望将来能分配到杭州工作。回到学校后，毕业分配填报志愿时，夏侯文毫不犹豫地填写了浙江。

20世纪50年代，苏联专家来中国访问，提出要"雪拉同"。外事人员不知道是什么，到故宫陶瓷博物馆问陈万里先生，才知道"雪拉同"是龙泉青瓷。周恩来总理知道此事后，决定叫轻工业部赶快恢复龙泉青瓷。周恩来总理说："恢复五大历史名窑，特别是龙泉窑青瓷要早点恢复，外国人来访问中国就要看这些东西。"轻工业部立即作出"关于恢复历史名窑的决定"。1959年，浙江省人民政府成立"恢复龙泉窑委员会"，组织人员对龙泉青瓷进行了系统的考古挖掘和调查研究，着手青瓷的恢复性生产，并在人才引进上做了许多工作。

1963 年，夏侯文面临毕业分配前，浙江省轻工业厅人事部门派人到景德镇陶瓷学院，要求派两位大学生去浙江工作。于是，学校根据学生填写的志愿，把夏侯文分配到浙江。夏侯文听到消息后欣喜万分，如愿以偿的感觉实在是太美好了！走出办公楼，二十多级的台阶，他三步两跃就跳下来了。

入职瓷厂　谨言慎行

1963 年夏天，夏侯文到杭州报到，接到浙江省委办公厅的通知，要求大学生进行三个月的学习，学习文件是中央对苏共的"九评"和王光美的小靳庄社教经验，学习期间工资照发，月薪是 42.5 元。

三个月学习期满后，夏侯文被分配到萧山盈丰公社搞"社教"运动。夏侯文是江西人，听不懂浙江人的口音，几个月下来都没听懂当地人究竟在说什么。因为语言不通，只会美术，上面派下来的工作组对夏侯文极不满意，说他不能和群众打成一片，没什么工作成绩。因此，夏侯文无法提前分配工作，这让他感觉十分糟糕。

苦熬了一段时间，第一批工作组撤走，换了林业厅副厅长带队的机关干部工作组。夏侯文依然不大会说当地话，只知道埋头工作。但这一回，工作组对夏侯文的埋头苦干非常满意，说他有活力、肯吃苦，根扎得比较深，因此把对夏侯文的工作鉴定写得很好。夏侯文这才得以分配工作，到省轻工业厅报到。

命运弄人，夏侯文最终没能留在杭州，而是和同学毛松林一起被分配到浙江最南端的一个县——龙泉。龙泉为浙、闽、赣三省交界之地，以两样特产闻名于世：一是龙泉宝剑；二是龙泉青瓷。

夏侯文和毛松林从杭州坐火车到金华，再从金华坐汽车到龙泉县（现

龙泉瓷厂全貌

龙泉市，下同）城所在地龙渊镇。盘山公路又窄又险，在群山里绕来绕去，夏侯文心里紧张得要死。在龙渊镇住一晚后，他们乘汽车抵达上垟镇的国营龙泉瓷厂。夏侯文和毛松林被分配在技术科任技术员，是当时瓷厂仅有的两名大学生。谁也没想到，夏侯文在这个瓷厂一干就是 37 年，一直干到退休。

上垟镇的海拔比龙泉县城高很多。龙泉是"九山半水半分田"，上垟更是如此。在崇山峻岭深处，山连着山，一条名叫上垟溪的河流从山里蜿蜒而下，河面宽有三四十米，下大雨时溪水澎湃作响，很有气势。龙泉瓷厂建在溪边，只有一道桥与外面公路相通，整个工厂占地面积不大，只有五十多亩。

一同分配在龙泉瓷厂的同学毛松林，他成家早，工厂照顾他的家庭状况，给他分了单间宿舍。夏侯文则与 6 名采矿工人挤住在一间 18 平方米的集体宿舍里，三年时间换了三个地方，直到要结婚了，才分到一间单人宿舍。

夏侯文在龙泉瓷厂的宿舍

　　夏侯文平时不爱说话，他在技术科负责设计工作。毛松林先在技术科，后去当干部搞供销，再后来分管生产。同班同学，截然不同的两种境遇，夏侯文从未表露出任何不满。夏侯文认为他俩性格不同，自己喜欢干实际工作；毛松林喜欢与人打交道，可谓是各得其所。夏侯文记得，当年在景德镇陶瓷学院，有两个中央美院分配来的同班同学，一个步步高升为系主任，另一个一直是普通教师，这个普通教师在"反右"时鸣放，运动后期吃了苦，被打成"右派"，放了4年牛。夏侯文总结经验教训，认为这是心理失衡导致的后果。

　　1969年，上海进出口公司来工厂订胜利汤碗。夏侯文原先的设计是外边上部有荷花鲤鱼，寓意年年有余；下部没有装饰，比较空。但上釉后，温度稍高就会淌釉，成品率不高。于是，夏侯文重新设计，在碗的下部增加一圈波浪花纹，既与上部图案协调、美观，又因有装饰纹路可以有效地阻挡釉水下淌，提高了成品率。

只要是设计，夏侯文给自己设的规定是，绝对不碰与国民党有关的图案，只搞奇数不搞偶数，这样就不可能与国民党的青天白日徽章的12个角联系起来（当时国民党特务对我新政权搞破坏成风）。因此，夏侯文画了15个头的水波纹，并让工厂革委会盖上他们认可的公章。不仅是这张图纸，凡是夏侯文设计的图纸，他都请有关部门集体讨论，通过后盖上公章加以组织认定。这是夏侯文在那段特殊时期保护自己的有效办法。

夏侯文秉持多干事少说话的原则，从不讲人的坏话，全身心投入工作。上班时一心设计画图；下班后不与人闲聊，更不到干部、领导家去串门，只在办公室看书学习。由于夏侯文任劳任怨，肯吃苦，工厂的领导换了一届又一届，但都一致认定他有钉钉子精神，是个埋头工作的实干派。

那时瓷厂没有女青年，找对象不容易。在老家，家里人为夏侯文张罗介绍对象，对方是医院的一个护士长，双方见过面，女方长得挺漂亮，她对夏侯文也中意，但提出来一个要求，不想两地分居，希望夏侯文能调回老家工作。夏侯文回到龙泉后，与她通了几封信。但考虑到在龙泉的工作，夏侯文还是不舍得离开瓷厂，二人的缘分便自然终止了。

"文化大革命"结束后，夏侯文的妹妹觉得他一个人在龙泉比较艰苦，一直希望他回到景德镇工作，景德镇陶瓷有广阔的天地，可以学到很多东西，这样也可以照顾家庭。回到景德镇谋一份职务，可以轻松点儿。当时，他妹婿的表舅是景德镇市委书记，家里人希望夏侯文回景德镇工作，于是帮他联系调动。市委书记说可以作为人才引进到景德镇，但夏侯文不想离开瓷厂，也不想有欠人情的心理压力，因此一直迟迟没有行动。后来，丽水地区成立乡镇企业局，需要工程师，可以调夏侯文去政府工作，他也没有动过心。因为他觉得自己不适合做领导，只想专心做陶瓷。

夏侯文在龙泉瓷厂

夏侯文十分热爱在瓷厂的工作，一直坚信身在龙泉就要为青瓷的发展做贡献，这是他最为执着的信念。

夏侯文曾参加过浙江省组织的接待日本青瓷考察团的任务，活动结束后，日本朋友送给他一本龙泉青瓷资料册，上面详细记载了龙泉青瓷的发展史、古窑址的分布情况，以及大量精美的龙泉青瓷的彩图。这对夏侯文是个很大的震动，龙泉青瓷在日本和韩国有着很大影响，很受外国人重视，作为陶瓷院校毕业的专业人员更应该为青瓷的发展做贡献。秉持为龙泉青瓷事业奉献的信念，夏侯文工作毫不懈怠，因而在陶瓷设计上成果斐然。1978 年，中共十一届三中全会召开前，夏侯文成为丽水地区第一批工程师，成为当时整个龙泉县五位工程师之一。

上垟比较闭塞，开门见山，出门爬坡，条件相当艰苦。夏侯文是大学生，工资较高，也很会过日子，未曾浪费分毫。夏侯文第一年的工资是42.5 元，第二年涨到 57 元，然后这个工资标准一直持续到 1979 年。

夏侯文虽一人孤身在外，但生活非常有计划。通常的安排是，第一个

夏侯文（后排右二）1965 年与家人的合影

月工资买三个月的饭票，第二个月工资寄给父亲补贴家庭，第三个月工资存起来备用。星期天休息或下班后趁太阳没有下山前，夏侯文会去山坡上铲地，种植蔬菜，以节省开支。他种的南瓜最大的有 37 斤重，苦瓜有一尺多长。开辟园地种植瓜果蔬菜，既在饮食上节省了不少钱，又在精神上让夏侯文感到一种"自己动手，丰衣足食"的满足感。

夏侯文在龙泉的生活算是比较稳定，但他父亲一家却陷入了前所未有的糟糕境地。江西在"文化大革命"中把几十万所谓有"污点"的人下放到农村去，不发工资，说是要让他们种田挣工分。他父亲全家（继母、妹妹）也在其列，三个人每天只挣 5 个工分，当时 10 个工分才 5 角钱，吃饭都吃不饱，经常忍饥挨饿。面对这种困难情况，夏侯文担当起生活重任，每个月寄钱回家。正是靠他隔三岔五地寄钱，家里人才不至于饿死，度过了那段最艰难的日子。不幸的是，夏侯文的父亲没有等到平反就去世了。未能在父亲生前好好尽孝，这是让夏侯文常觉愧疚的地方。

打造经典　扭转亏损

关于龙泉青瓷的特点，夏侯文总结为五个方面：一是造型精美；二是工艺精细；三是釉色正宗，有玉感；四是装饰到位；五是创新意识浓厚。唯具有这种艺术品格的作品方能经得起历史的检验，才能与别的艺术瓷有一较高下的实力，这是龙泉青瓷艺术的价值所在。

夏侯文一直追求这个目标，坚持在创新意识的指导下，讲求造型的新颖别致、工艺的精致和釉色的玉感，为此，他做了许多艰辛的探求和实践。

作为国家振兴青瓷项目，龙泉瓷厂是 1959 年成立的国营企业，员工达五六百人，主要生产青瓷日用瓷。1962 年，《人民画报》第八期刊载了龙泉青瓷恢复生产的消息。龙泉青瓷产品通过广交会，由（中国）香港大华、庆华等公司试销国外，并通过广东省陶瓷进出口公司计划订单生产。但瓷厂的销售情况不尽如人意，当年出口印度尼西亚二三十万件的罗汉茶盅，

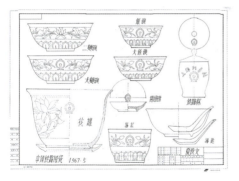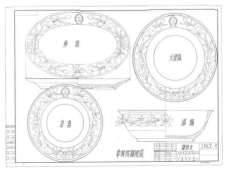

夏侯文设计的铁路用瓷餐具图纸

因两国关系中断，合同中止，不得不转产内销普通白瓷和茶杯。由于产品单一，订单寥寥，无法批量生产。工厂因此长期亏损，累计达30多万元。在20世纪60年代，这一亏损数目堪称天文数字。

龙泉瓷厂成了浙江丽水地区的亏损大户，县委工作组一次又一次地进厂指导，都没能扭亏为盈，最后瓷厂不得不停产整顿。但是整顿了一年多，生产依然没有明显起色。

怎样才能扭转瓷厂亏损的局面呢？夏侯文时常思考这个问题。

1966年的某天，夏侯文与供销科长吴辉谈工作。吴辉说坐火车听列车长提到火车餐厅里很多餐具是残缺的，因为行车途中咣当咣当地碰撞，一趟列车跑下来，餐具要损失近三分之一。吴辉与夏侯文探讨能否为铁路生产餐厅用瓷，因为龙泉青瓷的一大优点是厚重釉肥，与其他瓷质的餐具相比，龙泉青瓷更能经得起火车的颠簸和碰撞，不易破损。夏侯文认为可以一试，于是他们把这个想法向厂领导汇报，立刻引起高度重视，厂领导决定让夏侯文主持并拿出设计方案。

夏侯文向吴辉详细了解各铁路段对餐车用瓷餐具的要求，然后加班加点地工作，设计好一件，就交付制作一件。历时两个多月，夏侯文拿出了全套铁路用的青瓷餐具、茶具和花罐，一共17个品种。吴辉把生产出来的样品直送北京铁道部，受到铁道部领导和下属铁路局的好评和推广。此后，全国各大铁路局纷纷前来订货，国际列车也使用龙泉瓷厂的青瓷餐具。一时间，产品供不应求，创造了良好的经济效益，工厂一举扭亏增盈，摘掉了连年亏损的帽子。

夏侯文在绘图

1966 年，夏侯文设计了竹节茶杯。在中国传统文化中，竹极具文人气息，"宁可食无肉，不可居无竹"，竹是气节和人格的象征。龙泉上垟青山连绵，山上毛竹茂密，夏侯文经常外出写生，灵感迸发，设计了竹节茶杯。

竹节茶杯以上下两个节的一段竹节为杯身，装饰三片竹叶，把手和杯盖的摘手是细竹弯曲而成。釉色明澈温润，凸起的棱线有龙泉瓷"出筋"的艺术效果，打破了釉色的单调感，饱满圆润，美观、实用、经济。

竹节杯投产后深受全国人民及海外华人等欢迎，成为工厂的明星产品。竹节杯在龙泉瓷厂生产了 30 多年，是看家品种，畅销不衰，为工厂创造了一笔可观的财富，至今还有多个厂在持续生产。据不精确统计，产量近 5000 万件，遍布全国，外销日本、新加坡、北美、北欧等国家和地区。

新西兰著名作家路易·艾黎是最早到龙泉瓷厂的外国友人，他陆续得到竹节杯和后来投产的竹节笔筒，喜不自胜。他在《瓷国游历记》一书中写道："夏侯文大师有两件最喜爱的青瓷，一件是竹节笔筒，带有釉下雅致的雕刻竹子图案。另一件是气魄刚健、带盖的竹节茶杯。每当看到这个笔筒和用上这个茶杯喝茶时，就感到赏心悦目，十分可爱。"

1967 年，中国准备在挪威举办"中国现代陶瓷展"。4 月，国家对外文委和轻工部联合下达文件，向龙泉瓷厂征集展品，指定选送工艺品花瓶、文具、烟具、案具、罐类五大类 17 件套，并规定了具体数量：中花瓶弟窑 300 件、哥窑 200 件、小花瓶哥窑 100 件、弟窑 150 件，要求 7 月 20 日前将展品寄至北京，月底预展审查。

当时，龙泉瓷厂无现成产品，想要完成任务需要全部重新设计制作产品。而那时正处"文化大革命"期间，瓷厂面临许多困难，人员也组织不起来。厂长、书记找夏侯文看文件，询问他的看法。

夏侯文很清楚任务的重要性，赴挪威的展品与铁路用瓷不一样，铁路用瓷是餐具，是面向国内的日用瓷，而赴挪威的是陈设瓷，属于艺术品。从国际意义上说，这是龙泉青瓷重新走出国门面向世界的第一次亮相，更是恢复海外贸易的一次实力展示，意义非常重大。夏侯文在心中提醒自己，既然是国家培养的大学生，凡事都要以国家利益为重，因此二话没说就把担子接了下来。

夏侯文面临的压力很大，一没有资料；二没有生产经验。好在对外文委非常支持他的工作，给夏侯文寄了故宫、延安、遵义等多方面的参考资料。夏侯文边借鉴边设计，耗时近两个月，终于拿出全套图纸及方案，报送对外文委审批后获得通过。然后，夏侯文亲自参与制作模子，摸索生产用料用釉的配方，与试验组的同志日夜奋斗，终于将展品如期完成。

这批展品共有 13 件套，包括大众瓶、四瓣扁瓶、八头竹节文具、万年青瓶、万岁罐等共 34 件。其中，最奇妙的是一只"大众瓶"，开片哥窑，因为窑变的关系，出窑时变成了红色。瓷厂的人都说，这是青瓷史上从没见过的奇迹。这只瓶在展后被挪威国家博物馆收藏了，同时收藏的还有另外一件万岁罐。大众瓶，是夏侯文设计并命名的，这是那个突出政治时代的产物名称，口较梅瓶为大，有点观音瓶的意思，鼓腹，瓶身往下逐渐收敛，线条柔和，端庄自然。

自此以后，夏侯文的设计能力得到了工厂和上级的赞扬，他一心一意扑在工作上，干劲满满。

1970 年，龙泉瓷厂的李怀德师傅根据陶瓷的镂雕、景德镇的皮灯和青花玲珑，设计制作了青瓷玲珑冬瓜龙瓶，白胎青釉，灯光照耀下玲珑剔透。他还设计了熊猫等品种参加广交会，引起日商的兴趣，要求用这种方法生产日用瓷。

总厂负责生产的张继青

夏侯文在青瓷上刻花

不敢承接这个订单，因为这些瓷器是采用手工办法生产出来的，无法批量生产，始终停留在陈设水平。面对这种情况，张继青并不甘心，经江西的代表点拨，想到去景德镇学习制作方法。当时夏侯文在广交会上，张继青便派他去景德镇学习。

尽管夏侯文是从景德镇陶院毕业的江西人，但他在景德镇的工作并不顺利。当地人只允许参观产品陈列室，谢绝参观生产工艺，更不让参观生产玲珑产品的机械设备"打孔机"。夏侯文的同学和朋友一连带他去了三家工厂，情况都是如此。

夏侯文不想空手而归，又跑到已去过的、专业生产玲珑产品的红星瓷厂，这次去之前也不找人联系，装作闲遛。有人要问，就用江西话说是该厂某工人的家人。当夏侯文步行到一所关着门的车间大门旁时，小门开了，走出一位身穿浙江永康土布、面相憨厚的老人，问他在干什么，让他赶快离开，说里面不方便参观。

就在他开门的一瞬间，夏侯文瞥见里面有人干活，板台上堆着玲珑产品模具，模套则在机器上。夏侯文听老人是永康口音，便用景德镇话自我介绍，说是厂部技术科李科长的亲戚，是李科长领来参观的。

老人听后立刻客气起来，请夏侯文进车间内坐。夏侯文进门后，装作若无其事的样子，脑子里快速地默记那些机械和零部件，估摸尺寸大小。当时老人正在修理二光盅的玲珑机械，又拆又拼，他一边修着，一边同夏侯文谈家常。在车间待了近一个小时，夏侯文心里对"二光盅玲珑机"基本有了轮廓，关键之处也心中有数，于是起身告辞。

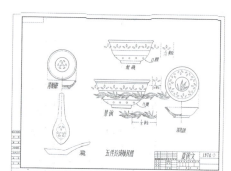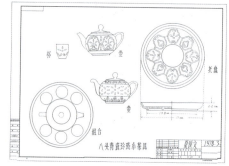

夏侯文设计的玲珑餐具图纸

夏侯文一路小跑回到旅馆，立刻坐下来画草图，将记忆中的整机和各部件画下来，共 8 个部分、109 个零部件，一口气画了 11 张草图。画好时已是次日凌晨 3 点，夏侯文仍然非常兴奋。

回到龙泉瓷厂，夏侯文把在景德镇的学习情况向领导汇报，领导非常满意，让夏侯文改造方案，向浙江省轻工业厅申报科研项目和经费。瓷厂又去永康请来两名铜匠，从农机厂调来翻砂修理工季良方等三人，一起协助夏侯文工作。

半年后，各种模具和生产样机试制成功。1973 年春，龙泉瓷厂玲珑新产品——二光盅生产成功，全厂的人都非常兴奋。产品在当年的春季广交会上亮相，日本客商十分高兴，订货金额非常大。至 1993 年底，青瓷玲珑系列产品共设计了 17 个品种、23 件套，全部投入生产，成为龙泉瓷厂的专利畅销产品。

美元首访华　设计餐具

1971 年，夏侯文接到一个特殊的政治任务。

基辛格秘密访华后，发表了尼克松访华的公报，中方为接待尼克松做了各项准备工作，其中就包括用餐的餐具。这个任务交由龙泉瓷厂完成，瓷厂指派夏侯文负责设计制作。任务的下达时间是 11 月 8 日，为了保密，称为"118 工程"。

在此之前，夏侯文从未见过接待外国元首用的餐具，为此他特地去杭州饭店实地考察。杭州饭店有接待外国元首成套的中餐具，数量多、形制大，有椭圆形的长达 38 厘米的大鱼盘、直径 34 厘米的大热菜盘、28 厘米大汤盘、40 多厘米的总盘。

对于"118 工程"这个前所未见的政治任务，省里、县里全力支持，工厂组成了以夏侯文为主的 30 余人的技术队伍，3 套人马、4 个车间，一边设计一边制作。

夏侯文伏案设计图纸

由于是秋天下达的任务，夏侯文构想了"仿古鹤翔天宇"图案。秋天晴空高远澄碧，与青瓷的釉色协调，仙鹤翱翔，富有诗情，吉祥如意。宋徽宗的《瑞鹤图》就是群鹤飞翔，古代诗人也有"晴空一鹤排云上，便引诗情到碧霄"的句子。如此设计富含中国传统文化寓意，也没有政治色彩，方案很快得到通过。

然而生产并不顺利。当时工厂设备相当落后，特大鱼盘和总盘上釉后，一进炉就变形得厉害，完全不能用。夏侯文提出改革方案，建议成立攻关小组，领导技术工人和老师傅们一起攻坚克难。他的建议得到瓷厂领导批准通过，并很快征调了一批符合要求的工人师傅，他们在烧制大型瓷件上有丰富的经验。夏侯文与他们吃住在一起，一边生产，一边修改方案和模具。

连续工作了 3 个多月，夏侯文终于按时保质地完成"118 工程"任务，受到了中央领导的赞扬，并为龙泉瓷厂日后成套餐具的生产积累了经验。

创新产品　改革工艺

1976 年 8 月，夏侯文离开工厂技术科，调入龙泉青瓷研究所，任副所长、工程师，专职青瓷设计和工艺研究。

龙泉瓷在长期的生产中，形成制造产品的惯性思维，除了注重釉水和器型外，不大在意其他工艺手段的引入和创造，计划经济的模式更加重了这种思维定式。夏侯文注意到这个问题，很想有所改变。他出身科班，有系统的陶瓷理论和知识，注重把一些新的工艺手段和理念带入青瓷。

所谓釉下彩，是先在胎坯上画好花纹，然后上釉入窑烧制而成的彩色陶瓷。夏侯文毕业于彩绘专业，手工彩绘、喷、刷等手段都不难，关键是什么样的标准适合在青瓷上运用？

夏侯文借鉴景德镇白瓷釉下彩的经验，运用青瓷不同的坯料、釉料、色料，进行对比装饰试验。他又去醴陵、景德镇、佛山等处实地考察，试验了千余次，终于获得最佳效果。

青瓷釉下彩甫一问世，便在广交会和全国陶瓷订货会上大获成功。奔马、鱼、仙桃、莲花、松鹤、白竹等彩绘图案装饰的盘杯，与青瓷的釉色和谐统一。首批订单有 30 多万件，出口与内销同时进行，产品供不应求。20 多年来，仅青瓷釉下彩茶杯销量就达 1900 余万件，产值 1700 多万元，成为青瓷行业畅销不衰的经典产品之一。

自古以来，龙泉青瓷的厚重是一大特点。因为胎厚，容易吸附更多的釉料，相对容易显示出玉感的厚釉效果。釉层一般都在 1 毫米以上，大件器皿可厚达 2 毫米～3 毫米，而白瓷胎薄，釉层厚度只有 0.1 毫米～0.14 毫米，一般不会超过 0.16 毫米。

正因如此，日用青瓷在火车上有不怕碰撞的优势。若在其他场合使用，相对笨重、运输不便的缺点也显而易见，因此"薄胎"的呼声不断。

夏侯文设计出薄胎青瓷的图纸，从器型、胎料、釉料到烧成，全面进行研制。试验从竹节杯开始，采取了诸如压缩坯体重量、改实心杯柄为注浆空心、烧成时保持高温一定时间等一系列措施。薄胎虽能达到设计要求，但釉浸不厚，不像青瓷。

夏侯文在青瓷上雕刻

夏侯文改用线条杯进行试验。由双开模改为单开模，杯体设计浅浮雕花纹，有高有低，有凹有凸，既防止流釉，又使釉层厚薄不均。烧成后，釉色有深有浅，具有丰富的视觉效果。坯体重量由380克减为175克，容量增加25毫升。杯的腹部与底部呈半透明，在不变形的同时，减少了工序和原材料消耗，缩短了烧成时间，因而获得了良好的经济效益和社会效益。

如果说，青瓷釉下彩、薄胎青瓷的主要难度体现在装饰和成型手段的反复试验上，那么哥、弟窑结合工艺则体现了夏侯文在青瓷领域革命性的努力。

龙泉窑自古就有两大系统，一是弟窑；二是哥窑。二者的产品特征不同。弟窑产品的特征是胎骨为白色或朱砂色，釉面无纹片，釉色以粉青、梅子青为最佳；豆青次之；蟹壳青又次之。哥窑产品的特征是紫口铁足，因釉层浑厚且有一定的流动性，因此口边的釉经高温烧成后，只挂极稀薄的釉层，透出略带紫色的胎骨。釉色较多，有较淡的青色，也有蟹壳青色、茶褐色、墨绿色。釉面布有纹片，根据纹片的大小形态，有冰裂纹、蟹爪纹、鳝血纹、牛毛纹、鱼子纹和百圾碎，尤以百圾碎著称。哥窑产口品长期使用，偶尔会出现"金丝铁线"和"银丝铁线"。哥窑的产品釉面裂纹，是胎体与釉面的冷缩热胀系数不同而形成的残缺美。这种与众不同是哥窑列为宋代五大名窑之一的重要原因。哥窑器皿的艺术影响力很大，但它的纹片是不规则的大小裂纹，分不清纹样和图案。

由于哥、弟二窑器物的不同胎料和釉料，两者无法结合，历史上从没出现过二窑同体的产品。夏侯文有这样一种考虑，即能否注入人为努力，使哥窑、弟窑技艺结合，通过绘画手段，采用不同矿物质做色料，让瓷器在高温下产生肌理变化——窑变，使之更具艺术吸引力。

有了这个想法后，夏侯文很快开始"哥窑与弟窑结合"的科学研究。1989年，夏侯文对几种胎料、釉料、器型进行过多种试验，寻求一个既适合哥窑又适合弟窑的中间配方，并为此做了大量的胎体和釉质的肌理研究。

1990年，哥弟技艺结合的作品——"石榴尊"烧制成功。它的上部口颈是弟窑砾砂胎体，梅子青釉，瓶身为哥窑的冰裂纹片。石榴尊端庄大方，既有千峰翠色，又有龟裂纹片，对比辉映，自有一家气派，因此获得当年的浙江省优秀产品设计奖。

在此之后，夏侯文和女儿廖秀珍做了一系列工艺性肌理装饰研究，设计的"哥弟共生辉系列"产品全获成功，作品《旋风的轨迹》《纹片奇葩》在1994年浙江省陶陶瓷艺术设计创作评比中被评为一等奖。

在探索哥弟共生辉的科学研究中，夏侯文掌握了更多更全面的不同材质的肌理和特性。在致力于现代哥窑艺术装饰中，他把哥弟结合和象形开片整合运用于一体，使哥窑产品的装饰更具有形象感和艺术性。这些工艺手法有如下几种。

一是哥弟结合之法。主要是用"滚"的技法，用白泥浆浇在模具上自然滚动，面积有大有小，线条有粗有细，装饰自然，是一种抽象艺术。

哥弟结合《龙纹天球瓶》

二是泥浆挤压之法。在瓷胎上或灌浆前，在模具上用一种特制的带管泥浆壶，以绘画的手法，先勾勒出纹饰轮廓，然后用同样的泥浆填平。

三是滚贴结合之法。在将要灌浆的模具上滚出抽象纹样来，两种泥浆自然结合在一起，待坯子取出后，再贴上需要装饰的、有色差的图案纹样，烧成后主次分明。

四是综合装饰之法。用哥窑的坯胎，先在湿坯上装饰一部分，待素烧后再完成全部装饰，如同景德镇的斗彩装饰。综合装饰还有另外一法，是在素烧后的坯上描上画稿，剔去釉层，填上各种矿物颜料，经1300℃高温烧成。色料与邻边的釉融合在一起，会产生意想不到的窑变效果。画面主次分明，色调层次丰富，装饰效果显著，最适合盘、碟等有平面之器皿。

五是雕刻与绞胎相结合之法。哥窑瓷一样可以用弟窑的浮雕或深刻技法，也可用堆塑和泥条牵线等综合装饰法，在器皿的主要装饰部位着色刻画，既起到主次分明、画龙点睛的作用，又保留有哥窑的特点。

巡回展览　精研创新

改革开放后，龙泉青瓷的发展速度明显加快，全国性、世界性的展览接踵而来，龙泉瓷厂受邀参展的机会日益增多。夏侯文设计的产品参展事例如下。

1978 年，参加在法国举办的"中国工业品展览"，有艺术品、日用瓷五件套，同年为日本商人举办"龙泉青瓷展览"，设计制作了七个品种 20 余件套；

1979 年，参加约旦等八国举办的经贸展览和摩洛哥等十国的国际博览会；

1982 年，参加意大利、巴拿马、哥斯达黎加三国国际博览会，作品有11 件；

1983 年，参加日本石卷市中国浙江工艺品展览；

1984 年，参加巴基斯坦展览；

1985 年，参加日本筑波世界博览会；

1985 年，参加第四届亚太地区博览会及中国香港陶瓷博览会；

1987 年，参加巴西博览会；

1991 年，参加中国杭州国际茶文化节；等等。

其中，让夏侯文印象比较深刻的是 1985 年在日本筑波举办的世界博览会，主题是"人类、居住、环境与科学技术"。中国参加这届世博会时，国家要求龙泉瓷厂必须有两件套展品参展，作品要体现科学性、思想性、趣味性和艺术性，同时符合日本人的审美，还特地从北京派了专人到龙泉督造。

这项重任落在夏侯文的肩上。他设计制作了 3 套图纸，精选 1 套上报北京获得批准。这是 1 套哥窑日用瓷——九头六角茶具，器型新颖别致，紫口铁脚，釉色滋润肥厚。在历史上，哥窑没有茶具品种，因此这在龙泉属于新颖器皿。参展后，日本人大为惊喜，给予了高度评价。这套作品后来被日本收藏，"广交会"上有 3 家日商要求订货。

1983 年"广交会"上，中国香港客商拿来一本日本出版的有关中国东海沉船上的瓷器图，指着其中的青瓷莲瓣碗和一只瓢，询问夏侯文能否复制。

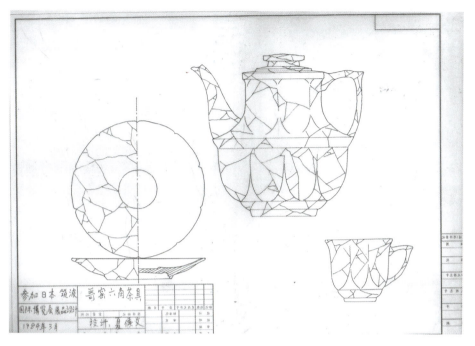

夏侯文设计的哥窑六角餐具设计图

这是弟窑粉青，釉水丰约适度，装饰美丽。夏侯文端详再三后，回答说可以。

回到瓷厂后，经过不断试验，夏侯文成功复制了这只莲瓣碗。它是撇口，粉青色，碗外浅刻两层莲花瓣，碗底部 12 朵丰满短瓣花，腹部 24 瓣修长莲瓣，排列整齐有序，碗内是鱼戏荷莲，透着雅致与高贵。

在 1984 年的广交会上，日本商人带来一块影青樱花瓷片，要求按此仿制订货。龙泉青瓷的釉色主要是粉青和梅子青，影青釉为水绿色，白里透青，是景德镇青白瓷的特点。夏侯文即刻想到陶瓷专家梅健鹰教授在龙泉瓷厂做过影青弦纹瓶，认为龙泉青瓷应该把影青釉发扬光大。

回到上垟后，夏侯文立刻动手，很快就创作出《影青樱花菱口挂盘》。它的中间是盛开的一朵七瓣樱花，周边五组花叶相衬，每组三叶一花，浅浮雕，有深有浅，凹凸有致。釉水有厚有薄，光线在上面折射，有明暗反差，显得洁雅、美丽。

当时适逢杭州"四新"产品评比，夏侯文将此产品送去参展。一个星期后，获浙江轻工业厅"四新"产品一等奖。浙江省籍轻工部陶瓷专家李

《影青樱花菱口挂盘》

国桢、刘可栋在陈列室看到后，问夏侯文："这挂盘釉色淡雅、滋润，显得很高贵，能不能做成成套餐具？如果成功，国际国内市场绝对不会有问题。"夏侯文听后觉得可以一试，于是查找史料进行调研，了解到景德镇虽在宋代有过影青瓷的大批量生产，但都是单一的碗、壶、盘盏等，不成套具。进入元代，影青渐被青花取代，很少生产。影青与彩瓷相比，是不含铅的瓷器，有很大的市场优势。

影青釉色的成套餐具，对龙泉瓷来说，是融科技与生产为一体的新玩意儿。瓷厂领导非常重视，让夏侯文主创，派十多个人协助制作。夏侯文全身心投入创作中，设计了多品种的图纸和器型，绘制的图纸更是数不胜数。

这套影青釉色的全套餐具共有97件，根据具体需要，可由中式餐具与西式餐具结合。共20个品种，可搭配成97头、92头、85头、73头、45头、20头、15头、13头、9头、3头等10种不同组合形式。

浙江省外贸公司的人来考察时，听说龙泉瓷厂的试制计划，就想把这套产品拿到1986年的春季"广交会"上。当时距广交会开幕只有3个多月，时间非常紧，为了激励夏侯文，对他说："如果能赶上交易会，给大家发奖金，给你个人发100元。"100元在当时可不是小钱，相当于现在的1万多元。

夏侯文带领团队昼夜施工，最终提前完成任务。产品在广交会上一经展示，订货的人就蜂拥而至。马来西亚、巴西等国提出要包销，中国香港客商专程赶到上垟参观，要求代理经销。国内更是供不应求，省外贸的同志大为兴奋，他们兑现了承诺，给夏侯文和同事发了奖金。

这套餐具色泽莹润，清白细腻。菊花装饰图案，配上活泼的旋纹，动中有静，静中有动。白中显青，青中见白，高雅纯洁，视觉美感令人震撼。

夏侯文（左）观察青瓷成型状况

难舍挚爱　发挥余热

　　1993年1月，夏侯文调入龙泉艺术瓷厂任总工程师，负责设计创作及工艺研究。

　　有一天，浙江省人事厅和丽水人事局的同志去看望他。看到他的住宅狭小，便同艺术瓷厂的领导商议，要帮助解决夏侯文的住房问题。长期以来，夏侯文全家六口人居住在瓷厂后面山坡上简陋的平房里，邻居们陆续搬走，他却一直住在那里。这次有上级领导的关心，夏侯文有了参加集资建房的机会。此前，他把所有积蓄都用在孩子的婚事上，手头的全部积蓄只有两三万元，便四处凑钱，这才在晚年住进新房子。

　　1995年，夏侯文到退休的年龄，曾一度担任临江瓷厂的创作设计工作。退休以前，夏侯文以国家和集体利益为重，埋头苦干几十年。退休后，夏侯文继续在陶瓷领域探索，用曹操的诗句"老骥伏枥，志在千里。烈士暮年，壮心不已"来勉励自己。

1996 年，夏侯文女儿成立了"夏侯文青瓷厂"，邀请他参与创作设计工作。2000 年 6 月，龙泉市政府组织的"龙泉青瓷宝剑精品展示会"在杭州浙江展览馆举办，夏侯文女儿的工厂参展，夏侯文带去新研制开发不久的器物——《梅子青九寸双鱼洗》。

传世的龙泉窑青瓷双鱼洗是南宋至元代文物，仿照汉代铜鱼洗（洗为古代盥洗器皿）的形状而成，形状为敞口，宽平沿，腹自上而下向内弧收，平底、圈足。口径 23.5 厘米、高 6 厘米。该器物腹外壁饰莲瓣纹，内底贴双鱼，首尾相随。通体施粉青釉，釉层丰厚，淡雅文静。双鱼是模印以后再粘贴在底上，有釉上和釉下两种，釉上贴鱼没有釉，烧成后鱼呈紫红色，为露胎贴花；釉下者，经多次施釉，隐约可见双鱼。

夏侯文将浅盆的鱼洗变成微凹的鱼盘，盘边饰以菱花样，盘腹刻 6 组水波纹，背面饰 26 莲瓣纹，采用釉上工艺，将模印紫泥双鱼首尾对署粘贴在圆盘中央。施以多遍石灰碱乳浊性很强的梅子青釉，厚而饱满，如同凝

夏侯文设计的夺翠牡丹设计图纸

脂，在釉色上超越了古代珍品。盘中央釉上装饰暖色调的紫金土双鱼，摇鳍摆尾，首尾相望，在周围水纹的映衬下，栩栩如生。

"鱼""余"音同，在中国的传统文化中是富裕和年年有余的吉祥象征。这件作品口沿直径为 9 寸，盘状，与古代盥洗用具的"洗"有别。夏侯文考虑到师承和借鉴的渊源，沿用旧的器型称谓，将其命名为《梅子青九寸双鱼洗》。

哥窑《龙纹盘》

《梅子青九寸双鱼洗》一面市，便因其设计的新颖、制作工艺的精湛和釉色的美轮美奂，备受欢迎。曾参加中华人民共和国成立 50 周年全国名人陶瓷优秀作品展，被审定为中国工艺美术珍品，与龙纹贯耳瓶、龙凤纹哥窑小口瓶一起入藏中国历史博物馆。

夏侯文把《梅子青九寸双鱼洗》带到展示会上，面对市场广大的收藏爱好者，他充满了自信。果然不出所料，双鱼洗一露面就受到特别欢迎，每只 1200 元的报价，在当时称得上是价值不菲。一位名叫胡鲁昌的收藏家看到后毫不犹豫地买了一只，拿回去让朋友欣赏。第二天，胡鲁昌的朋友们纷纷前去购买，夏侯文带去的 12 只双鱼洗全被抢光。

这件作品还被选作时任总理朱镕基的出国访问礼品。这是让夏侯文非常自豪的事情，从某种程度上说，自己的作品算是代表了国家形象。

后来，夏侯文将双鱼洗做了五个品种，一是菱花边露胎贴花双鱼；二是圆口开片露胎贴花双鱼；三是菱花边全釉双鱼；四是圆口露胎贴花双鱼；五是圆口影青双鱼，各具美姿。

2002 年，龙泉青瓷行业协会在北京民族文化宫展示龙泉青瓷。夏侯文带去牡丹大盘、夺翠牡丹瓶和哥窑龙纹盘等参展。一位炒股挣了钱的吴

老板在夏侯文摊位前看得非常仔细，第一天，他买了哥窑龙纹盘、夺翠牡丹大瓶、牡丹大盘。第二天，吴老板携夫人一起看展，又购买了夏侯文的创新品种——青瓷的延伸。在这件青瓷大瓶身上，夏侯文尝试把"钧、汝、官、哥、定"五大名窑的陶瓷特征融于一体。

吴老板前后共买了夏侯文四件作品。事实证明，这位吴老板是有艺术眼光的。哥窑龙纹盘、夺翠牡丹、青瓷的延伸后来在比赛中均获得金奖，吴老板一次买走的是夏侯文的三只金奖作品。

启功赠词　心怀感恩

启功先生曾赠予夏侯文题词，此举令夏侯文心怀感恩。

1999 年春天的一个晚上，夏侯文突然接到浙江省轻工厅的总工程师叶宏明的长途电话。叶宏明是夏侯文的老朋友，夏侯文的许多科研项目都得到了他的支持，二人关系比较密切。叶宏明是全国政协委员，正在北京参加全国政协会议，与著名书画家启功先生同住一室。二人晚上聊龙泉青瓷时，谈到了夏侯文。启功先生听说夏侯文的情况后，当即表示要给夏侯文写字，叶宏明便打长途电话问夏侯文希望要什么内容。

夏侯文闻言激动不已，一时间也不知道要什么题词，想到自己的作品被不少人收藏，就试探性地问："能不能写'夏侯文青瓷作品收藏证书'？"没想到启功先生非常爽快地答应了。第二天政协休会，启功先生回家写好，交给叶宏明回浙江时带给夏侯文。自此，夏侯文的作品收藏证书就用了启功先生的题款，十分雅正。

夏侯文与启功先生素昧平生，得到启功先生如此厚爱，让他有受宠若惊之感。于是，夏侯文做了一套文具和一件贯耳插画瓶，分两次请叶宏明带给启功先生，以表达自己的深深敬意。随后，启功先生又为夏侯文写了"艺无止境，开拓创新"，并题写夏侯文的研究所招牌"夏侯文龙泉窑研究所"。这也是夏侯文意想不到的收获。

每每看到作品的收藏证书和厂门口的招牌，夏侯文都会油然而生一股感激之情。他一直认为自己不过是一个做青瓷的工匠而已，多年来只顾埋头研究陶瓷，也不善于与人交往，竟能得到启功先生如此青睐，实为荣幸之至。

面对众多的消费群体，夏侯文尽可能地在艺术品位和价位上令众人感到物有所值。基于这个信念，夏侯文拒绝了各种拍卖会的邀请。夏侯文认为，当价值一万的工艺品在市场上被人为抬高至四五万，甚至溢价更多之际，就背离了作品的价值和属性。

瓷器与纸本的艺术品不同，只要不被砸碎碰坏，存放多久都没有问题。即便东海、南海打捞上来的沉船瓷器，历经几百年后依然光亮

启功先生给夏侯文的题词

如新。龙泉青瓷受到越来越多人的追捧，市场行情日益高涨时，夏侯文认为更要为收藏者着想，这是他做人做事的理念和道德准则。

早在 1993 年前后，夏侯文便屡获殊荣，先是被审定为高级工艺师、浙江省工艺美术大师，继而被国务院授予有突出贡献的科学技术专家，并享受国务院颁发的特殊津贴。夏侯文对此保持了难得的清醒，不骄不躁，依旧保持清醒的头脑和理智，以及一颗平常心。

夏侯文搜罗占籍，仿古制作一件"欹器"。这是两头尖、中间鼓的器物，原型是日用的汲水陶罐。其系绳的罐耳，位于罐腹靠下的部位，空时重心位于罐耳之上。用绳悬挂时，罐身倾斜，便于打水。半满时，由于重心下降到罐耳以下，罐身自动扶正。灌满时，由于重心上升到罐耳以上，很易倾覆。夏侯文以这件器物时刻提醒自己"满招损，谦受益"。他学古人

之样，告诫自己任何时候都不要骄傲自满，否则容易栽跟头。

夏侯文对自己的道德要求，虽然称不上是"吾日三省吾身"，但从不打诳语，诚实做人。他不想背负心灵的任何不安和歉疚。夏侯文常说，人做事，天在看，要对得起人，要对得起良心。

生活中，夏侯文不愿占任何一点儿小便宜。记得有一年，金华的一位女士来买花瓶，付了700元，晚上灯下点钞票，因为是新钞票，夏侯文怎么点，都多出了100元。第二天，夏侯文赶忙四下联系，因为不知名姓，无法退还，于是便交公。

夏侯文主持的"釉下彩""玲珑青瓷""薄胎青瓷"等项目，是申报浙江省科委或轻工业厅的攻关项目，上级拨付的科研经费合计不下几十万元。夏侯文奉行节约开支的精神，每次结项后都有节余，为工厂积累了大量经费，将剩余经费用于企业的技术改造或设备更新。这是夏侯文致力于青瓷发展的一种努力。

艺无止境　推陈出新

夏侯文坚持探索的工艺，不论对于个人还是对整个龙泉青瓷来说，属于创新之路，是为了创造出新的品种和工艺。任何手工艺品若无创新意识，只在传统器型和工艺上做文章，最多只能算守成。夏侯文认为，做陶瓷的不能古董化，形式上不能僵化、死搬硬套、死气沉沉，而是要古典化，讲究推陈出新。

在哥窑现代艺术装饰上，夏侯文用滚贴结合之法的作品"红色的诱惑"，获全国第七届陶瓷艺术设计创新评比一等奖。这是他与儿子夏侯辉，在龙泉青瓷单色釉的审美定式中，大胆延伸它的审美价值，力变碗、盆、罐等定式器型，在艺术瓷的领域寻找突破。这一作品主要是从流行于宋代的酒器上找到灵感，把它变形放大。颀长的椭圆形的瓷柱上顶着一只敞口大盘，形似传说中汉武帝的金铜仙人承露盘。粉青釉的冷色调上燃起生命的烈焰，装饰出暖色调的似花非花的几何图案，如同生命的密码，在仙人柱和仙人盘中绽放。

这件洋溢着温暖色调的青瓷，在2002年的全国第七届陶瓷设计评比中很抢眼，17位评委全票通过，评定为一等奖。主任委员秦锡麟先生评价它有五大特点："整体造型巧妙；强调局部图案装饰效果；色彩对比鲜明艳丽，使作品充满细节的可寻味度；精巧的局部又自然地与简练明快的现代造型融为一体；是由传统转向现代风格的转型之作。"

在器型的研制上，夏侯文认为，任何传统艺术都必须要有时代感，在

《红色的诱惑》

夏侯文在雕刻青瓷

传统中注入时代审美因素，在流行中固守民族价值，才不致迷失方向。

在现代形式感极强的氛围里，夏侯文创作的"荷塘锦绣"是用现代语言表现的花器。整个器型如蘑菇，从粗壮的菌柄部升起伞状的菌盖，丰腴圆润，内中空，可放置鲜花。在器物的内壁，拔擢而起两支葳葳蕤蕤的莲叶，散布在菌盖的一侧，菌盖的另一侧是两条游动着的鳜鱼。这一花器还采用了脊上点彩工艺，宛若阳光照射在脊上的反射之光，菌盖边缘还散布着不均匀的小水泡，是一幅"江南可采莲，莲叶何田田"的水乡景色。器皿为粉青色，装饰凸起，立体感强，形式感更强。

刻花是龙泉瓷装饰的重要手段，这是龙泉瓷区别其他瓷种的特色之一。在刻花上，夏侯文做过系统的研究和实践。因为是彩绘专业出身，夏侯文对线条比较敏感。经过长期观察，他发现古代龙泉青瓷的刻花多为短线条，表现具象的东西往往生动性不够，影响视觉审美。于是，夏侯文采用长劲有力或柔和纤长的线条去表现图案，使之更具立体感。

江南是鱼米之乡，夏侯文从小就喜欢鱼，所以在青瓷上也多有表现，鲇鱼、鳜鱼、鲤鱼都成为装饰的对象运用在器型上，静态的、跳跃的，形状不一。因其生动性，原中国工艺品进出口总公司的老总刘培金称之为"夏侯鱼"。

让夏侯文最欣慰的是"瓯江彩鲤"盘。用彩绘法在素烧的盘中画上彩色鲤鱼和水草，盘周边刻花装饰 26 莲瓣纹，再吹上一层梅子青釉，是为釉下彩工艺与青瓷刻花相结合，青翠如玉的瓷盘衬托出红艳的彩鲤，极具视觉效果。夏侯文不惜工本，用松柴高温烧制，虽成品率极低，却能呈现理想的艺术效果。

夏侯文还把江南当地的动植物融入创作之中，如木槿、栀子、紫藤、芦苇、麻雀等。多姿多彩的植物花卉、动物鸣禽，一一定格在器皿上，然后用粉青和梅子青的釉色笼罩。梅花的傲干奇枝、水仙的冰姿玉骨、紫藤悬垂的丰腴、兰草的碧叶花蕊，这些使夏侯文的青瓷作品富有江南韵味，以及与器型和谐的装饰效果，同时也赋予单色釉以宁静和冷艳的玉感，使器型充满了生命质感的美。

薪火永继　传承创新

　　青瓷是全球第一个且是唯一一个入选人类非遗的陶瓷类项目。对它最好的保护是要做好传承，并在这一基础上获得新的发展，保持艺术的旺盛生命力。对夏侯文而言，传承和创新龙泉青瓷技艺，一直是他的使命和责任。

　　刚到龙泉瓷厂工作时，夏侯文发现青瓷竟面临着技艺失传的困境，他痛心不已，当时心中便燃起一份信念，要把濒临失传的技艺拯救回来，让青瓷文化永葆昌盛。夏侯文在设计和创新龙泉青瓷的过程中，不断学习美学、史学、现代工艺学等内容和方法。他认为多学科、多领域的学习及运用，能创造出更精美的瓷器。一件青瓷作品的烧制过程有很多讲究，造型、款式、颜色各有侧重。瓷器不仅是中国人智慧的体现，更是中国文化精神的延续。

　　退休后，夏侯文创办了"夏侯文龙泉窑研究所"，希望延续龙泉青瓷的传承和创新。他与儿子夏侯辉一起，力求改变碗、盆、罐等定式器型，不断地进行创新。

　　夏侯辉的从艺之路是父亲夏侯文一手安排的。起初，夏侯辉年少懵懂，不知工艺美术为何，只记得每逢寒暑假，父亲便教他临摹、素描，他觉得好玩而已。后来，夏侯辉上大学读了美术专业，随着岁月的不断持续与深入，发现做青瓷是他非常喜欢且适合走的道路，才明白父亲的苦心安排，所以他非常感谢父亲极富前瞻性的决定。

　　与父亲夏侯文共同创作的阶段，夏侯辉扎实掌握了龙泉青瓷创作的艺术规律和美学法则：如何才能充分展现出龙泉青瓷的材质美；如何紧扣时代脉搏，创造适合当下的作品；美好的釉色，离不开精工细作，就是用巧工来表现；龙泉青瓷除了美妙如玉的釉色，还有它釉层下的肌骨，即造型。点点滴滴的收获，都是在与父亲的交流切磋中不断获得，个人技艺不断提升。

　　如今，子承父业的夏侯辉已成长为一名高级工艺美术师，他用新一代青瓷人的独特眼光，让龙泉青瓷在父辈们继承和仿古的基础上有了新突破。

《釉下彩山水纹罐》

夏侯文与儿子夏侯辉探讨青瓷技艺

他研制成功的"哥窑肌理绘画"等一系列作品，与父亲合作的《双鱼洗》等珍品，不仅收获众多喜爱，还被收进历史博物馆收藏。

国画大师傅抱石之女傅益瑶曾慕名而来，与夏侯文共同创作，双方合作完成了《釉下彩山水纹罐》，将绘画艺术与青瓷艺术完美结合在一起。

夏侯文把青瓷艺术引进学校，将课堂作为青瓷文化传承的平台。他是龙泉市中等职业学校陶瓷工艺专业的兼职教师。从设计到制作，从修坯到上釉，从素烧到烧成，只要有空，夏侯文就会去学校手把手指导学生。他创办的研究所成为浙江树人大学、中国美术学院师生的实习基地。在他的工作室里，整整齐齐存放着各个创作时期的图纸，供人们学习借鉴。夏侯文说："通过它们，但凡有一些青瓷烧制常识的人都可以尝试创作，乃至创新。艺术，我们追求的是经典化的东西，一味模仿守旧是没有出路的。"

时至今日，在青瓷教学上，夏侯文已经培养出 2 位大学副教授、3 位省工艺美术大师，有 9 人分别取得了高级工艺美术师和工艺美术师技术职称，还有 9 人成为青瓷企业业主或青瓷企业骨干。通过手把手的教学，夏侯文为青瓷文化的传承和发展输入新鲜的血液。

即便早已过了"人生古来稀"的年纪，夏侯文仍保持创作激情，善于同年轻人分享新的创作理念，与年轻后生共同进步。不少作品往往都是夏侯文出设计方案，然后由子女和徒弟们去丰富、改进，共同研制，力争把青瓷事业做得更大。

为了让青瓷文化传播得更远更广，夏侯文不断参与海峡两岸和海内外的艺术交流。2005 年 8 月，夏侯文与台湾地区陶艺协会共同举办了学术研讨与经验交流活动，旨在"从事陶瓷艺术创作与学术研究、协助推动大陆与台湾陶瓷文化之提升"。此外，夏侯文一直注重理论研究，善于在青瓷生产设计中总结理论经验，以资后人借鉴。其中，论文《龙泉青瓷工艺新发展》获 2003 年浙江省科技成果二等奖，《纳米氧化铝改性哥窑青瓷及其抗胎裂研究》获浙江省科技成果一等奖。在《考古学集刊》第 14 期发表《宋代龙泉青瓷名窑恢复的研究》，在《浙江工艺美术杂志》第 3 期发表《哥窑肌理绘画艺术初探》。

回顾人生，夏侯文认为自己虽取得了一些成就，但这完全得益于龙泉市领导对青瓷的重视和扶持，得益于各级部门从上至下对青瓷的关怀和爱

夏侯文（前排中）给徒弟们讲授青瓷技艺

护，才使青瓷的发展达到了历史最高、最好的水平，国际影响也越来越大。夏侯文因时代的发展而实现自我价值，因无数喜爱青瓷的消费者的厚爱而得益，所以，他深深地感谢时代和人民，让他获得了施展才能与抱负的机会和舞台。与此同时，夏侯文常告诫子女及徒弟们，要顺应时代的发展，要承担国家责任，进一步弘扬青瓷文化。

近些年来，国家大力开展非物质文化遗产保护工作，夏侯文深觉意义重大。作为国家培养的大学生，他一直在践行保护和传承青瓷文化的使命，从他参加工作的时候，他就很注重这方面。当时，工厂招收的工人文化知识水平比较落后，他一边工作一边带徒弟，手把手地教习。工厂举办职工子弟班，夏侯文免费担任陶瓷技艺教师，教授他们美术等文化知识，还积极申报科研项目，写工作总结、结项报告。每一份青瓷作品的创作，都经过收集数据、整理资料、写方案、画图纸、审查备案、入档案等流程，为日后的青瓷传承提供可研究的纸质资料。对于国家在非物质文化遗产保护方面的政策，夏侯文表示满意，希望政府部门在政策落实方面能更扎实一些，比如，多提供资金支持和交流展示平台。

对于青瓷传承人的培养，夏侯文非常重视，他认为一定要注意以下三个方面。

一、要有正确的人生观，一定要有奋斗目标，绝对不能随波逐流。年轻人不能浪费时光，要珍惜岁月多奋斗，如果 50 岁以前还不能成才，那他的青瓷事业就是失败的。

二、要提高文化修养，多学基础理论知识。没有高度的文化水平和基础理论指导是不可能做出好作品的。从事陶瓷创作，需要学习很多东西，比如美术、设计学、造型学，画图纸等。要广泛吸收多方面内容，转化成自己掌握的知识。不能一直只是照着传统来做陶瓷，那只能算复制品，不是创新品。一定要有自己的风格和创新，才能算发展。好的作品才有生命力，才能经得起历史的考验。

三、做一行爱一行，要对自己的行业有信心、有耐心、有决心，做一辈子爱一辈子，不要怕吃苦。开始的时候肯定苦，但是有一句话说得好，"怕苦的人苦一辈子，不怕苦的人苦一阵子"。夏侯文对此深有感悟，他青少年时期生活和学习都很辛苦。走上工作岗位之初，依然很艰苦。但熬过了几年，随着青瓷创作的丰富，他的日子慢慢变好，也为社会创造了大量的财富。

对于龙泉青瓷未来的创新之路，夏侯文坦言："目前来看，造型方面的创新空间相对较窄，但装饰、材料等方面仍有很大的发挥空间。装饰方面要重视综合装饰，吸收多种艺术手法的长处为我所用。此外，釉色也是我目前研究的重点。但这个过程中，不能失去最重要的青瓷风格与特点。哥窑的铁骨、开片，弟窑的釉色如玉不能丢。现在一些搞艺术的，从国外学一些皮毛，弄一些大家都看不懂的东西，这个不是正确的路子。你要学，学他的创作精神。我认为，艺术还是要让人看得懂，让人能体会到它的美。"

第三章

郎志丽
妙手塑面　慧心传艺

　　在小小的半个葫芦瓢中，竟活生生地演绎出《水浒全传》中不同将帅的特色，堪称巧夺天工。瓢中的人物个个小如豆粒，却栩栩如生，形神兼备，令人赞叹。

　　慷慨忠义的宋江；睿智沉稳的军师吴用；豹头环眼，燕颔虎须的豹子头林冲；一头蓬松黄发，脸上长满髭须，使两把板斧，力大如牛的李逵；威风凛凛的武松……一百零八位好汉的形象栩栩如生。这件精致的作品由著名的面塑艺术大师郎志丽所创作。据她讲述："那时拿到葫芦，我就想着对半劈开，一边放54个小人，还有山石、树木、花草点缀其中，再利用葫芦本身的形态，化成一双对语的仙鹤。"郎志丽用葫芦制作的面塑作品受到广泛好评，这是她在面塑艺术上开拓的新领域。把一个葫芦对开成两个造型，它可以增加作品情节的连贯性，使它摆脱了传统盒式的界限。

　　郎志丽，1942年9月生于北京，她是北京面人郎第二代传承人、工艺美术家、著名的面塑艺术家。她的作品众多，多以人物为主，主要有《关公》《七仙女》《百子图》《八仙过海》《四大天王》《红楼梦》《水浒全传》等人物作品。她大胆采用新材料同面塑工艺相结合，拍摄了科教片《菌蘑》

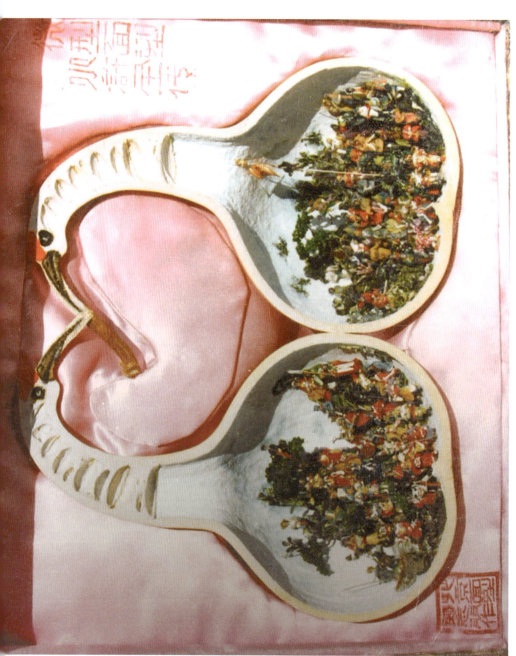

郎志丽作品《水浒全传》

《心脏主动脉》等，以微型面塑核桃人创作了《十八罗汉》《十二花神》《福禄寿之星》《秋翁遇仙记》。1995 年，郎志丽被联合国教科文组织授予"民间艺术家"称号；1998 年，被中国国际名人协会授予荣誉证书；1999 年，其论文《论面塑艺术的创新》经世界学术贡献奖评审委员会评审获论文金奖。2005 年，她被中国艺术研究院聘为"民间艺术创作研究员"。2009 年 6 月，郎志丽被评为第二批国家级非遗项目代表性传承人。

郎志丽从 6 岁便开始学艺，15 岁便斩获国际大奖。在她的手中，半个核桃皮可以装下十八罗汉，一个葫芦能容下水浒一百单八将……她与手艺相伴 70 年，日复一日，年复一年，精益求精。如今，早已过了古稀之年的郎志丽，谈起自己与面人种种，并没有太多的感慨，只觉得这是自己一辈子的信仰与坚守，可能就是这份不自知的匠心，让郎志丽荣辱不惊，从容不迫地坚持了一辈子，让列为国家级非遗的小小面人也拥有了大大的魅力……

千年面塑　源远流长

郎志丽是面人郎的第二代传承人，作为面塑国家级代表性传承人，她向笔者详细介绍了面塑的历史与民俗文化。面塑也称面人、面花、面馍，也有地方将之称为礼馍、花糕，是源于山东、山西、北京的民间传统艺术之一。谈到面人，人们眼前会浮现出孙悟空、嫦娥、八仙等形象，这些栩栩如生的面人伴随着人们儿时的记忆，唤起了那浓浓的旧时气息与温情。

面塑作为一种民间传统工艺，很早就出现在人们的生活中，但究竟始于何时，史上并没有明确的文字记载。从新疆土鲁番阿斯塔那唐墓出土的面制人俑和小猪来推断，距今至少已有 1300 多年的历史。传说三国时期孔明南征，以面料制成人头与牲礼模样来祭拜江神，安然渡江并平定南蛮。因此，在民间很多面塑艺人奉孔明为祖师爷。南宋《东京梦华录》里面有一个面塑的典故，"清明节，寻常京师以冬至后一百五日为大寒食，前一日

谓之炊熟，用面造枣锢飞燕，柳条串之，插于门楣，谓之'子推燕'"。是为了纪念春秋名臣介子推。关于面塑的演变历史，《东京梦华录》中有记载"以油面糖蜜造如笑靥儿"，可见那时的面人都是能吃的，谓之为"果食"，明代称"面果"，有点像天津人过年蒸的刺猬、老鼠等造型的面食。后来越做越细，仅仅作为食物便难免有些可惜。至清代，百业发达，面人慢慢发展成为观赏品，进而演化为工艺品，小贩背着面人箱子走街串巷，边捏边卖。

在漫长的历史中，面塑与人们的生活相连，并融入节日与习俗中，成为部分地区民间传统艺术中的一部分。郎志丽谈道，早年在民间，面塑作为吉祥寓意的面食，常出现在老人寿宴，孩子满月、生日等喜庆的日子。那时人们常常捏制寿桃、年年有余、十二生肖这类题材的面塑，用以礼尚往来。同时，面塑也用于供奉、祭祀与欢度节日，过去在陕西、河北等地的农村，从除夕到正月十五四处可见互送礼馍的温馨场面，尤其是在陕西关中的东部地区，年长的妇女大多擅长礼馍的手工活。现在山东、山西仍有做寿桃的习俗，一些地方还保留着制作可食用面塑的风俗。

面塑造型取材广泛，形象丰富，有传统戏曲、四大名著、民间传说、神话故事、儿童卡通人物、十二生肖等，常见的形象有葫芦娃、哪吒、唐僧师徒、白雪公主等。此外，面塑的制作技艺也十分令人惊叹。面人所用的原材料主要有白面（小麦粉）、江米面（糯米粉）、蜂蜜、防腐剂、颜料等。面人的彩绘颜料是广告色颜料，此种颜色用起来比较方便，用它揉出的色面颜色比较鲜艳，长时间展示不褪色（要避免阳光长时间的暴晒）。捏面人所用的工具主要有拨子、拨棍、小剪子、刀子、镊子、梳子、毛笔等。面塑艺人通过揉、搓、压、团、挑、按、拨等造型技巧，塑成身、手、头、面，再给面塑披上发饰和衣裳，转眼间，栩栩如生的艺术形象便脱手而成。那千姿百态的人物、动物形象，惟妙惟肖、活灵活现，令人赞叹不已！

中国面塑广布于国内各地，各有特色。就捏制风格来说，黄河流域古朴、粗犷、豪放、深厚；长江流域细致、优美、精巧；北京面塑以"面人汤""面人郎"两大派享誉京城。郎志丽的父亲郎绍安因擅长塑造极具形象的"三百六十行"及清末民初的市井人物形象深受人们喜爱，声名远扬，人称"面人郎"。曹仪策跟随"面人郎"学艺后，因为眼睛高度近视，所以师傅只教了他一门手艺——核桃人，后成为"面人曹"。曹仪策的面人精巧细致，在用色上有绝活，陈毅元帅看过他的作品后很是欣赏，曹仪策的代表作是《大观园》，曾在故宫展出。

守艺艰辛　创面人郎

在过去，老手艺人中做活好的，十里八乡都喜欢用"手艺＋姓氏"唤之，朗朗上口的称呼往往是他们的金字招牌。那时，用面粉揉捏出一个乾坤的还数北京的"面人郎"，郎志丽的父亲郎绍安就是响当当的"面人郎"。"面人郎"在如今一些老北京人的记忆中仍是亲切的，尤其在曾经物质并不丰富的年代，面人是很多人儿时喜爱的小物件。

郎志丽的父亲郎绍安在学习捏面人之前是以卖小吃谋生的。郎绍安1909 年出生于一个清贫之家，不到 12 岁就已经挑起担子卖臭豆腐和花生了。12 岁时，郎绍安遇到了在白塔寺庙会里捏面人的手艺人赵阔明，并被这种手艺所吸引。时间长了，常常跑来看捏面人的郎绍安给赵阔明留下了深刻的印象。赵阔明开始与这个小伙子攀谈起来。郎绍安也经常给赵阔明帮忙，帮着看摊、买水、买饭，经常为此耽误了自己的贩卖生意，回到家中总会因为卖不完东西被责问。慢慢地，郎绍安把学习捏面人的想法告诉了父亲，父亲就带着他去赵阔明家正式拜师学艺。几个月后，由于赵阔明在北京的面人生意不景气，就转去天津发展了，有时也会回北京指导郎绍安的手艺。虽然跟着师父学习捏面人的时间不长，但出于对这门手艺的热爱，加之刻苦钻研，郎绍安捏的面人越发像模像样，慢慢地，他也开始走街串巷捏面人讨生活了。

据郎志丽回忆，那时父亲背着箱子、带着马扎，看好一个地方就支起摊位开始捏面人。他捏的面人形象多出自一些民间耳熟能详的传说，比如"天女散花""嫦娥奔月""麻姑献寿""老寿星"，还有小孩子喜欢的"娃娃抱鱼""娃娃玩风车""娃娃拿糖葫芦"等。郎绍安的面人出现在街巷间不

久就引来一大群孩子的围观。因为价格低，家长也乐意购买。走街串巷捏面人也很辛苦，为了生计需要四处奔波。那时，国内时局动荡，很多人流离失所，流走四方。郎绍安带着家人从北京走到山西、陕西等数座城市，有钱时可以坐车，没钱时只能举家徒步。郎志丽兄弟姐妹九个，她排行老三，刚开始的时候父亲就带着这三四个孩子出去，这一路上孩子越来越多。郎志丽回忆，那时他们没有家，不停地流浪，一家人全靠着郎绍安捏面人支撑过活。在那个民不聊生的年代里，曾流传着一首民谣："只为谋生故，含泪走四方，大雪下关东，六月出南洋，走遍天下路，何处是家乡。"挣扎在社会底层的人们为了生存，吃尽了苦头，或者浪迹天涯，横遭迫害。

郎绍安靠着面塑手艺养家糊口，时间长了，他捏的面人越来越出名。有些人专程上门找他捏面人。起初由于经验不足，有人请他做戏曲面塑时，他得攒钱买票、看戏，仔细琢磨，一个星期才能交付成品。为了能捏出更丰富的面人形象，提高自己的手艺，郎绍安一直认真观察生活，从生活中学习和发现素材。时间长了，生活中这些看到的事物都印在了他的脑海里，运用到捏面人的手艺中，这样一来，他创作的面人更加形象逼真。郎绍安告诉自己的儿女，要时刻记着在平时的生活中留心细节，认真积累经验。无论去哪儿，都得想着平日里常见的事物，做面塑时是否用得着。通过不断地用心钻研，郎绍安的面人广为流传，深受人们喜爱，"面人郎"的美誉便传开了。

郎志丽说，父亲由在街头流浪卖艺变为有固定工作，可以安心创作面塑，源于一次机缘巧合。1956年，街道干部推荐父亲的面人作品去中山公园参加工艺品展览会，当时父亲就把他制作的一套《智取华山》山水人物送去了。作品被前来观展的朱德总司令注意到了，当朱德得知我父亲还没有正式工作时，就立即让随行的工作人员记录了下来。没多久，父亲就接到通知去开会，回来时，他兴奋得不得了，说国家要他去北京市手工业合作总社工作。同年6月，"面人郎"郎绍安代表中国的民间艺术家参加了在英国举办的国际博览会，这是中国的面塑艺术家首次出国表演。在博览会上，他的精彩技艺受到国际友人的广泛赞叹，各种传媒惊呼中国艺术家的灵巧双手是"上帝之手"，一时间"面人郎"震撼了整个博览会，轰动了英国。这次面塑艺术表演的成功使我国的民间艺术在国际舞台上确立了很高的地位。

国内很多报纸都上刊出了"面人郎"出国的消息，这是中国面塑第一次走向世界。"面人郎"在英国受到了极大的欢迎，曾有一位老太太在北京买过面人，听说"面人郎"来英国展演交流，特地赶来观看。因为离得远，且年事已高，老太太费尽周折，辗转三次才赶到现场。为了表达对老太太的敬意与感激，郎绍安为老太太表演了捏面人手艺，并把做好的作品送给了老太太。在展演中，英国小朋友看到惟妙惟肖的面人也格外出神，舍不得离开。郎绍安根据这些孩子的形象捏成面人送给他们，孩子和家长都十分喜欢。观看的英国观众中有一位从事原子弹研究的先生，他说："我很向往这种形式自由、可以把美和欢乐带给人们的手艺。"

1957年初，郎绍安调到北京市工艺美术研究所。当时工艺美术研究所在东单小羊毛胡同的平房里，流落在民间的手艺人被召集在一起，有了稳定的归所。工艺美术行业的艺人们都聚集在那里了，人气很旺。同年在北京政协礼堂召开了全国工艺美术艺人代表大会，在会上数人被授予了"老艺人"称号，郎绍安也是其中一员。会后，所领导根据大会精神向老艺人们提出了"传承"的问题，题目是"子承父业"，并请大家考虑，让大家也可以回家与家人商量。

三妹承艺 别开生面

郎志丽五六岁时就开始给父亲打下手。郎志丽回忆道："那时候父亲背着个箱了，我们几个孩子就跟在后面，走在那些街巷，看到人多了，父亲就支起箱子，摆上面人，不一会儿围上来的人就多起来了。人不多时，我们几个孩子就在旁边玩儿，人多了就给父亲打下手。"她会帮父亲捏小萝卜、小鱼、小兔子、桃子等小东西。在这样的童年生活中耳濡目染，郎志丽自小就与面塑结下了不解之缘。

郎志丽向父亲学习面塑

有一天晚上，郎志丽姐妹们都把饭做好了，摆在桌子上，可父亲郎绍安却无意去食用。他把自己的八个儿女叫到身边，细细瞅了瞅，心里琢磨着培养接班人的事。他说："现在就和你们姐妹兄弟们商议一下，看选定谁合适？"女儿们说："我们女孩儿家，迟早也是人家的人，那当然是选我们的弟弟了。"父亲郎绍安用手抚摸着小儿子的头说："儿接父班，我也想过了，可是他年岁太小，再说他们刚上小学。我想选三妹子（郎志丽）做我的接班人，不知合不合你们的心意，因为三妹子的肚子里有人了。"话音未落，儿女们便哄堂大笑起来。父亲郎绍安补充说："我这大老粗，说不了那文绉绉的话。我是说，三妹子的肚子里面有面人艺术了。"儿女们这才都忍住笑，异口同声地说："三妹子喜爱面人艺术，她的手又巧，就选定三妹子吧！"父亲郎绍安听后，满意地笑了。1957 年 5 月，郎志丽也和父亲郎绍安一起进入北京市工艺美术研究所工作。北京刻瓷、北京皮影、北京剪纸、北京内画鼻烟壶、燕京八绝等行业也都有了接班人。

1958 年，董必武同志来北京市工艺美术研究所视察。他拉着郎志丽和郎绍安先生的手一起合影留念。董必武同志意味深长地说："面人艺术要传下去，面人艺术要发扬。"郎志丽和父亲郎绍安望着董老远去的身影，心情久久不能平静。郎志丽想：小小面人，国家领导人竟如此关心它，我们可不能看轻自己。从此，郎志丽的心中就燃起了一团火，面人是我们民族的艺术，我一定要继承发扬下去！

1957 年，15 岁的郎志丽继承父业，进入北京市工艺美术研究所工作，作为郎绍安的第一个徒弟，从此开始正式学习面塑。同年，著名作家冰心老人来到研究所采访郎绍安，对面塑表现出了极大的兴趣。"她问我父亲：'您现在带徒弟吗？'我父亲指了指站在桌边的我说：'她就是我的徒弟，也是我的女儿。'冰心采访结束还嘱咐我：'你要好好跟你父亲学，把这门手艺学好。'"冰心的叮嘱，郎志丽用一生的坚守做出了最好的答复。

"三年学徒，父亲对我很严厉。父亲每次都告诫我说，'捏面人必须心静专注，与练气功有相同之处。'"此后，郎志丽的很多技艺要领都是在多次"摔跟头"后铭记在心的。"记得有次捏关公，父亲在我旁边坐定什么都没说，就让我自己捏，捏完后我问他如何。他说：'关公脸的颜色不对。'我便说：'您怎么不早说。'"郎志丽忆起与父亲学艺的情形，很多场景仍历历在目，父亲的教诲也一直萦绕在她心头。父亲回答说："我要是早告诉你，你一辈子也记不住。"正是父亲"吃一堑长一智"的教导方式，让郎志丽在传承老手艺的基础上，多了上下求索、积极创新的踏实劲儿。

功夫不负有心人，郎志丽精心做成的《穆桂英》被送去参加莫斯科国际少儿艺术作品比赛，获得优秀奖，引起轰动。1958 年"三八妇女节"，《穆桂英》还被送去向人民大会堂建成献礼，她还因此受到国家领导人朱德、董必武的接见。父亲还带着她一起制作了上海大世界新旧对比面塑造型，让她大开眼界。这不仅是接受新事物的开始，也是日后发展创新面塑艺术的基础。1960 年，郎志丽被北京市少年宫聘为少年宫面塑组辅导员，当时她才 19 岁。那时，她还给中国科学院做过菌蘑造型，上百种毒蘑菇，生动传神。这些作品是为了提醒人们不能食用，因此，这些毒蘑菇就被北京电影制片厂拍摄成了科教片，在社会上反响很大。

做任何事，贵在潜心琢磨。说起自己这辈子一直琢磨的捏面人，郎志丽称这是"毛病"。不管做什么，出去看到什么，她总想将东西剖开，看里面能不能捏一些面人放进去。有一次，她去郊区朋友家串门，看到桌子上摆着的葫芦，顿时喜上眉梢——剖开它，就是个极好的面人托板。有了这份念想，她无心久留，向朋友要了葫芦回家即剖开、掏芯，然后开始构思题材。从此之后，每当遇到带壳的东西她都不假思索地带回来，潜心琢磨着在里面捏东西。

在心无旁骛的潜心研究下，郎志丽的面塑作品打破了传统面塑作品的局限，不断创新，题材丰富，造型别致。其代表作《水浒全传》就是在葫芦里创作出来的。

　　除了葫芦，还有核桃皮、小酒盅、造型独特的镜框等，郎志丽善于从生活中发掘创作灵感，可以说无时无刻不在发现。她指着一个做工精美的贝壳观音面塑作品，笑着告诉记者，"这是吃饭的时候扔掉的贝壳"。郎志丽对《红楼梦》情有独钟，根据小说情节创作了不少《红楼梦》人物的面塑作品，如小到要用放大镜观看、能装进核桃皮的《黛玉初进贾府》，大到人物有手指般高、可展现盛大场景的《元春省亲》……一个个人物姿态各异、活灵活现，连细微的头饰珠串也颗颗清晰可见。

　　就这样，郎志丽打破了传统盒式面塑的局限，给古老的面塑艺术注入了新的生命力，在空间上为设置故事情节增加了又一种可能。老一辈曾在核桃里做一个面人，郎志丽则能放"十八罗汉""十二花神"进去，在如此狭小的空间里捏出众生相。郎志丽的许多作品被博物馆收藏，《百

郎志丽作品《元春省亲》

子图》等 12 件作品收藏在首都博物馆,《红楼梦》收藏在中国艺术研究院。《还珠格格》收藏在韩国首尔"海林通商",《四大天王》收藏在德国。

巧艺真传　声名远扬

改革开放后,作为中国的民间艺术家面塑艺术的代表,郎志丽曾经多次受政府邀请到世界各地巡回表演、讲学,所到之处极受欢迎。1980 年,在美国夏威夷表演时,有一位外国客人问她:"你认识郎绍安吗?"翻译说他是英国人,在 1956 年英国伦敦举办的第四届国际手工艺品展览会上,郎绍安先生为他的女儿捏的一只小鸭子现在还保留着。他说:"郎绍安先生的精彩技艺震撼了整个伦敦,我没想到在这里碰见 25 年前她父亲交下的朋友。"翻译告诉那位客人她是郎绍安之女时,他非常高兴地说:"中国有一句谚语'青出于蓝而胜于蓝',你才是真正的胜于蓝呢,了不起!"

郎志丽作品《四大天王》

　　有一对美国夫妇喜欢中国京剧，他们从展览会上选了一套京剧服装穿在身上，请郎志丽照他们的样子捏一套京剧面塑塑像。郎志丽捏好后递到他们面前时，他们乐得跳了起来说："要不是亲眼看到是不会相信的。"还说："你的技术是世界第一流的。"在芝加哥表演时，有一老人先后收藏了她27件作品，这些作品都是照她本人说的样子完成的。她说："如果不是回国期限已到，还不知要再做多少个呢。"面塑艺术在海外受欢迎的情景由此可见一斑。

　　1993年秋，郎志丽被特邀随中国申办奥运会代表团一起赴摩纳哥的蒙特卡洛表演面塑，为中国申办2000年奥运会加油、鼓劲。在紧张的申办活动中，她先后为伍绍祖、张百发等领导同志创作了许多精美礼物赠送国际友人。在一次特殊的场合里，她为国际奥委会的委员们捏了一只"和平鸽"，委员们高呼"和平、和平"的热烈场面，至今令她难以忘怀。她还特地为美国亚特兰大市市长创作了会标和吉祥物，萨马兰奇的女儿亲手把会标和吉祥物交给了市长。这些都宣传了中国的传统民间文化艺术，增进了与世界人民的友谊。国际政界和体育界的许多要人、名人在观看了她的表演后，赞不绝口，并热烈欢迎她到他们国家去献艺。同年5月，她去日内瓦再次做现场表演。1999年，她应韩国"海林通商"朋友的邀请，现场表演面塑艺术，在韩国朋友的要求下，为他们捏了一套以电视剧《还珠格格》为原型素材的作品《还珠格格》。从小燕子和紫薇发间的头饰、皇帝、尔康和五阿哥、永琪的穿戴，以及小燕子和紫薇脚上穿的鞋等，都体现出满族人的特点。

　　中国文化尽显东方魅力，捏面人巧夺天工，郎志丽享誉世界，"面人郎"在美国受到追捧。国内外媒体争相报道，高度评价中国面塑艺术。她随国内展团多次在美国各地参展、讲课和现场表演，受到各地朋友及华人的欢迎和称赞。下面是美国克利夫兰民间艺术展上美籍华侨刘天擎给她写的一首藏头诗：

> 郎家世代艺专精
> 志在传世巧天工
> 丽质慧心似水仙
> 手中自有像万千
> 巧艺真传声名扬

面人郎面塑艺术在国外受到热烈欢迎，证明了中国民间艺术在世界上的崇高地位和声誉，作为中国人的她感到十分自豪。

郎志丽从艺多年来，不断探索，努力创新，除继承父亲的传统工艺特色外，也进行了一番创新。她整理出版了《我的面塑艺术生涯——郎绍安》一书，发表了《论民间艺术的创新》等面塑艺术论文。1995 年，联合国教科文组织授予她"中国民间工艺美术家"称号。2003 年，她被认定授予"北京市一级民间工艺大师"称号。2005 年，中国艺术研究院聘请她为民间艺术创作研究员。2007 年 6 月，中国文学艺术界联合会授予她"中国民间文化杰出继承人"称号。2009 年 6 月，郎志丽被评为第二批国家级非遗项目代表性传承人。在国务院小礼堂举行的向第二批国家级非遗传承人代表授牌仪式上，时任国务委员刘延东嘱咐各位传承人说，要重视传承，不能让手艺在咱们这一代失传。郎志丽听后，深受触动。在这以前，她主要是教她的女儿和外孙女、孙女学习面人制作。她也广收外姓门徒。并在政府支持下创建了"面人郎艺术工作室"，致力于北京面塑艺术的研究与发展。

伉俪情深　相得益彰

令人称奇的是，陈永昌、郎志丽夫妇都是非遗传承人，丈夫陈永昌是市级非物质文化遗产项目"北京刻瓷"传承人，郎志丽是国家级非物质文化遗产项目"北京面人郎"传承人。他们二人相识于 1957 年，1964 年结婚，恩爱有加。一个捏面人儿，一个刻细瓷儿，各有各的绝技，技艺难分高下。

在郎志丽夫妇的家里，记者看到客厅一整面墙的棕红色陈列柜里，摆放的全是他们夫妇一个个被赋予"生命力"的作品，简直是一个大宝藏。"柜子右半边是老陈的（刻瓷作品），左边是我的（面人）。"郎志丽乐呵呵地介绍着，"我们俩从 20 世纪 50 年代认识到现在，一直都没离开过这些，平时做完了互相给看看，提提意见。我们是 1957 年 5 月 5 日认识的，1964 年结的婚。当时我们两人在同一个屋里上班……"郎老说起她与丈夫的爱情

故事略显羞涩。

当年，郎志丽的父亲进了研究所后，她女承父业也进了研究所当学徒。而她的丈夫陈永昌也是子承父业，以学徒工的身份在研究所跟随父亲学刻瓷，所以他们两个是同年同月进的研究所，跟随各自的父亲学习手艺。而他们的爱情故事源于郎老师的手指，她的手指有时疼痛难忍，医院说是"风湿性关节炎"，开的中药，需要每天泡手。陈老师每天在家把药热好带到研究所给郎老师泡洗，在陈老师的精心呵护下，郎老师的手终于有所好转。经过这件事后，便开始了他们携手一生的故事。

家里桌子上摆满了陈老刻瓷的工具，主要是不同型号的錾子、刻刀、木槌。有一把黄杨木的小槌还是 20 世纪 60 年代用的，陈老说至今也在用它，那浅色凹进去的坑就是几十年敲击形成的，这让我想起那句成语"水滴石穿"。陈老介绍，北京刻瓷的技术说起来简单，就是錾、刻两种。先在瓷器上用毛笔画出图案，再用錾子、刻刀，辅以小木槌，去掉图案部分的釉面，露出瓷胎，再上色。用小槌子均匀敲击錾子，使其在釉面上推移，形成国画深浅不一的皴染效果，这叫錾；刻，就是直接用刻刀。景德镇的骨瓷细腻薄滑，手轻了不着痕迹，重了易伤瓷胎，刻坏一刀，这件瓷器基本就报废了。"没有金刚钻别揽瓷器活"，说的就是陈老师刻瓷这门手艺。

陈老拿出一把小刻刀说："我入这行得从父亲说起，他是我的恩师。这把小刻刀，还是 20 世纪 50 年代从父亲手中接过来的。"说起父亲，他的心里充满了感激之情。

陈永昌的父亲陈智光先生是北京有名的刻瓷艺人，曾在清朝造办处工艺局学习刻瓷。刻瓷源于雕玉，最早是用雕玉的工具"砣子"，在瓷器上砣出字形。"1904 年，父亲 15 岁，因家贫而辍学，家里人希望他能学点儿手艺。恰逢清末光绪年间，顺天府在宣武门外下斜街设立工艺学堂，父亲便成为其中刻瓷科的学员，那时候专门从上海请来著名刻瓷艺人华约三当老师，学员一共 20 多个。3 年学徒期满后，这些人大多各奔他乡，只有我父亲和朱友麟留在了北京。两位老前辈对刻瓷工艺进行了改革，将南方惯用的'刻'和北方常用的'錾'相结合，形成北京刻瓷自成一派的风格。此后一段时间，二人一直在前门西河沿一家瓷器店里打工，专攻老本行刻瓷。我父亲以工笔为主，朱友麟则擅长写意，哥俩本想着要在刻瓷这一行当里闯出个名堂，可无奈后来活儿不多，只好暂时转行，父亲改作牙雕，朱友麟从事刻章。"

回忆起那段艰苦岁月，陈永昌感慨良多："所幸中华人民共和国成立以后，国家授予'老艺人'称号，并安排其在成立不久的北京工艺美术研究所，才有了转机。""父亲对我要求很严。我当父亲的学徒那会儿，父亲说精湛的手艺，离不开一套好工具，便给了我一把刻刀、一个瓷制的笔筒。先让我练刻线，一刻就是一个月，得刻直了才行……"陈永昌在研究所一干就是几十年，陈老在景德镇最薄的胎瓶上刻画，瓷瓶厚度仅1毫米，玲珑剔透，叹为观止。选料方面，陈永昌先生说也颇有讲究，"一来要看硬度；二来得挑色泽，通常都是用的景德镇瓷器。"在上色环节，陈永昌也没少花心思，"过去上的都是国画色，不防水，后来用过油画色，但还是耐不住久泡。"后来他开发出一种专用防水材料，实现了色牢度上的根本性突破，"现在已经尝试成功，用在刻瓷茶具等器皿上，再也不用怕水了。"说着，便再次演示了几个新材料做的刻瓷成品，确实如此。

除了在瓷器上刻画以外，陈永昌还瞄上了鼻烟壶，"人们熟悉的都是内画，我搞的是内刻。"小巧玲珑的鼻烟壶中，刻的是徐悲鸿的马，一匹飞奔的骏马跃然其上。"早在20世纪60年代，研究所的一位玉雕大师就曾给我提过这么个想法，但当时没能付诸实践。直到20世纪80年代，忽然记起这档子事儿，自己就琢磨起来。把刻瓷的工具稍加改动，从瓶口伸进去，一点点刻画图案，再上色，前前后后也不知道用掉了多少个小瓶子，练熟了才敢拿鼻烟壶来刻。"

这些年来，陈永昌的作品不计其数，但他从不搞宣传，坚持"刻一件留一件"，至今只有一件出售。那是2011年的一次文化展上，陈永昌受邀进行非遗作品展示，一位老先生看上了他的一件山水刻瓷盘子，站在跟前端详良久。"起初我跟他解释说这东西只展不卖，可他表示自己是真喜欢，我就让他等撤展那天再来。"陈永昌没想到，老先生果真又跑了一趟，见对方如此有诚意，他破例将作品卖了出去，"我们两口子都没什么经济头脑，再说了，钱这事儿，多少能算够？像现在这样，每月三四千的退休金也够吃够喝的，就没想过再拿手艺去换钱。"

眼看自己年事已高，陈永昌也在思考谁来接班的问题，"儿子跟着我学过刻瓷，女儿跟着老伴儿学过面人，但他们都有自己的工作，没打算专门做这个。"五六年前，一对山东来的中年夫妇经人介绍找到陈永昌，希望拜师学艺，"他们都是美术老师出身，有基础，一说就能明白，也确实感兴趣，回老家后发展得挺不错。"谈起两位徒弟，陈永昌感到很欣慰。他从未收过任何学费，却乐于倾囊相授。

2014 年，西城区启动"濒危非遗项目"保护计划，"北京刻瓷"作为项目之一面向全社会公开招募传承志愿者。"一开始说是每个项目招五个人，结果报名的有一百多个，经过考试后留下十个有一定绘画基础的，连续在非遗中心给他们进行了 24 课时的集中培训。"遗憾的是，最终留下的只有一位"80 后"姑娘周晓明，"我的要求其实就一个，坐得住。可现在的年轻人往往脑瓜子太活，总想着见效益，少了几分踏实劲儿。难得这个姑娘本身就是搞陶瓷设计的，又打心底里爱好。我也不求徒弟多，有一个就带一个。"带徒弟之余，陈永昌还在每周三到小学里开课，"一学期十来个课时，每次一小时，我负责设计，让孩子们学着刻。"半年下来，陈永昌发现这些学生中有一半都没能坚持下来，但他并没有太多沮丧，"手艺这种事勉强不

郎志丽、陈永昌夫妇合作作品《刘胡兰》

郎志丽为陈永昌八十大寿制作的礼物

来，只要迈出非遗进校园这一步，就起码能让更多孩子知道什么是刻瓷，这也是种传承。"

郎志丽、陈永昌夫妻二人相识相伴，至今已走过半个多世纪的时光，郎志丽有好的灵感会和自己的老伴儿陈永昌一起谈论和创作。郎志丽捏面人，陈永昌做刻瓷，互相交流，彼此成就。他们夫妇二人也合作了一些作品。2007年是刘胡兰牺牲60周年，为纪念这位伟大的革命战士，他们二人合作创作了作品《刘胡兰》。陈先生刻刘胡兰的头像，郎老师在头像左右分别捏制毛主席为刘胡兰的题词"生的伟大，死的光荣"八个大字。2021年是陈先生八十大寿，郎老师花了一年左右的时间，绘制了100个脸谱，拼成了寿字，作为老伴儿的生日礼物，也是为中国共产党成立一百周年献礼。陈老师告诉记者，近年来郎老师身体不很好，很多事力不从心，捏面人的手也没有之前灵巧，但是为了这件礼物，郎老师一年多以前就开始构思准备，每天做一点儿，费了很多心思和气力，能收到这件礼物觉得很是感动。

披荆斩棘　赓续古艺

北京面塑作为一种独立的民间艺术品种，它融合了绘画、雕塑、造型、服饰等艺术门类，形成了独特的艺术风格。它的原料简单、制作快捷、小巧精美，具有广泛的民间性和社会性，深受人民群众的喜爱。在我国众多的工艺美术中独具特色，并占有重要地位。"面人郎"面塑是北京独特的工艺美术作品之一，它具有很高的艺术欣赏和收藏价值。面塑艺术已有几千年的历史，它可追溯到战国时的"俑"和汉朝的"傀儡"，在宋、明、清等历朝古籍上都有相关记载。在新疆吐鲁番阿期塔那地区出土的唐代永徽四年（653年）的陵墓中，发现有面制女俑及半身男俑，至今已有1350多年的历史。因此，面塑艺术具有一定的历史研究价值。面塑艺术是中国的一项传统民间文化艺术，与民间民俗活动有着密切的联系。每年的端午节、中秋节、春节都要做面花、面鱼、寿桃等，各家相送，以欢庆佳节。反映了人们在特定时空里的民俗文化心理，具有一定的民俗科学研究价值。面塑作品小巧玲珑，便于携带，是旅游的艺术纪念品，能促进旅游事业的发展，活跃市场经济，具有一定的经济价值。面塑艺术在世界各地颇受欢迎，也为国家创收了大量外汇。

随着时代的发展和环境的变迁，古老的民间艺术却有失落的危险，因而积极保护民间艺术是全体中华儿女的共同责任。"面人郎"有过辉煌的历史，而且在国内外形成了自己的品牌，为我国的文化、外交事业都作出过贡献，并在工艺美术界传为佳话。

创新是艺术发展的普遍趋势，不断推陈出新，才会使民间艺术的发展步入良性循环；反之，故步自封，因循守旧，只会使民间艺术的发展走向衰败。民间艺术的创作多数以手工为主，高超的技艺来自长时间的勤学苦练，熟能生巧。功夫不负有心人，他们在创作中向老一辈艺术家学习，不是直接照搬，而是相互取长补短，结合实践改进和提高面塑技艺。如，面塑人物鼻梁上的那道凹印，采用填充法给予了完善；再如，眉毛的处理，采用斜切式的手法，解决了过去眉毛一般粗的问题，诸多技法做了改进后使作品的形象更加逼真，栩栩如生。面塑作品的创作不能脱离市场，更不能闭门造车。作品的艺术价值和市场效益要统一，针对不同的顾客群，不同的环境，不同的文化背景，不断推出有特色、有市场需求的作品。1987年，中国科学院找郎志丽协作拍摄科教片《菌蘑》，她成功地经受住了考验。科教片放映后，竟没有人发现这些蘑菇造型是面捏的。

面塑尺寸历来有一定之规，突破规矩使作品能自由地展现在观众面前是很困难的。首先造型装饰的改变是一个大的突破，她用一个不到10厘米大小的葫芦，把它对半剖开，利用它的外形装饰成一对仙鹤，而在葫芦的肚内捏了《水浒全传》受到广泛好评。各种形式的艺术之间可以互相取长补短，共同提高。她积极利用科技新材料、新工艺，为改进传统材料制作方法提供了方便。1990年，她为中国科学院做的心脏主动脉模型，采用异型材料制作出的血管效果非常逼真，得到使用方单位的好评。又如，在创作《潘多登上珠穆朗玛峰》的面塑作品中，表现雪山上的冰川时，她用了透明材料和其他工艺，仿制的冰凌效果极佳。此后，她又借鉴了玉器、脸谱、彩绘等各种艺术形式，创作出了仿珊瑚、仿象牙等新的作品。由此可见，尊重科学，运用新技术、新材料，是创新中的有力手段。突破传统局限，不断向大型化、微型化和集成化方向发展，针对消费市场推出符合市场需要的作品，面塑艺术才能在传承中发展。

为迎接中国共产党第二十次全国代表大会胜利召开，郎志丽精心制作了主题为"百花齐放，推陈出新"的花篮。她以百花齐放为核心塑造了各种不同的花朵，党的二十大胜利召开后，党的二十大精神像花

郎志丽喜迎党的二十大作品

篮里的花朵一样在全国开放。花篮正面横幅"喜迎中国共产党二十大胜利召开"；花篮肚前有召开地点和时间"北京——2022"，正面下座有"拥抱新时代，担当新使命"。花篮肚背面有"我爱你中国"，表示相信在中国共产党的领导下中国将更加团结和强大起来。

现在，"面人郎艺术工作室"遇到了问题，郎志丽仍然在家进行着研究与创新的工作。近年来，由于种种原因，面塑艺术作品不景气。现在"面人郎"的艺人大多是五六十岁的人，为了工艺美术事业的发展，为了面塑艺术后继有人，他们在努力带徒弟、办培训班以传承技艺。但是，非遗面塑艺术的传承也面临着一定的困境。在现实生活中，由于缺乏资金支持，学艺者只是喜欢、爱好，不把它作为永久的职业来做，只能在业余时间或假期学一些简单技法，并不能全面、深入地继承"面人郎"面塑艺术。长此下去，这门艺术将会面临失传的危险，会使我国的传统民间文化艺术遭受损失。非遗工艺者有创作的热情，但是若需要自产自销，则缺乏精力和市场。

郎志丽教闺女陈君学捏面人

朗志丽教徒弟李萌学捏面人

与面人打了一辈子交道，郎志丽一直希望能有人将这门手艺潜心传下去。为了把面塑手艺传承下去，郎志丽多年来一直在积极敞开授艺之门，广收学徒，只因家里空间有限，也无能力开办工作室，收徒授艺只能尽力而为。郎志丽说，她现在的主要任务就是传承手艺，她会把自己的所学所知，毫不保留地传给后人，但奈何自己已年近八十，因此也希望年轻人尽快掌握技术。

如今，她的女儿、外孙女都会捏，现在外孙女高雅琪和孙子郎佳子彧都是市区级传承人，外姓门徒李萌及吴欣手艺也不一般。李萌是 2009 年师从郎志丽的，一周去郎老师家学习一次，突破了传统意义上的传内不传外、传男不传女的规定。郎志丽的徒弟李萌说："他们老两口就是这样，日复一日，年复一年，守着这点本分，精益求精，就跟信仰似的，现在这样的匠人太少了。郎老师对我就像家人，不仅郎老师，包括郎老师的家人，我们相处都很好，这么多年都是互相体谅。她每次都会提前准备好我们需要用的材料，十几年都是这样，如果是需要手工制作的配件，她会在我上课之前自己制作，就为了我课上可以有更多时间练习。有时候准备配件和制作配景的时间其实比面塑本身更久。问题就是现在这项技艺确实不容易传承，

郎志丽教外孙女高雅琪学捏面人

仅靠兴趣爱好坚持很难，因为现在生活工作节奏快，我学习的那些年也常有单位加班去不了的时候。"

退休后的郎志丽积极参加面塑的传承与推广活动，每年和老伴一起参加文博会，带着作品，现场展演技艺；她还受邀参加北京市非遗进校园活动，给中小学生讲授面塑手艺。在非遗进校园多次授课中，她女儿一直跟随她将这门老手艺传授下去。"不管他们能收获多少，至少在孩子们的心里有了印象。"郎志丽从在国内外授课的实践中得出一条经验：任何艺术都要从幼年开始抓起，因为他们有兴趣、学得快、记得牢、肯钻研。从小培养他们树立中华民族优秀传统文化的观念，增强传承与保护意识，才有可能将此技艺传承下去。

过去，国内各地的传统面塑艺人均可谓"只为谋生故，含泪走四方"。如今正式从事面塑行业的艺人并不多，他们大多在步行街或旅游景点有固定摊位。每逢节日，面塑生意最好。在扬州瘦西湖、天津古文化街及杭州河坊街上可以看到面塑艺人和琳琅满目的面塑，这些手艺人大多来自山东、扬州等地。面塑在新时代里也有新的表现形式。一些面塑传承人，不仅继承了祖传的技艺，还大胆创新，把现代舞蹈、音乐、绘画等艺术融入面塑艺术中去，拓展了面塑的表现形式，也丰富了自己的技艺。面塑深厚的民俗积淀依然在民间具有生命力，面塑历史源远流长，经过几千年的传承，在美学、民俗等方面丰富着人们的生活，新时代，它也将以新的形式点缀人们的生活。

第四章

何福礼说

何福礼
指尖上的经纬　竹编中的风华

　　2020年，在浙江东阳举办的第十五届中国木雕竹编工艺美术博览会上，一艘竹编的精巧红船，吸引了大量的观众聚拢过来参观。人们纷纷议论，人群中不断地发出赞叹声。更有人举起手中的相机，认真地给这件作品拍照片。还有人驻足停留很久，目光舍不得从这件作品上挪开，迟迟不愿意离去。这艘红船虽然长度只有100厘米，但是处处精巧细致，细细的竹篾丝，以各种技巧进行穿插环绕，最终成为一件巧夺天工的作品。这件作品出自何福礼之手。谈到捐赠的《红船》作品，他表示把竹编的技法编到红船里寄托了重大意义，100厘米的红船代表建党100周年，把初心放入红船，要把红船真正地代代传下去。而同样，对于竹编技艺，何福礼也秉承了同样的初心。

　　何福礼，1944年11月5日出生于浙江省义乌城西。当地盛产青竹，小时候，他便对竹编产生了浓厚的兴趣，并潜心钻研这一技术。如今的他，已成为第二批国家级非物质文化遗产项目竹编（东阳竹编）代表性传承人，兼具中国竹工艺大师、中国工艺美术大师、高级工艺美术师、浙江"东阳竹编"国家级非遗唯一传承人等多重身份。他的代表作《九龙壁》《香炉鼎》

何福礼作品《红船》

中国工艺美术大师、东阳竹编代表性传承人何福礼接受新华网专访　新华网　韩攀　摄

《渔翁》《渔家乐》《八仙竹丝花篮》《咏鹅图》等，先后荣获多个国家级大奖，并为多家博物馆及知名人士珍藏。

其中，何福礼主持编织的绝世珍品《九龙壁》，因其独创多种编法，于1983年被载入《东阳市志》。该作品获目前竹编行业最高殊荣——全国百花奖金杯（珍品）奖，成为竹编工艺的里程碑。2003年，他被国际竹藤组织和中国竹产业协会授予"中国竹工艺大师"称号。2005年，何福礼攻克了竹丝镶嵌和在国内几近绝迹的"反簧"技术难关，多次进京修缮故宫博物院中最精美最豪华的建筑——乾隆皇帝御书房倦勤斋（竹编、雕刻部分）使其恢复了历史原貌，从此一战成名，传为佳话。

其人如竹　虚怀若谷

"竹子，它的生命力最强，我很喜欢竹子，摸了一辈子竹子，我人也像竹子一样了。"

——何福礼

何福礼自幼家贫，7岁时父亲去世，小学毕业后便辍学在家，与母亲和哥哥、妹妹相依为命。来自东阳的知名篾匠马世富见何福礼一家生活艰苦，便时时照拂。1958年，14岁的何福礼为学手艺挣钱养家，离开家乡到东阳木雕竹编工艺厂拜师学艺，跟着老篾匠马世富开始学竹编。从当地小有名气的篾匠，到东阳木雕竹编厂的技术骨干，再到"中国工艺美术大师"，何福礼以一个农家孩子的聪慧和勤劳，在竹编工艺的道路上执着前行，不断吸取传统和各种流派的竹编技艺，形成了一套独特的竹编技艺。

何福礼与竹子打了一辈子交道，他人也如竹子一般。年轻时，像水竹，为人温润、直爽；年老后，像毛竹，坚毅、豪爽。

竹

何福礼自幼打下了良好的基础，不仅传承了东阳竹编的全部技术，并且创新出多种技法，成为东阳竹编界首屈一指的人物。现陈列在北京人民大会堂的东阳竹编精品《竹丝白鹤鼎》，是他早期作品之一，随后他在东阳竹编界试水竹丝炭化技术，并将此技术应用到这件作品中，使之更显古色古香并延长了保存期限。目前，何福礼掌握并创新的竹编技法已达数百种，成为中国竹编界技艺最全面、功底最扎实的大家之一。

当今工艺美术界有的人不以提高技艺、传承文化为己任，却热衷于沽名钓誉、涂脂抹粉。何福礼不以为然，认为若长此以往，将会从根本上损害传统工艺美术业的发展，动摇传统手工艺文化的传承。他在艺术创作上坚持走"直线"，致力于保护传统工艺的手工特质，以作品表现真善美。每编织一件精品，他必亲力亲为，不以数量追求利润，只求让人从竹编工艺品中感受一份古典的美丽。看何福礼的作品或遒劲有力、或飘逸疏朗，浸透着中国传统文化的印痕，可谓不着一字尽得风流。

2006年，他第一次参评中国工艺美术大师落选，有过一段时期的沉郁，但随即他就从"青青翠竹、尽为法身"的禅意中获得动力，走出低谷。他以禅定的姿势，接连创作出了《西游记大笔海》《九狮图》《平安吉祥》等令人耳目一新的作品，将东阳竹编中濒临失传的翻簧、竹丝镶嵌等技艺运用得丝丝入扣，基本上摆脱了东阳竹编工艺厂时期的创作烙印，自成体系，生动地诠注了"老树春深更著花"的意境。晚年他遭丧女之祸，打击之惨烈令人唏嘘，他却将爱女之情融入竹丝，复活了中国传统竹木工艺，创作了一系列竹编与红木、木雕结合的高档家具与工艺品，完成了身心的涅槃。

何福礼从艺半个多世纪以来，一直对东阳竹编不离不弃。东阳是全国著名的工艺美术之乡，东阳竹编与东阳木雕被并称为"姐妹艺术"。但经过20世纪90年代末期的工艺美术市场化、产业化荡涤，东阳竹编规模日渐式微，生存岌岌可危。为此不少亲戚朋友劝他转行，从事利润可观的木雕或其他产业。何福礼却始终不为所动，相信终有一日会"守得云开见月明"，并为竹编技艺延续发展苦心砥砺。

然而，作为一名幼年即失学习艺的农家子弟，何福礼对自己文化造诣方面的阙如深为遗憾。为此，他每次创新作品，均虔心请教业内方家，如中国工艺美术大师陆光正、冯文土等人。他常说自己才疏学浅，只会雕虫小技，难登大雅之堂，所幸恭逢盛世，享受诸般礼遇，实在诚惶诚恐。这位兼有北方人之豪爽、南方人之细腻的竹编大师，行经岁月深处，满目竹影摇痕，若哪天不做竹编，就浑身不自在。他身上那种"用竹子变出大象"的"魔力"，早已给他罩上了比"大师"这顶桂冠更美的光环。却不知，这种令人羡慕的光环，缘于其一辈子对竹编艺术的不懈追求与无悔探索——其心也诚，其志也坚，其作尤精，其品更高，可谓"四美具"，令人无限感慨。

苦心孤诣 磨炼技艺

据史料记载，东阳竹编发源于殷商时代。明代万历年间的《金华府志》记载：东阳有毛竹、筜竹、雷竹、石竹、斑竹、紫竹、水竹、苦竹、淡竹、箭竹、方竹、佛面竹、桃丝竹、山竹、凤凰竹、花竹、凤尾竹、花节竹18个种类，可以作为生活和生产的原料。东阳竹编的元宵花灯、龙灯和走

竹编材料

马灯之类竹编工艺灯，早在宋代已闻名四方。明清时期，竹编技艺发展迅速。竹编工艺品的艺术性与实用性进一步紧密结合，上至送往京城皇亲国戚的"贡品"，下到寻常百姓的家常生活用品，比比皆是。据清代康熙年间《东阳县志》记载："筀竹软可作细篾器，旧以充贡。"当时的竹编工艺，主要生产门帘、果盒、托篮等产品，其中，书箱、香篮还广泛流行于绍兴、诸暨、嵊州、新昌一带。

东阳竹编工艺早在清末民初已达到当时国内乃至国际的一流水平，为时人所赞美。其中，东阳竹艺的

杰出代表当数著名匠师马富进。他制作的竹编工艺品曾在 1915 年巴拿马万国商品博览会中获奖。他的另一作品《魁星点斗》，在 1929 年西湖博览会展出，轰动一时。东阳竹编以立体编织见长，造型奇巧逼真，着色文雅素淡，格调高雅。

出身农民之家的何福礼，从小便对竹这种"不刚不柔，非草非木"的植物有着别样的感受，及至他掌握了一手出神入化的竹编技艺，对竹子的品性又有了更多的了解。

何福礼在东阳木雕竹编工艺厂学习的时候，他认为学艺有"两个

马福礼作品《望月楼》

关键"，第一是"勤"；第二是"严"。师父告诉他："你要学手艺，要勤快，不要怕苦，要做到主动一点儿，要做到手勤、口勤、脚勤。"他回忆道，在学徒期间，师父十分严格。有一年冬天，他要磨刀，水已经冻起来了，他便在里边撒了盐，想让冰尽快融化。师父却对他说，"你要用盐水磨刀的话，那个钢要褪掉"。面对师父严肃的批评，何福礼当时眼泪都要掉下来了。他气得将手中的刀一把甩掉。但后来想想，刀还是要磨的，于是又悄悄把刀拿了回来。正是这"两个关键"为他打下坚实的基础，也影响了他的艺术人生。从竹编厂学徒到自己创办东阳竹编厂，从学艺到授艺，几十年来，他一直谨记师父箴言，也严格要求自己的弟子。

在创作作品《望月楼》的时候，他亲手将根根细如发丝的竹丝进行编织。从一梁一柱，到一门一窗，无不倾注了心血。在这座微型的建筑里，门窗都可以转动打开，门窗直径仅为 0.02 毫米。比发丝还细。由于他年纪大了，视力不佳。当肉眼无法看清的时候，他仅凭手上积累的感觉进行创作。这件作品采用了 40 多种技法，每天专门有 8 位工人来协助处理原料，进行辅助编织等。在耗时 3000 多个小时之后，终于，一座宏伟气派的望月楼在他的手下诞生。

何福礼（右）与郭毅民

面对别人的啧啧称赞，他却淡然处之。当时有一个年轻人好奇，想摸一下，却又不敢，唯恐亵渎了这一件神圣的艺术品。因为它是那样的令人肃然起敬。站在一旁的何福礼仿佛看透了他的心思，自信地说："我这件作品经得起摸，也经得起看，更经得起材料的粗细对比，色彩对比。"此言一出，立刻获得众人投来赞赏的目光。何福礼高超的技艺，高尚的人格，使更多年轻人慕名而来，追随他学艺。

设计专业出身的"90后"郭毅民，曾在何福礼手下学了3年的竹编。几年后，郭毅民重回师门，再次精进。重回师门的第一个月，何老便让他去砍竹子。砍竹看似一步到位，实则学问深厚。离开师门已久，郭毅民已经有些许生疏。何老并不希望他忘记基本功。郭毅民劈竹子的间隙，何老在钓鱼。听到劈竹声，他便知道徒弟破竹的力度不够。放下钓竿，何老亲自上手指教，说"劈竹要有点冲劲，要啪一下就劈过去"。新徒弟刚入门时，何福礼什么都不教，全让徒弟们自己去悟，一为去锐气；二为练手感。而仅仅劈篾这一工序，郭毅民就练了整整两年。正所谓"操千曲而后晓声，观千剑而后识器，学问千种，悟道为上"。正是这种严格，造就了东阳竹编的辉煌。

匠人本色　躬身劳作

东阳竹编，篾丝细如发丝、柔若绢布，整个过程精编细织，比织布要慢，比绣花费劲，不仅考验艺人的功力，更考验他们的眼力和耐力。何福礼这个五大三粗的汉子，却堪比女子。他用细致的手法和坚韧的耐心，赋予东阳竹编华美、精致的艺术风格。很多人这样回忆："他低调沉稳，埋头编织的身影，可以说他是东阳工艺美术界最不像大师的大师。不张扬，始终坚持匠人本色。无论什么时候去厂里，见到他都在躬身劳作研究。"数十年如一日，何福礼在竹编工艺的道路上执着前行。

20世纪60年代初，时任国家主席刘少奇出访印度尼西亚，轻工部决定采用东阳竹编花篮盛装青岛啤酒和烟台葡萄酒，作为国家馈赠礼品，还是"半作"的何福礼就承担起了日夜赶制花篮角口的重任。

　　1978年，何福礼领衔编织的立体竹编《三打白骨精》开辟了东阳竹编的"人物"系列之先河。1979年，他在编凉席、箩筐、竹篮、箕畚等生活日用品中悟出创意，巧妙地把竹编工艺与园林建筑、室内装饰有机结合起来，开始探索竹编工艺与日用家具相结合的新路子并获成功，产品畅销不衰。1982年，何福礼赴澳大利亚墨尔本等地参加技艺表演和技术交流，何福礼的竹编受到强烈关注，他被当地媒体誉为"竹子变成大象的魔术师"。1983年，由何福礼主持编织技法处理的《九龙壁》，独创了"鳞形编织撮花""双条丝串藤细花龙""人字花纹分色龙"等多种编织技法。《九龙壁》长6.19米，高2.68米，采用了150多种编织手法，因其高超的编织技艺，在1984年4月荣获目前行业最高的荣誉——中国工艺美术百花奖金杯奖，并被列为国家工艺美术珍品而永久保存。专家们称之为"集竹编技艺之大成的经典之作"，成为竹编工艺的里程碑之作，而他本人的事迹也被载入《东阳市志》。

　　1989年，何福礼自立门户，"下海"创办了东风竹编工艺厂。这为四海学艺的生活画上了圆满的句号，他开始了新的创作。何福礼厚积薄发，迸发出前所未有的创作激情，是目前创作立体竹编作品最多的竹编艺术家之一。何福礼筹划编织的新作《关爱》，从现实中的鸟窝得到借鉴，创造出

《九龙壁》

历史的厚赠
—— 国家级传统工艺传承人的匠艺之路

《关爱》

《渔家乐》

《乐叟图》

《海螺》

《九狮图》

"乱编法"，编织出粗犷而又栩栩如生的"鸟巢"。这件作品在首届（杭州）国际民间手工艺品展览上，被专家评价为"东阳竹编精品走向市场的一次突围"。他设计编织的《海螺》是东阳竹编中动物类编织的成功力作；创作的《八仙竹丝花篮》以细达 0.02 毫米的经纬十字编织而成，成为东阳竹编细丝之最；创作的《九狮图》融时尚与古典于一体，被西博会专家称为"经典之物"；创作的《乐叟图》再次刷新了东阳竹编中立体人物编织的设计格局……

从业几十年来，何福礼对竹编艺术孜孜以求，不止传承，更注重创新。作为东阳竹编界的技术权威，何福礼掌握并创新的竹编技法已达数百种，他的每一次创新都令业界刮目相看。

何福礼在同行业中率先进行竹编原材料的改革，对竹子进行炭化处理，彻底解决了困扰竹编行业几千年的虫蛀和发霉问题。2000 年，由他主持的"年产 50 万只竹编炭化包系列"被列为东阳市的重点技改项目。在自办企业期间，他又创新出双层拧编法、精细正斜千鸟法、螺旋编织法、粗细混合波浪法、挑压递进法和乱编法等新技法，丰富了中国竹编的技艺。此外，他从故宫的修复工作中受到启发，成功将竹丝镶嵌和竹簧工艺运用到室内装潢与家具设计中。他与上海的鸿运斋合作，创意设计出了取材于"倦勤斋"的中国第一套红木镶竹丝嵌玉家具。故宫博物院曹静楼主任认为，这套"开创了中国第三种艺术风格的宫廷家具，具有很高的文物保护价值和艺术价值，就是当年的乾隆也无福享用"。他还为杭州楼外楼大酒店、大同凤临阁酒楼、江苏王朝大酒店及乌克兰、美国等地的重要建筑进行了竹编装潢。

2008 年，全国人民喜迎北京奥运会。关于这一重大事件，何福礼有着自己的认识："奥运会在中国举行是全体中国人的骄傲，从申办成功时起，

"十里红妆系列"竹编

何福礼献礼希腊的《竹编大熊猫》

我就一直考虑着自己为奥运做点儿什么。""我们竹编工艺的原料是竹丝，就是绿色的产品。我这次之所以要编制国宝大熊猫赠送给奥林匹亚市政府，就是要把中国人心系奥运、心系绿色的心情传递给全世界。熊猫代表中国，竹子代表绿色，这两者的结合就说明我们中国人对环境对绿色是十分关注的，我们提出绿色奥运的口号就一定能实现。"在修缮故宫期间，工作之余，何福礼每天都关注着北京奥运会的各种消息。无论是倒计时 500 天，还是福娃、火炬的发布，他都为奥运会筹备的每一点进展而激动。2008 年，北京奥运会前夕，他专程到奥运会发源地希腊，参加义务植树等系列活动，并亲自制作了一对竹编大熊猫"和和""美美"送给奥林匹亚市政府。何福礼告诉记者，自己曾多次赴澳大利亚、法国、意大利、德国、瑞士等国家做技艺表演和技术交流，以后再到其他国家去都会主动宣传中国的绿色事业，宣传中国人的奥运精神，让更多的人了解北京奥运会，了解中国。

八进八出　故宫献艺

据《东阳市志》载，清朝嘉庆、道光年间，东阳数百名木雕艺人曾到京城从事皇宫雕饰。时光流转，岁月轮回，千年故宫修缮再次启动。这一次是自 1420 年故宫建成后的 582 年中从未有过的大工程，由世界文化遗产基金会和中国政府共同组织，历时 18 年。

自 2002 年起，故宫大修正式启动。工程开始后，堪称故宫内建筑最豪华、工艺最精细的乾隆御书房"倦勤斋"，在如何使其恢复历史原貌的竹簧工艺上遇到了难题。

倦勤斋建于清乾隆三十七年（1772 年），是乾隆皇帝让位后的住所，这里所有的墙面都用竹丝镶嵌，一派江南风韵。故宫博物院在全国数十家主流媒体上发布招贤榜，一时之间，应聘者云集。由全国知名古建筑和文物专家组成的故宫寻访团在浙江东阳市第一次见到何福礼时，就给他留下了一道考题——"翻簧"，即将竹簧劈片、整平，要求将竹黄软化至质软如纸，能像布一样在凹凸不平的木雕图案上进行镶贴。当专家们看到他制作时，不约而同地发出了惊叹。大师向专家们介绍这一工艺，完成这一作品仅取材就需要经过八道工序，首先是要选取三年以上生的毛竹，按竹节截取，剖去篾青后留下最里面的一圈竹簧，然后经过削、刨、磨，使竹簧的厚度始终控制在 1 毫米之内，放入沸水中蒸煮制完全软化，再取出剖开翻卷整平，接着用砂纸将其打磨成薄度仅 0.5 毫米，为了能使打磨的竹簧厚薄均匀，打磨过程中要多次将竹簧举起对光，直到光线全部能透过竹簧看不到一点儿阴影为止。最后在竹簧上雕刻出所需的图案，再将之镶贴到竹丝镶嵌的底面上。经有关专家多次上门考察，当面出"考题"——竹簧劈片、整平、软化、粘贴，何福礼最终以满分的成绩取得了修缮"倦勤斋"竹编竹簧雕刻部分的"入场券"。

在故宫面向全国的招贤选拔中，何福礼被故宫选中似乎是命运的一声召唤，也是历史的一次暗合。这次东阳也是再入历史，举贤上京，但此次只有一个名字——何福礼。何福礼肩负起了"百工之乡"的重托，再次去履行一项更胜先人的光荣使命。故宫博物院副院长晋宏逵称他为"故宫大

倦勤斋门口的何福礼　陈立华　摄

修中内装修部分的试验者"，认为其工艺"让人大开眼界"；世界文化遗产基金会副总裁吴·亨利则称何福礼为"天才的艺术家"。他六进故宫，历经三年时间，完美地修复了"倦勤斋"中濒临失传的竹丝镶嵌和竹簧雕刻等多种工艺，使其恢复历史原貌，让全国乃至全世界领略了这位"大师中的大师"的高超技艺。

2005 年 6 月 17 日，东阳市政府为何福礼一行举行了隆重的欢送会。62 岁的中国竹工艺大师何福礼带着他的小儿子何红兵和两个东风竹编厂的技术骨干，肩负着"百工之乡"的重托，前往北京履行一项修缮故宫的光荣使命。曾到东阳给何福礼出考题的"考官"、故宫博物院文保科技部主任曹静楼等人开了两辆车子前来迎接。老朋友相见自然非常高兴，曹静楼风趣地说："何大师来了，修复倦勤斋的技术问题我可不用担心了。"第二天，曹静楼主任召集他们开了个短会，给他们讲了故宫内的一些规章制度。接着，何福礼一行去有关部门办理了出入证，从此他们一班人马便加入了修缮故宫的行列。

6 月 21 日下午 1 时，北京天气异常炎热。何福礼一行进入故宫，开始了第一天的修缮。在故宫方面的安排下，他们领了 6 个"格扇"和 5 个"角牙"，此后几天主要对这些东西先行修缮。移交的手续很严格，先要对原物进行拍照，每领一件物件都要办理手续。对于格扇、角牙上不小心掉落的竹丝屑，还要当场捡拾放入小塑料袋内，并分别加以标号。何福礼等人领了物件，小心翼翼地拭去尘土，这些工艺精湛的宝贝便显出了"庐山真面目"。这些门窗都饰有一片片龟背花，黑、红、本三种颜色相间，立体感很强。虽经数百年风雨，它们还依然保持原色，其工艺之精细让人叹为观止；还有那些角牙，以紫檀木为底，用竹丝镶嵌，工艺同样精湛，可惜这些格扇、角牙中有的因年深月久虫蛀风化，竹丝掉落，有缺损。

何福礼说，故宫中的东西每样都是宝贝，要把缺损的竹丝补上，首先得要确保竹丝的粗细、厚薄、长度完全一模一样，以达到修旧如旧，"天衣无缝"，这实在是一项难度很大的工作，而且他们还得在故宫的摄像镜头、声音监控等设备的监督及央视摄影机的跟踪下完成。不过他们四人都是从事工艺美术行业多年的能手，实践经验相当丰富，对完成修缮是有信心的。下午4时半，何福礼等人离开故宫。

何福礼有很大的烟瘾。但是这次故宫内管理很严，禁止吸烟，这可给他出了难题。平时何福礼在东阳一天能抽两包烟，但从进故宫直至离开，他一根烟也没敢抽；何福礼说，这次好比进京赶考，只能考好不能考砸，一定要交出一份令人满意的答卷。

何福礼着手修缮的倦勤斋，分上、下两层书房，装修非常豪华，墙壁内里是紫檀木，外面贴以"翻簧"镶嵌。总共100多平方米的空间里，几乎全部是竹编工艺，包括床和书架也有竹丝镶嵌和雕刻，各种图案组合得十分协调，显得非常典雅、华贵。为使这次修复后的倦勤斋竹编能保存更长的时间，何福礼精心选材，严格挑选生长在朝南黄土地上的毛竹作为材料。"这样的材料柔软性好，500余年内不会虫蛀和发霉。"何福礼满有信心地说。

修缮倦勤斋是一种精细活儿，需要心如止水的心境。何福礼风趣地说，在这里从事竹编工艺，环境相当安静，没有外界干扰，给人一种宁静致远的感觉和独特的工艺享受。短短几天，他们就完全进入了"最佳竞技状态"，每天都"两耳不闻窗外事，一心只修倦勤斋"。何福礼一行人每天下班回到住处，吃了晚饭，四个人就围坐在一起，围绕修复工作进行交流和讨论。大家针对白天发现的修复难题，集思广益提出解决办法和对策，这成了他们每天的一个固定节目。

除修缮之外，何福礼还接受了故宫方面委派的一个重要任务：记日记。他对申领来的每一个部件，修前、修中、修后都要拍照留存资料。故宫方面有关负责人说，对修复工艺的总结和修复工作本身同样重要，因为故宫

何福礼工作照

中还有很多未修复也未开放的地方，这些工艺留下来，对以后会有很大的参考作用。

6月下旬的北京酷暑难耐，何福礼他们的工作场所既没有电风扇，更没有空调。在如此闷热的环境下，他们不得不经常喝水。但喝了水就容易出汗，因此，一天到晚他们都挥汗如雨，浑身湿透。有天下午4时，正在加工竹丝的何福礼突然中暑了，但他还是坚持把活儿干完。后来故宫方面派人给他们安装了空调，这给何福礼一行的修缮创造了更好的工作环境。

半个多月后，何福礼等人对修复"角牙"和"格扇"这些构件已得心应手，第一次申领的构件也已修复完成，于是他们又去申领了一批构件。这次申领的除了"格扇"，还有几块较大的乾隆皇帝御床的床沿板。这些床沿板图案损坏严重，色彩又多种多样，修复难度更大，有的甚至一碰就会全部散架，甚至连灰尘都无法掸去，它们的工艺也比格扇更为精细。何福礼苦思冥想，使出浑身解数投入工作中。

故宫的修复工作全是细活儿，因竹丝细如发丝，眼睛必须十分专注和投入。多日来，何福礼整天戴着老花眼镜，把 40 多年来积累的精湛技术全用了上去，但由于用眼过度，何福礼原先配制的老花眼镜不顶用了，他不得不再买一副新眼镜。为修复乾隆皇帝御床的那几块床板，费了何福礼不少心思。它破损程度严重，竹编部分大幅脱落，要把脱落的竹编天衣无缝地粘贴回去，而且与原先图案的形状相比要丝毫无损，难度确实很大。据何福礼说，如果仍采用原先建造时的工艺去做，就需要把 3 种不同颜色的竹丝一根一根粘回去，同时拼成图案，但这样做肯定会破坏原先的平整度，影响"修旧如旧"的效果。为此，他创造出一种新的方法，用自己特制的黏性极佳的鱼胶，先把竹丝粘贴到一块儿，再像布一样贴上去，这样既平整又牢固，看上去和原先的一模一样。

2005 年 8 月中旬的一天，故宫博物院副院长晋宏逵率几位专家来到何福礼的工作场所，听了何福礼的介绍并认真查看了修复好的部分构件。晋宏逵赞不绝口，连称"大开眼界"，"无论是色彩上还是工艺上看起来都与原来的面貌一模一样"。何福礼让他提提意见，晋宏逵一笑："没有意见，符合要求，修得很好！"他还告诉何福礼，等明年修复工作全部结束后，故宫方面决定给何福礼等人颁发荣誉证书，而这在以前是从来没有过的。

9 月 5 日，何福礼率领的修复小组迎来了到北京修复以来最正式、规格最高的"考评"。这天世界文化遗产基金会的专家到达北京，对何福礼修复小组第一阶段的修复工作进行全面的检查。在听取了何福礼及故宫科技文保部主任曹静楼对前一阶段修复工作情况的介绍后，专家们到现场查看了已经修复的 20 多件形象逼真的构件，并不时拿出相机拍摄。他们对这些成功修复的构件无论从工艺、色彩和平整程度上都十分满意，世界文化遗产基金会副总裁吴·亨利则称赞何福礼是"天才的艺术家，干得非常漂亮"。

倦勤斋竹编部分第一阶段的修缮工作经过 3 个月的努力全部完成了。考虑到 10 月以后北京的天气将很快变冷，对于用细如发丝的竹丝进行修复工作难以得心应手，而且会影响修复质量，故何福礼一行暂回老家东阳。

经过 3 次修缮"倦勤斋"后，2009 年，何福礼又接到邀请，对乾隆花园内的乾隆宝座、屏风进行修缮。这种种"创举"让何福礼与 200 多年前的传统竹编工艺对接起来，他决定将故宫的御用竹编修缮者当到底。几年

修复后的倦勤斋内景图

下来，何福礼对用竹丝镶嵌修复故宫中最常用的"万字不出头"图案，已是游刃有余。可遇到的"龟背笠"图案，对他又形成了挑战。"在传统竹编中，这种图案用3种不同色泽的篾条编织而成，呈六角形，立体感很强。在编织过程中很多艺人因为眼睛无法适应这种3D效果，轻易不敢下手。所以业界有这么个说法：'龟背笠，龟背笠，十个篾匠九个怕。'"这一关拦不住何福礼，他通过精准计算，把一个"龟背笠"单元分解成3个平行四边形，每个平行四边形宽不到1厘米，内嵌14根细竹丝。这项烦琐费神的工作，因为何福礼的巧妙分解，既让编织者的视力免受干扰，又保证了整体拼接严丝密缝，整幅"龟背笠"图案，看上去就像一幅三维立体画。

何福礼在修缮中学习钻研，历经3年，他用濒临失传的"竹丝镶嵌"和"竹簧雕刻"技艺，修复故宫最为精美的建筑"倦勤斋"，这是历史的再现与回顾，也是何福礼对历史的一种传承。"我这段时间，不仅是参与修缮，也等于读了一个研究生。"说这话时，何福礼流露的是自豪，这是中国手艺人对传统的敬畏，对未来的责任。这一份功绩，将由一丝一片的竹子铭记保存。

竹编世家　赓续延绵

　　借助修缮故宫"倦勤斋"的巨大影响，东阳竹编在 2005 年之后备受瞩目，获得了"中国竹编看东阳"的赞誉。然而，何福礼对东阳竹编的传承与发展始终有着沉重的忧虑，"目前东阳竹编从艺者不超过千人，最年轻的已年近四十，其中许多绝技将成'绝'技"。

　　而今同辈人大多退隐江湖，而何福礼仍站在时代的浪头，为竹编技艺的传承发光发热。

　　作为国家级非物质文化遗产东阳竹编的代表性传承人，何福礼始终将东阳竹编的传承与发展视为紧迫任务，自成立东阳市东风竹编工艺厂就开始收徒传艺，至今已达 50 余人。但是，一说到徒弟，他会觉得很遗憾。何福礼数次赴澳大利亚、德国、法国、意大利、瑞士，以及中国香港等国家和地区做技艺表演和技术交流，每到一处总会引来不少崇拜者和求学者。何福礼应邀去了伊朗，收了 40 多名伊朗竹编师为徒，用半个多月时间改进他们的竹编工具和工艺，通过交流，让伊朗竹编师对竹子的深加工、细加工有了更深入的认识。在何福礼的悉心教导下，伊朗竹编师制作出来的竹工艺品品种更丰富，造型更美观。"但真正能坚持下来的很少，不是改行就是三分钟热度。"他说："只要喜欢竹编，我都愿意教。"他还说，学竹编要的就是耐力与恒心。他希望天资聪明、25 岁以下的年轻人能加入竹编行业中，把竹编工艺发扬光大。

　　而与此同时，在现实生活中，一些年轻人也渐渐对东阳竹编产生了兴趣，进而有一些喜欢时尚的年轻人自愿加入了在网上宣传东阳竹编的行列。一天，家人兴冲冲地告诉何福礼，哔哩哔哩网站上有一则关于他的视频，点击播放率特别高。何福礼闻言，兴致勃勃地与家人分享了视频的内容。俗话说，竹篮打水一场空。视频的一开头，便展示何福礼手工编的篮子，称之为"滴水不漏"。有人将水倒入竹篮中试验，它真的密不透水，引来弹幕上一片惊叹之声。竹篮本是寻常物，但是在何福礼这位艺术大师的加工下，立刻化作"神器"。诸如此类的事情还有很多，通过网络，关注这位竹编大师的年轻人越来越多，更有甚者，他们千里迢迢而来，特意登门

拜师学艺。

段晓雪是江苏南京的大学生，酷爱竹编。何福礼收下了这个徒弟，耐心教导她竹编技艺。段晓雪很用功，不怕辛苦，日夜都在练习技艺，现在已经会做花器、猫头鹰、热水瓶、盘子等十多种竹工艺品。出师后，段晓雪回到了南京，积极向社会宣传东阳竹编文化，教小朋友做竹编，打算将这门技艺努力传承下去。这么多年来，类似段晓雪这样的大学生，何福礼已经培养了十多名。

建筑设计师出身的范凌，是一位海归人士。归国后，范凌先后在北京、广州工作，很快便找到了属于自己的职场天地。由于一次偶然的 DIY 手工，范凌接触到了竹编，并很快对此产生了兴趣，在想自己是否有机会当一个竹编匠人。经过多番查找和打听后，她得知浙江有一个闻名全国的工艺美术之乡东阳市，那里的竹编很出名，更有国家级竹编大师何福礼坐镇，这让范凌心驰神往。在不惑之年的关口，这位海归建筑师鼓起勇气，决心辞职去东阳拜师。范凌是幸运的。她跟随何老在东阳学习近一月，虽然在竹编技艺上，范凌是一个"小白"，但建筑行业多年练就的强烈求知欲助她迅速"升级"，她很快熟练掌握了绕篾、插篾收口、花箍等技能。出师之后的范凌将建筑知识与竹编技艺相融合，很快便新作迭出。如今，她致力于向更多的年轻人普及推广竹编艺术，通过不定期开设课堂分享，希冀将这种传统文化艺术的生命力延续下去。

除了带徒弟，何福礼的两个儿子，目前都是东阳竹编非遗传承人的中坚力量。长子何红亮跟随着父亲的步伐从事竹编事业，而次子何红兵则将竹编与木雕相结合，开辟出一条新的非遗之路。

何红兵作为何福礼的小儿子，既是中国传统工艺大师、浙江省工艺美术大师，也是省级非物质文化遗产传承人。何红兵不仅承继了东阳竹编的传统技法，并且把中国四大木雕之首的东阳木雕做得风生水起。他熔东阳木雕和竹编工艺于一炉，奉行"守正出奇"之道，即用传统而严谨的技法，实现题材与造型上的创新。这位年轻的"双料"大师，已然成为东阳工艺美术界的一个符号。"木雕也好，竹编也罢，重在继承传统，在传承中创新。"何红兵说。

何红兵从小在父亲何福礼的言传身教下掌握了东阳竹编基本技法，并

何福礼次子何红兵工作照

在竹编设计上崭露头角。还在师父姚正华的指引下，掌握了东阳木雕技法。1993 年，他离开公司，加入父亲创办的竹编工厂，在他加入之后，不仅让父亲如虎添翼，其各种作品还先后夺得诸多大奖。2003 年成立了个人工作室，承接各种木雕设计和建筑装饰，很快就崭露头角。在这之后随父亲多次进故宫修文物，他的专业表现得到了有关专家的一致好评。

何红兵说，他这辈子只做一件事，那就是传承流传中华民族千年的竹编技艺。因为他肩负着父亲何福礼的厚望。

非遗传承人何红兵

何福礼的孙子，也同样痴迷于竹编技艺。

2016年，留学德国回来的何凯舒，转身钻进了爷爷何福礼的工作室，当起了一名小学徒。因为爷爷跟他说："竹编学好了，人生一样有意义。你信爷爷的话。"东阳竹编里，有一道工序叫剖篾制丝，竹青要加工得又细又薄。工作室里，专攻那道工序的老师傅，做了几十年也免不了会受伤。每天早上7点，何凯舒就跟着爷爷进了工作室，除了中午休息，一直干到下午5点收工。"我很严格的，每一道（工序）都要他学过来。"何福礼说。孙子学得怎么样？这位世界顶级的竹编大师宝贝一样地拿出几样东西，"从原料加工到制作都是他一个人做的，别人没插手过。"爷爷给孙子布置了每一年的期末作业。第一年，两个细巧的小篮子。第二年，打着礼

何凯舒设计的《钢铁侠竹编手办》

品花结的竹盖篓。第三年，精致古朴又结实的竹丝圆盒。第四年，何凯舒交出一个钢铁侠的竹编手办。爷爷看不懂，却摆进了义乌一座正在筹建中的私人艺术馆，何凯舒有点"受宠若惊"。"我还想再编个哆啦Ａ梦的。"何凯舒说，"但没那工夫了。工作室里哪道工序缺人手，我就补上去。"这个"90后"，不急不躁。"工艺美术，需要时间上的沉淀。器物之美，是我们注入的精力日积月累而成的。""学会就是很好的传承。我要学的不仅是技术，还有我爷爷那种一辈子从事一门手艺、全身心投入、臻于极致的造物态度。"

淡泊名利　广为传授

虽然祖孙三代都在从事竹编事业，但是这项传统工艺，要想发扬光大，需要更多的传承人。有着几十年竹编经验，素有竹编"魔术师"之称的中国竹编工艺大师何福礼，考虑到东阳竹编的日渐式微，后继乏人，想到了设立工作室，做大自己的品牌，向人们推介东阳竹编，抢救这项濒危的传统工艺。让何福礼欣慰的是，他的东风竹编厂成了东阳市非遗传承的基地之一。他还拿出10万元人民币摆起擂台，想以此发现竹编新人，进一步激发年轻一代对传统竹编工艺的兴趣。他说要用有生之年想方设法拯救濒临失传的古老竹编工艺，呼唤更多的年轻人加入竹编工艺行业。

为了推广竹编工艺，何福礼将这项手艺带进了学校。何福礼多次到东阳广厦大学、义乌工商职业技术学院，传授东阳竹编文化和竹编技术。他表示，要做好文化和传统技艺的传承，首先要抓好年轻一代的教育，将"工匠精神"贯穿到对青少年的教育中，培养他们敢闯敢拼搏和艰苦奋斗的精神，让他们感受到鼓励和支持，愿意来学习这些传统技艺；其次是要好好地教，年轻人愿意学、爱学，师傅就要认真教，用毫无保留的思想，把手艺传承下来。何福礼在义乌工商职业技术学院创意设计学院开设"何福礼工艺美术大师"工作室，旨在把非物质文化遗产的教学传承与应用型人才和技术技能型人才的培养紧密结合，推动学生传承传统技艺，树立精益求精的工匠精神。"何福礼工艺美术大师"工作室向全校教师开课讲授竹编工艺，指导培养2—3名专职教师专业学习竹编技法，指导学生社团开展非物质文化遗产传承的调研、学习、实践。他协助国家旅游商品研发中心和国家林产品创意研发中心开展相关科研项目，参与学校争取中华优秀传统文化传承基地申报和建设工作，积极开拓相关非物质文化遗产传承。

此外，何福礼还将东阳竹编技艺带到了贵州。这样做一方面为提高当地竹工艺技术水平；另一方面可以创造更高的经济价值。

黔西南州竹资源丰富，老百姓利用房前屋后种竹，编制出各种广泛用于生产、生活的竹制品，可以说，竹制品是黔西南州普通家庭的日常工具。何福礼来到贵州省兴义市万峰林街道双升村，与当地竹编匠人深入交流。一到黔西南，何福礼就在双升村与74岁的竹编匠人李维俊进行交流，在了解竹编产品及编制技艺等情况后，何福礼说："黔西南州的手工竹艺工匠很多，编制手法、使用工具都和东阳竹编有所不同。相对来说，黔西南竹制产品大都是像背篓等比较适宜民用的东西，如果能细加工，经济附加值会

何福礼夫妇到双升村群众家中教授竹编技艺

得到很大提高。"何福礼认为，教学相长是一个过程，他很愿意将东阳竹编技艺带到黔西南，提高当地竹工艺技术水平，创造更高的经济价值。他说："如今，东阳竹编的技术可能走在前面一步，现在我们就来帮助黔西南提高技术，增加产品附加值。两地开展形式多样的学习培训，一方面我们可以来到黔西南教学；另一方面黔西南也可组织人到东阳学习。"他还不顾山高路远，到贵州传授技艺。而贵州六盘山还有两名竹编匠人来学艺，何福礼都是毫无保留地进行传授，令对方颇为感动。

作为国家级非遗项目"东阳竹编"代表性传承人，何福礼用细致的手法和坚韧的耐心，在一件件作品中传达着"工匠精神"："在家里，我太太也做了63年，我的儿子也做了30多年，现在我的孙子也在做竹编，这个就是传承。我孙子在学竹编时，我就告诉他，做这个是很苦的，你要坚持。我们现在很多东西都在用塑料代替，但塑料是很不环保的，我们要做出一种人民喜欢、价格实惠、能够适应市场、对人体有好处的产品，因此竹编行业是少不了的。"说起文化和传统技艺传承，何福礼给黔西南州竹编事业提出建议。他说，首先要抓好年轻一代的教育，将"工匠精神"贯穿到对青少年的教育中，培养他们有敢闯敢拼搏和艰苦奋斗的精神，让他们感受

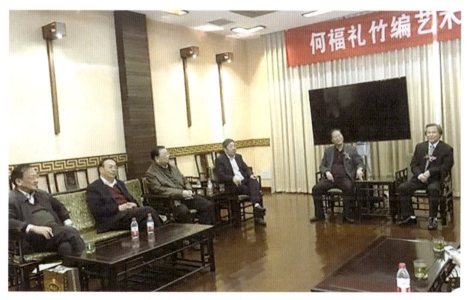

何福礼竹编艺术研讨会

到鼓励和支持，愿意来学习这些传统技艺；其次要好好地教，年轻人愿意学、爱学，师傅就要认真教，毫无保留地将手艺传承下来。

为了更好地传承传统技艺，他尝试打破单一的传统模式，寻求多方面的融合、材料上的结合、人才上的联合等。比如，在紫砂壶、家具、首饰上融入竹编，不仅更美观，也会使其身价翻倍。把名人书画引入竹编艺术，创作出融竹编与绘画、书法于一体的平面竹编书画艺术，为竹编业开辟一片新天地。在人才的引进上，他计划成立一个竹编研究中心，与中央美院、南京美院等高校联合，在传统元素中加入深层次的现代思路。他认为，对东阳竹编更大的考验是，"未来到底该怎样发展，才能让竹编走得更远、走得更好"？

要进一步推动竹编产业化，实现发展。作为东阳竹编的国家级非物质文化遗产传承人，何福礼认为，自己应该起到排头兵的作用，他希望通过自己的努力，增加社会对东阳竹编的关注；同时他也在做木雕、家具和其他根雕，他希望在木雕竹编的工艺领域做好引领带头人。从艺以来已累计收徒数十人，他把自己的技艺毫无保留地传授给他们，为东阳竹编事业的发展做出了应有的贡献。

何福礼数十年磨一剑，不断耕耘，他的杰出成就无疑是东阳竹编史上一个重要的里程碑，并为振兴东阳竹编和木雕工艺产业提供了一个巨大契机。作为享有工艺美术之乡盛誉的东阳，这将为东阳的竹编和木雕走向全国，走向世界，为子孙后代留下一张永不褪色的历史名片，为世界工艺美术长廊树立起一座不朽的丰碑。

"匠心"育人　传承后世

时光荏苒，几度春秋。

何福礼在竹编这条艺术之路上兢兢业业，殚精竭虑，不仅在作品上创新，更在推广国家非遗文化上不遗余力。他除了用虚怀若谷的学习态度影响他人，还有针对性地总结工作经验，分享工作技能，以一位实干家的姿态，站在讲台上，向大众展示自己积累的人生智慧。

在 2022 年度国家级非遗传承人记录工作培训班上，何福礼娓娓道来，在课堂上讲述了《传承人记录工作分享》等内容。在座的各位听得津津有味。就在一项一项细致的工作内容分享中，他们有幸窥见了这位竹编艺术大师的"匠心"。

何福礼在接受采访的时候提道："什么叫创新？就是别人做不出来的东西，我能做出来。"而他也身体力行地贯彻了这一点。他说："所有的动物都做得差不多了，像五米高的百鸟朝凤，人家不敢做，想都不敢想，但是我敢做。不过现在都不稀罕了。你评价我何福礼好也好，差也好，后面的人才知道我。"老人家淡泊名利，痴迷于艺术，对别人如何评价自己并不以为意。万千作品，留于后人评说。

匠中之大师，不仅要用脑，还要用心。虚心和慧心，是成为大匠的必经之路；精心和细心，将决定大匠事业的成败。 这些都是何福礼成功的经验，可供后来人借鉴。

就竹编的传承而言，何福礼认为，其作为传统小工艺产品，很多都实现了机械化生产和批量生产。"快"时代下的低成本机械产品，虽然价格亲民，但却失去了竹编应有的灵魂。传承了几千年的东阳竹编，它是有着历史底蕴和风华的，是普通竹编难以比拟的。当前东阳竹编这种传统与现代之间的张力，是亟待改变的。

在创新方面，何红兵讲求要把作品更接近市场，要在形式上进行创新，做一些当前年轻人所能接受的东西，更加注重市场化、日常化，比如，一些文创作品等。而何福礼所在的那个时候也是有创新，但侧重于大件作品，接受的人会较少。何福礼的创新是十分精美的，是留给国家的，要将一生

对竹编最好的理解，对艺术和手艺的精益求精淋漓尽致地呈现出来。

如今，更多的博物馆和大学开始开设竹编的相关课程，作为国家级非物质文化遗产东阳竹编代表性传承人，何家三代都将东阳竹编的传承与发展视为紧迫任务。而为保护和传承这项国家级非物质文化遗产，何家三代人同心协力，不遗余力地做着种种尝试，通过自己的行动实现将"非遗"发扬光大的梦想。

人类美好的生活永远离不开匠人。手工虽然从手出发，但必须抵达心灵的深处。倾心于手，融情于艺，匠心永恒！

郑修钤
天道酬勤　传承漆艺

在福建省福州市的一家工作室内，郑修钤手持镊子，正在将一片片洁白的蛋壳，镶嵌在自己的漆画上。这些蛋壳拼聚成布达拉宫圣洁的白墙，与原来朱漆撒漆粉做成的红墙两相映照，颜色显得愈加鲜艳。他后退一步认真进行端详，呈现在眼前的，是一幅宏伟的布达拉宫漆画。以贴金银粉、上透明漆的金色宫顶，炽热的金色天空，再加上刚刚完成的细腻的蛋壳镶嵌工艺，眼前的布达拉宫呈现出一种极为明快饱满的效果，营造出了一种神圣、庄严与雄伟的艺术感。眼下，他还需要完成重要一步，即对整个画面进行推光打磨，让这幅漆画作品整体呈现出一种透亮的感觉，这是任何其他画种的媒材所无法取代的。

在郑修钤花费了一番心血精心打磨之后，作品《布达拉宫》终于完成创作，被送去参加第九届全国美展。这次漆画作为独立画种又一次正式亮相。

时光的指针正指向 1984 年，郑修钤参加第六届全国美展。从此之后，一代漆画家随之崭露头角。郑修钤从众多的创作者中脱颖而出，成为佼佼者。

《布达拉宫》 郑修钤作

郑修钤

2003 年，这件大型漆画作品再度出征，参加中国北京首届国际美术双年展，再度创下良好口碑，"中国漆画"自此在国际美术活动中声名鹊起。

郑修钤在创作过程中总是充满激情，海量的原始资料给了他无尽的灵感。他充分运用漆的特性，在漆画创作的道路上不断耕耘，成为一代漆画名家。

郑修钤，福建福州人。他是中国美术家协会会员、福建省优秀专家、高级工艺美术师，国家级非物质文化遗产传承人。

1967 年毕业于福州工艺美术学校，后进入四川美术学院深造。他专攻漆画、漆艺，逐渐成长为中国工艺美术大师。他的漆画作品丰富多彩，既有大气恢宏、富丽堂皇风格，也有细腻而素雅、深沉而含蓄的风格。其中，比较优秀的漆画代表作品有《布达拉宫》《闽江之滨》《渔舟唱晚》《憩》《青针刻仿西汉图案三角脱胎瓶》《仿西汉针刻图案》《青针刻图案五层盒》《四扇八哥花鸟围屏》等，曾连续六届入选全国美展。其中，1994 年《憩》获第八届全国美展优秀作品奖；1999 年《布达拉宫》获第九届全国美展银奖。其作品分别被中国国家博物馆、中国工艺美术馆、福建省美术馆、福建省工艺美术珍品馆及苏联东方艺术博物馆收藏，作品《春、夏、秋、冬》至今陈列于人民大会堂台湾厅，《针刻鹤鸣脱胎云盘》曾多年陈列人民大会堂福建厅，被评为省政府优秀工艺奖。除了创作诸多的漆画作品，他还发表了《谈针刻技艺的推陈出新》等多篇论文。

追根溯源　漆艺传承

漆艺具有实用与艺术完美结合的独特魅力，传递着东方文化的质感和温度，它与茶叶、丝绸、瓷器一样，属于国粹，是世界了解中国独特文化的一个窗口。

漆树

"漆"真正的起源，是大自然的馈赠。在 8000 多年前，它凝聚着东方智慧完成华夏民族对美的启蒙，成为中国文化宝库中一颗璀璨的明珠。

　　中国是漆树原生地，是大漆的故乡，是世界漆艺的发祥地。数千年来，历代漆艺人的努力，积淀出中国悠久而辉煌的漆艺史。从跨湖桥文化的漆弓到汉代的漆绘，从唐代的螺钿镶嵌到宋代的一色髹漆器，从元代的雕漆到明清的百宝嵌，历朝历代都拥有颇具时代代表性的精湛工艺，并形成各自独特的风格，留下丰富而宝贵的漆文化遗产。与漆艺相关的 19 项传统技艺，已列入中国非物质文化遗产国家名录。

　　有史籍记载"漆之为用也，始于书竹简，而舜作食器，黑漆之，禹作祭器，黑漆其外，朱画其内"。漆器，作为中华文明的瑰宝，任凭时光如梭，它就在那里不惊，不动，沉淀岁月留下的印迹。即便剥去华美的外衣，留下的也是最质朴的本真，这便是中国的大漆之美。

　　此刻，我们所谈到的漆器，来自滨海城市——福州，其中最具代表性的便是脱胎漆器。

　　福州漆器的历史始于南宋，脱胎漆器的发展则源于清乾隆年间。它的特点：造型美观而富于变化，轻巧而坚韧，色泽艳丽，光亮如镜，髹饰的方法繁多，具有独特的民族风格和地方特色，在国内外享有很高的声誉。

　　相传发明脱胎漆器这种独特工艺的是一位普通的漆艺人。清朝乾隆年间，一位名叫沈绍安的人到官府衙门去修补金字横匾。横匾的字迹虽然已经斑驳脱落，甚至里面的木头也都露了出来，但裱裹在匾额外面的漆和夏布，却像新蝉脱去的外壳，坚韧光滑，没有腐蚀剥落的迹象。眼前的一切令他陷入沉思之中，并深受启发。他想，如果先塑造一个物像的模型，外面再用夏布涂以漆裱糊起来，然后再设法取去里面的模型，留下的不就是一个体轻而表面坚韧光滑的漆器了吗？于是他就大胆、认真地开始着手试验。

　　沈绍安出身于一个制漆家庭，从小对佛像塑造就有兴趣，并有一定的塑造能力，于是，他就按塑造佛像的原理，用泥巴做材料，塑造了一个模型，并在这个模型表面涂上漆，裹上夏布与生漆灰，接下来用漆和夏布轮流进行逐层裱糊。当它达到一定厚度之后，静置背阳处阴干。待干透之后，将它放到水里去浸一定时间，等到里面的泥胎软化时，再将其挖掉取尽，用水清洗干净，留下坚固精巧的布坯壳，再经过髹漆和彩绘装饰等几十道过程，一件脱胎漆器就这样诞生了。从此，这种脱胎漆器被人们称为"沈绍安漆器"。

沈绍安家族整理、创新的"脱胎漆器"，一经面世，便赢得了极大的声誉和压倒性的市场份额。它的出现，不但打破了当时日本漆器独霸海内外市场的局面，为中国漆器产业争得了一席之地，也使福州迅速成为中国新型漆器的中心，并逐渐成为近现代漆器产业的"龙头基地"。此后，沈家英才辈出，"脱胎漆器"的制作技术也随之日臻完善。这便是业界常提到的"漆从西蜀来，胎在福州脱"。20世纪末，福州漆艺和其他艺术种类一样，在当代面临着技术缺乏创新，难以跟上时代的难题。但经过十多年的振兴努力，福州漆器重放光芒，福州漆艺更是震撼世界！

福州脱胎漆器是具有独特民族风格和浓郁地方特色的传统艺术珍品，与北京的景泰蓝、江西的景德镇瓷器并称为中国传统工艺的"三宝"，享誉国内外。该漆器制作过程中，先以泥土、石膏制成坯胎，阴干后再涂上生漆，用捶打过的麻布和生漆灰在坯胎上逐层裱褙，一般要裱褙两三层夏布；用泥胎和石膏固定后在底部打个圆孔，待漆干后放在水中浸泡，直到内胎脱落，留下漆布器形。脱胎制作完成后，再经过上灰、打磨、上漆、修整、推光等十几道工序，并施以各种装饰图案，一件光亮绚丽的"脱胎漆器"始成。

脱胎漆器的装饰技法具有绘画和工艺的双重属性，色泽主要是朱、黑、金三种，再加以巧妙的调配，增加了黄、绿、蓝、白等颜色；雕刻技法有刻漆、雕漆、彩绘等。如今，脱胎漆器工艺作品中的漆画，融入了许多现代工艺的美工处理，使用贴金、银箔等技法，使漆画愈加光彩夺目。

清宣统二年（1910年）以来，福州脱胎漆器多件作品参加美国圣路易斯博览会、意大利觉兰多博览会、德国柏林展览会、英国伦敦博览会与在美国芝加哥、日本东京，以及菲律宾、比利时、巴拿马等地举行的国际博览会，多次荣获特等金牌奖、头等金牌奖和最优奖等多种荣誉，曾被誉为"珍贵黑宝石"和"东方珍品"。福州脱胎漆器髹饰技艺于2006年入选国家非物质文化遗产。

福州脱胎漆器的最大优点是：光亮美观、不怕水浸、不变形、不褪色、坚固、耐温、耐酸碱腐蚀。作为脱胎技艺同髹漆艺术相结合的产物，福州脱胎漆器的制作颇为不易，从选料、塑胎、髹饰至成品，每件成品都要经过几十道甚至上百道工序。工艺非常复杂，制作和阴干等费时费力，故一器之成往往需要数月甚至几年完成。

福州脱胎漆器的一个显著特征是"色彩瑰丽，光亮如镜"，其观赏性缘于丰富多彩的髹饰。传统髹饰技法有黑推光、色推光、薄料漆、彩漆晕金、锦纹、朱漆描金、嵌银上彩、台花、嵌螺钿等。中华人民共和国成立后，又衍化出宝石闪光、沉花、堆漆浮雕、雕漆、仿彩窑变、变涂、仿青铜等技法，并且把髹漆技艺同玉雕、石雕、牙雕、木雕、角雕艺术结合起来，使漆器的表面装饰丰富多彩。福州脱胎漆器在我国传统的朱、黑等漆色基础上以"真金碾泥为色"，即以真金、真银碾成金粉、银粉做调和料，解决了一般漆色干后变为黝黑、难与其他鲜艳颜料调和的困难，增加了蓝、绿、褐等多种鲜艳的漆色，且漆色经久不变；有的装饰还用上了刻银丝、刻金丝、蛋壳、螺钿、镶嵌等，使脱胎漆器更加精美。

福州脱胎漆器艺术的发展没有局限于漆器本身，通过艺人们的努力，它还衍生出一个新的画种——漆画。1964年，从美术院校毕业的一些美术工作者把漆器装饰工艺技法用于绘画，创作出了一批漆画作品，首次以独立画种参加全国美术展览，受到首都美术界和民众瞩目，自此福建漆画从实用美术步入观赏艺术领域。

今天，我们浓墨重彩讲述这样一位漆艺大师，他终日醉心于漆艺，制作漆器与漆画双绝，让中国传统漆艺重新绽放异彩。

不"漆"而遇　伯乐识才

虽说勤能补拙，但在音乐、美术或体育领域，先天禀赋不可或缺。1946年出生于福州马尾亭江西边村的郑修钤，便是集天赋与努力于一身的人才。

　　幼时的郑修钤就表现出极强的艺术天赋，他十分喜欢绘画。尤其是花鸟画，无论是邻居家的纸伞还是帐眉，需要绘画修饰的时候，都会找他去画上几笔。上中学的时候，幸运的他遇上了一位影响他一生的恩师——蔡国柄。

　　郑修钤在福州市亭江中学读书期间，学校请来福建师范大学的蔡国柄老师教学。毕业于福建师范大学的蔡老师艺术造诣深厚，善良热心，在美术教育事业上更是倾尽心力，他非常希望能培养出几位优秀的学生，郑修钤幸运地成为他的培养目标之一。郑修钤回忆，当时蔡老师在周六、周日都会义务为学生进行课外辅导，这些生长在乡村的孩子，便将自家的菜摘来送给老师，作为报答。初中三年，在蔡老师开设的免费美术"私塾"里，郑修钤学到了美术启蒙知识素描，他的艺术天分也得到了大家的认可。

　　然而"天将降大任于斯人也，必先苦其心志，劳其筋骨，饿其体肤"，在 20 世纪五六十年代的农村，艺术天分肯定是不能当饭吃的。家境贫寒的郑修钤读初中是在叔叔的资助下完成的，而上高中的学费更高，他不好意思再度开口求人。为了早日减轻家庭的负担，初中一毕业他便做起了木工

郑修钤（右）与蔡国柄老师

学徒。

原本一颗天赋异禀的艺术之星可能就此湮灭，可上天是眷顾郑修钤的，而金子也不会永远藏于沙底。一天，郑修钤在做木工活的时候，被出来散步的蔡老师看到了。见到昔日引以为豪的得意门生居然在此做苦力，蔡老师感到异常心痛，问明原因后，蔡国柄老师劝郑修钤："你去工艺美术学校念书，不仅免学费还有奖学金。"郑修钤正打算晚上回家和父母商量，回到家却看到蔡老师正做着父母的思想工作，蔡老师不仅帮他做通了父母的工作，还为他报了名。此后，他顺利通过了考试。1964 年，他进入了福州工艺美术学校，如此来之不易的学业，他自然是非常地珍惜。郑修钤发奋读书，逐渐成为其中的佼佼者。

如今再次提起当年与蔡老师的路边偶遇，郑修钤仍然心怀感激。正是蔡国柄老师惜才爱才、德艺双馨，他的家访才改变了郑修钤一生的命运。这位伯乐恩师蔡国柄，帮他叩开了艺术的大门。

跨史对话　重振锥画

1966 年，郑修钤在工美学校创作雕塑

初入福州工艺美术学校的郑修钤是学雕刻的，做过木雕、石雕、泥塑等，但是业余时间会在学校漆画工场学习漆画，至今仍保留当时所做的漆画作品。

1968 年，郑修钤从福州工艺美术学校毕业之后，凭借优异的成绩被分配到了福州市第一脱胎漆器厂工作。进入脱胎漆器厂后，由于刚开始不会脱胎技艺，也感觉雕刻与此结合并不紧密，便果断转作漆艺、漆画。这一契机开启了郑修钤的漆艺之旅。

改革开放初期，在追求经济效益的大背景下，整个工艺美术行业萎缩，一大批技艺精妙的精英失业。但郑修钤却觉得此时正是全面研究交流掌握技术的绝佳时机，建议福州第一脱胎漆器厂成立设计室。短短3个月，郑修钤便完成了与设计室的磨合，融入设计室的工作中。

李芝卿，中国近代著名漆艺大师，现代中国漆艺术教育的奠基人和开拓者之一。当时，李老在福建第一脱胎漆器厂设计室担任总指导，郑修钤有幸能与李老一起工作，并成功拜师李老门下。郑修钤异常珍惜在设计室的时光，经常虚心向陈端钿、张书栋、刘景熙、郑增勋等前辈学习，与前辈共同研习漆艺技术。如今，郑修钤回忆称：那是一生中最难忘的幸福时光。

1972年，年仅26岁的郑修钤被选派到湖南长沙参加马王堆文物修复工作。接到通知的那一天，郑修钤十分激动，能够有机会与两千年前的漆器进行跨时空的历史对话。谈到在长沙修复文物的工作经历，郑修钤陷入了回忆中。

1972年，湖南长沙马王堆发掘出大量汉代文物，其中，出土漆器品种之丰富、数量之多、装饰纹样之精美，实属罕见，是我国考古发掘工作中一次重要发现，举世震惊。这些出土漆器不仅有很高的考古、观赏价值，同时为我们了解和研究中国古代漆器的造型艺术和装饰技艺提供了珍贵的实物资料。器皿的造型、图案纹样的色彩对比，行家们见之无不赞叹，其中精美的针刻图案装饰作品，虽然没有同时出土的彩绘图案中棺龙虎斗和大棺飞禽走兽追逐于云间的壮观雄伟，却给了郑修钤很大的启示。墓中出土的竹简记载"锥画"，即针刻，因制作时使用针代笔，在已推光好的漆板上刻画而得名。

当时的郑修钤作为年轻的漆艺技术员，有幸先后六次应邀赴湖南博物馆参加马王堆漆器文物的复制工作，得到很好的学习机会，获益匪浅。令他感到震撼的是针刻髹饰，但这种技艺在现代福建漆艺中早已失传。

当时年已高龄的我国著名漆艺大师李芝卿老师，应邀先期带队赴湖南博物馆考察并签订复制漆器文物合同。那时除大漆棺外，其他漆器还未完

在湖南博物馆前（右一为郑修钤）

全脱水。有的小件木胎、夹纻胎、竹胎的漆器还泡在玻璃缸的水中，表面的污物尚未清理干净，装饰纹样漫漶不清，因此把"针刻"图案都写成彩绘漆器等名称。当他们去复制时，每件实物都基本脱水或半脱水，有的实物经过小心翼翼地清理后，发现是非常精细、密密麻麻的针刻纹，这是前所未见的。他们顿时不知如何处理。郑修钤想，合同已经签订，唯一的办法是迎难而上。他首先进行模仿练习，大胆试验。经过多种工具的调试，再加上针刻实践，他的技术日臻成熟，无限接近古代文物刻纹的效果。直到他所刻试板几乎可以"以假乱真"，得到文物专家的认可后，才开始在复制品漆器上针刻图案。他仿制的第一件作品成功再现了文物的最初模样，接着又复制了十几件造型不同的针刻器皿。他渐渐熟能生巧，越刻越好，甚至能流畅自如地在圆体和有弧度的器皿上刻画，顺利完成长沙马王堆一号汉墓漆画的复制工作。

"我们简直不敢相信，两千多年了这些东西还这么好，当时的设计及想象力不输现在。"郑修钤一谈起长沙马王堆文物复制工作，马上就会变得神采飞扬。

能够近距离接触汉代漆器，郑修钤在兴奋之余特别珍惜这个千载难逢的机会。他经常蹲在棺木前认真观摩漆棺上的图像，"我的心比较静，心思也比较细腻，经常蹲在棺木前，一蹲就是很长时间"。也正是如此，郑修钤承担了当时大部分的精细工作。

1972—1974 年间，郑修钤先后六次去长沙参与马王堆文物的复制工

1972 年，郑修钤在"马王堆"复制文物的工作场景

1973 年，郑修钤创作《東朝友谊》

作，是唯一一个全程参与的技术人员。在复制过程中，郑修钤尝试用多种手法去模仿漆棺图像，但都不尽如人意。"我当时就是不断地模仿，买了好几种针，一直去尝试。"在他的悉心观察和苦心钻研下，他发现针刻技术必须在漆器制作过程中，在漆灰上用极细的针进行雕刻才可以完成。失传两千多年的汉代漆艺针刻技术，重新在郑修钤的手上绽放异彩，他成为掌握此技术的第一人。忆起过往，郑修钤如数家珍："我记得当时用的是青岛红叶牌

的针。因为这种针的钢好，不会太软也不会太脆，坚硬度适中，很适合马王堆汉墓文物复制工作。"在郑修钤的苦心钻研之下，这项汉代漆艺针刻技术成为福州漆艺的一项新技艺。

1973 年，在参与马王堆文物复制工作期间，外交部给福建省下达了一个任务：绘制一幅漆画《柬朝友谊》，作为西哈努克亲王访问朝鲜时赠送给金日成的礼品。最终，年轻的郑修钤从多位候选人当中脱颖而出，承接了绘制任务，一个月之间完美绘制完成，受到了省外事部门的肯定。

1980 年，郑修钤到四川美院进修；2000 年被评为福建省专家；2003 年调到福州工艺美术技术学校工作，在中国传统漆艺的领域不断深耕创作。

现代针刻　重绽异彩

通过马王堆汉墓漆器的复制工作，郑修钤掌握了失传两千年的汉代漆

《青推光仿西汉针刻图案方盒》　郑修钤作（福建省工艺美术珍品馆收藏）

《青针刻图案三角脱胎瓶》　郑修钤作　　　　　《冬韵双口脱胎瓶》　郑修钤作

艺针刻技术，一条新的创作之路由此开辟。

　　1972 年 9 月，完成长沙马王堆的部分文物修复工作返闽后，郑修钤的第一个想法就是将在长沙复制文物时所学的针刻技艺与现代福州漆器相结合进行创作。他据此巧妙地设计制作了《青推光仿西汉针刻图案方盒》《青针刻图案三角脱胎瓶》《圆盒》《脱胎立盘》等。1973 年工艺美术展览时，得到省美协丁汀主席、李芝卿大师、省美术馆周峨眉的肯定，并多次在《福建工艺美术》杂志刊登。

　　《青针刻图案三角脱胎瓶》是郑修钤针刻技艺与脱胎技艺相结合的代表作之一。在这件作品上，他在黑漆质地上以朱漆勾绘出如意勾云纹、菱形纹等几何纹边饰，然后再用针刻出汉代传统的"龙虎斗纹"。这些针纹样精细，但针刻纹饰仍清晰可辨，层次分明，细若游丝，繁而不乱。尤其是刻出的龙纹与虎纹，更显神态飘逸、气宇轩昂。可以说，这件作品既传承了汉代漆器的精致，又呈现了现代审美的内蕴。后被国家博物馆收藏。

　　《冬韵双口脱胎瓶》是郑修钤的另一漆器代表作。在福州有许多专门为

人家加工脱胎漆器素瓶的小作坊，但有的小作坊为降低成本，除在所使用的漆上做些手脚外，在工序上也是能省则省。做一个脱胎素瓶，按常规至少需要三四十道工序，但如果减十道工序，表面的差别并不明显。所以为了保证自己的作品质量，也为了体现出自己的造型特色，郑修钤亲自动手，在自己的工作室里做胎，而双口漆瓶就是他的独创漆器产品。他的《冬韵双口脱胎漆瓶》源于北方的雪，主要画面采用白底蛋壳镶嵌而成。蛋壳的颗粒化作了将要融化的雪，与大漆变涂记忆浑然一体。在茫茫白雪中，黑树干上几片红叶显得格外鲜艳，引人注目。蛋壳镶嵌是福州脱胎漆器的一种传统装饰手法，但凡玩漆的基本上人人都用，但郑修钤与众不同，并未单纯浮于表面，而是融情入景，由心入画，有感而发，为情而动。

修复国礼　漆屏重光

20 世纪 50 年代，毛泽东主席将一《五扇博古屏风》作为国礼送给了尼泊尔首相。几十年过去了，它不仅色彩脱落，还出现了裂纹。无奈之下，2005 年，尼泊尔政府只好通过中国驻尼泊尔大使馆将受损的屏风寄到外交部后送回它的生产地福州进行修理。这件楠木漆艺屏风是 1954 年"公私合营福州脱胎漆器公司"的多位老艺人集体创作的，现今老艺人们大多已经不在人世，或者年老体衰无能力再去承担这项艰巨的任务。有关部门几经权衡，选中了郑修钤来完成这项任务。

这件国宝的正式名称叫作《五扇博古屏风》，是以楠木为胎的漆器工艺品，由五面屏风组成，每面 1.8 米高，宽 48 厘米。各扇屏风都以黑推光台花图案为框，框上绘着用锡箔制成的各种花草图案。每扇屏风中间都以红色为底色，光可鉴人，分别用两种不同的仿古代青铜器漆器制品点缀其上。五扇屏风一共是十件青铜制品，都可以取下来，每一件都具有金属的质感，纹饰清晰。

屏风一到郑修钤手中，他便倾注了全部心力，试图令其重放异彩。创

作之时，这几扇屏风都以
黑推光台花图案为框，框
上用几近失传的"台花"
工艺搭配锡片绘制着各种
花草图案。屏风的主体底
色采用的是调入金、银范
的"朱推光"，底漆上分
别用几种不同的仿古青铜
漆器点缀其上。整件作
品，除使用了几近失传的

2005 年，郑修钤修复《五扇博古屏风》

郑修钤与《五扇博古屏风》

"台花""印锦"工艺外，
还包括了薄料、仿古、淡
彩等多种传统漆器工艺，
整体雍容与华贵，低调奢
华。"当它被送来的时候，
上面已经出现了许多裂
痕，有些地方也断裂了。
原本光灿灿的工艺品早已
变得灰扑扑的，黯淡无
光，看起来十分陈旧。也
许是当地的气候对它有所影响，保管不善。"郑修钤说，这一方法由漆器老
前辈沈绍安所创。

　　尽管如此，当许多行家看到这件工艺品的时候仍然赞叹不已，认为这
是个国家级的宝贝，是福州传统工艺的一个典范。因为原本黑色的边框已
经变成了咖啡色，如果直接上漆的话，会把上面的花饰掩盖住。

　　如何修复这件国宝成为摆在郑修钤面前的一道难题。郑修钤在认真揣
摩之后，决定沿着花饰边缘将黑色的底刮掉一点儿，使花饰比周围略高一
些，在重新推光的时候不至于被盖住。在对那些青铜器物重新上漆的时候，
如何调出与前辈们用的颜色光泽完全一致，是个大难题。郑修钤几经琢磨，

终于找到了一种最适合的方法。先是将用烟熏过的银箔碾碎，磨成粉，再筛一遍之后，调在大漆里面，终于调出像文物那样厚重的青铜质感。器物上许多装饰有复杂拐角和弯曲的地方，要使得它们在色调上看起来完全一致，郑修钤不得不一边打着手电一边进行修复。"不管放在什么位置，总有光线照不到的地方，只能用手电照着，如果中途停下来的话，就会留下分两次完成的痕迹，成了一个'疤'。这活儿讲究一气呵成。这么一件精美的工艺品，不能因为我的原因留下一点儿瑕疵。"

当初这件国礼送回福州的时候，包裹得严严实实的，包装上还盖着封存印记。郑修钤说，这次完工后，省里有关部门和相关人员会先来验收，然后重新严密包装后经外交渠道送回尼泊尔。"这件《五扇博古屏风》凝聚了我们福州工艺师的心血，展现了我们传统手工艺的精华，能让它重新焕发光彩，在外国展现其魅力，这是我的荣幸。"

西方美学家文杜里（L.Venturi）曾提道："不能认为只有历史画才能表达道德感，杰出的静物画和风景画也能表达出道德感。"其实，无论表现何

《五扇博古屏风》 郑修钤重新装饰

种题材，作品在表达情感中必然会联系着某种道德倾向，不因循守旧，不剽窃抄袭，有强烈的艺术责任感。说真话，表真情，虔诚地奉献自己的艺术创作力等都是合乎道理的。2021年，接受政府的委托为尼泊尔典藏的《五扇博古漆器围屏》做修复工作，让郑修钤意识到自己肩负的责任，关联着友好邻邦的交往和维护中华漆文化的声誉。他"修旧如旧"的主张，也说明他不仅有着高超的修复技巧，而且有着高雅的审美力和坚定的自信心。

修复这样一件作品，虽不是自己的原创，却考验着修复者的综合技能和全面的艺术修养。这件屏风的修复完成，标志着郑修钤再攀新的艺术高峰，更体现了他对祖国的热爱与崇敬。他以敬业之心、神圣的责任感与使命感来诠释这次修复工作，令人敬仰。

谈漆论画：于漆艺间造就辉煌

对于一位从事漆艺的艺人来说，郑修钤取得了许多别人难以企及的成就，撇开上面提及的漆器创作不说，他在漆画方面也成绩斐然。其中，陈列于人民大会堂福建厅的《春、夏、秋、冬》就是他的杰作之一，作品《春到侨乡》《闽江之滨》《渔舟唱晚》《憩》等也多次获得全国大奖。

本文篇首中提到，郑修钤的画作曾亮相第六届全国美展，而在随后的几届全国美展中，郑修钤的漆画《憩》《布达拉宫》等作品更是屡获嘉奖。在那漆画刚刚迈进大雅之堂的年代，《布达拉宫》以极为明快、饱满的色彩和细腻的蛋壳镶嵌工艺营造出神圣、庄严与雄伟的视觉效果，这是任何其他画种的媒材所不能取代的。2003年，这件大型漆画作品还被推荐参加中国北京首届国际美术双展，"中国漆画"自此在国际美术活动中声名鹊起。

著名漆画家乔十光曾撰文："漆是世界上最黑最美的黑，漆黑之美，不在于黑，而在于它经过'退光'加工能产生一种'沉下去'的莹莹光泽，是那样的深远无限，又是那样的含蓄柔和。"月亮是伟大的诗人，它使万物

《闽江之滨》 郑修钤作

《富士印象》 郑修钤作

《憩》 郑修钤作

披上一层朦胧诗意。水也是，水中倒影往往更迷人，水中观画也有一种虚无迷离之趣。看漆画如水中观画，有一种特殊的魅力。

郑修钤的《渔舟唱晚》便是对此意境的最佳诠释。青退光的底漆既是天，也是水，借喷银以晕染髹漆的轻舟倒影，细腻而素雅，深沉而含蓄；精细不一的蛋壳、螺钿与恰当的金银粉交相呼应，星月相映，给人以水之清、夜之深的闲适与平静之感。

2003 年，郑修钤携《渔舟唱晚》参加法国巴黎的"中国文化年"艺术

《渔舟唱晚》 郑修钤作（中国工艺美术馆、俄罗斯国家东方艺术博物馆收藏）

展，《渔舟唱晚》位列开幕式展厅正中央，因当时艺术中心的规定，多位收藏家欲求而不能得。这无疑给浪漫的艺术之都法国留下深刻印象，也更增添了作品的魅力。

如今，郑修钤创作热情丝毫未减，新的漆器、漆画作品不断涌现。相信在这样执着、坚韧、严谨、敬业的工作精神之下，郑修钤新的艺术高峰很快就会到来。

"漆"乐无穷　匠心永续

作为老一辈的漆艺艺术家，郑修钤有幸受到良好的专业教育，因而他比常人更能认识与理解传统艺术传承的重要性及紧迫性。作为将福州漆艺从传统脱胎漆器向现代漆画引渡的一代漆艺家，他深感肩上责任重大，面对传统工艺转型期遇到的各种困难与问题，他始终站在创作的前线，为漆艺未来的发展披荆斩棘，殚精竭虑。

2006年退休后，已是花甲之年的郑修钤毅然在家成立漆艺工作室，坚持创作。同时，他受聘于福建师范大学美术学院和福建高等商业专科学校，

2006 年，郑修钤在福建师大授课时与漆艺班部分学生留影

从事漆艺教学工作，将这门技艺传承给更多热爱它的年轻人。

王自钦，毕业于福建师范大学，读书期间是郑修钤的学生，毕业后与郑修钤保持亦师亦友的关系。王自钦说，郑老师既是师父也像是自己的亲人，对自己爱护有加，亲授针刻技艺、漆艺技法，并帮他解决漆艺当中遇到的问题。王自钦说，老师在对学生授课的时候毫无保留，对学生不明白的问题有问必答，耐心地讲解漆艺中遇到的各种问题，并且对同学叮咛要珍惜学习时光，多创作，分享自己从事漆艺几十年的人生经历与对漆艺的热爱、执着。

2015—2020 年，郑修钤多次受邀四川美术学院、清华大学美术学院、福建师范大学、福建省艺术职业学院、闽江学院美术学院等艺术院校举办的漆艺高研班与非遗研修班传授漆艺。

从马尾亭江的画伞少年到国家级非物质文化遗产传承人，从路边的木工小学徒到中国工艺美术大师，郑修钤的人格和艺术造诣值得许多走上艺术之路的后辈们学习。谈到成为大师的秘诀，郑修钤坦言，道理很朴素，只有四个字："勤奋刻苦"。作为福建漆艺界领军人物，郑修钤走在漆艺界最

在徒弟王自钦工作室合影

郑修钤老师在工作室指导学生

郑修钤在四川美术学院非遗班讲授漆艺

郑修钤在清华大学美术学院漆艺高研班授课

郑修钤在教授学生漆艺

前沿，谈及漆艺的发展与传承，郑修钤坚信："通过越来越多的高素质人才进入这个行业，漆艺这门传统艺术的未来会越来越美好。"

"漆"望未来　民族之光

传统漆器工艺是中国非物质文化遗产中的重要一项，其核心材料是取自漆树的天然漆，国人称之为"大漆"，与现今流行的"化学漆"有天壤之别。实际上，"漆"所指本就是大漆，而化学漆仅为"涂料"，与"漆"本无干系。而今，化学涂料已经头顶"漆"字，遮盖了大漆本来的面目。比如，一说到"漆碗"，大部分人都会认为是刷涂过化学涂料的碗，担心危害健康而不会用作餐具。其实，天然漆器绝对是无毒无害的绿色环保用具，具有防腐、防潮、轻便、色泽沉着优雅等优点，是继彩陶、青铜时代之后，三国两晋南北朝青瓷兴起之前社会日用品中的宠儿。之后，漆器走上了重装饰的小众时代，服务于文人、贵族及宗教。

到了近现代，科技、产业升级之后，文化出现了断层，塑料制品大量兴起，漆器的国内市场全面萎缩。中华人民共和国成立后，漆器主要用于外销，但20世纪80年代的外贸危机，使最后的外销之路也被断绝。而今，在寻常百姓的生活中，真正的漆器已经很难寻觅。倒是有很多似乎意图追寻大漆历史记忆的商家，用了无端沾染"漆"字的化学涂料来大批量制作所谓"漆器"投入市场。更有甚者，大量充斥当下市场的所谓"雕漆"制品，直接用树脂灌浆压制成型，在所有要素上远离了漆器的本质，损毁了漆器的声誉。

当下，真正的漆器工艺只保存于少数的老艺人与高等教育体系中。依赖于国家非物质文化遗产保护政策的扶持，老艺人的传承有了一定的保障。郑修钤是中国工艺美术大师、国家级非物质文化遗产项目福州漆器代表性传承人。"文化遗产日"举办的百名工艺美术大师技艺大展邀请他到现场做技艺表演，但他已力不从心，只送了作品参展。提起带徒弟，先生一脸愁容，他说："现在的年轻人，无论文化高低，都愿意去公司打工，不会甘于这样又苦又累的工作。"可见，老艺人的传承之路也是步履艰难。

郑修钤称，目前漆艺这项技术面临着很多工艺技艺失传的情况，再加上漆器的经济效益低、工作周期长，导致价格一旦太高便无人问津。比如，做一个花瓶，从最初的脱胎到最后的成品，周期长，耗费精力巨大。现在从事脱胎器制作的工作人员年纪逐渐增大，不少人已经离开了岗位。即使现在大学的介入（开设课程），绘画水平比之前有了提高，但是技艺却很难真正地传承下来。

除此之外，郑修钤说，学习漆技艺是一个漫长的过程，对漆的理解和掌握是十分枯燥的事情，同时也面临着环境等问题。南方气候湿润，漆难以速干，时间一久，就会有灰尘掉进去，影响成品效果。虽然漆画的绘画技术很好，但是工艺技艺难以跟上，两者无法完美结合，成品自然不佳。漆画存在很多的偶然性，现在的漆艺、漆画艺术效果难以与好的作品比肩。再加上年轻人耐不住寂寞，无法静下心来专职从事漆艺创作，经济利润不高，技术水平不够，传承人青黄不接，老一辈逐渐老去，年轻人还未成名。

目前漆艺这项非遗传承，亟须得到关注与重视。

高等教育中的漆艺专业和漆艺课程在另一种体制内担负着培养漆艺专业人才的任务。总体上是以漆画做主导，化学漆遮遮掩掩混于其中。因为"大漆"的代用品普遍具有节省成本、节约人力的特点，高校体制中的漆艺无须承担过多的生产压力，对平面表现效果的追求更多一些，或者表现为对油彩、水墨等效果的追求。很多优秀的漆艺家毕生都在追求"漆"的语言。简言之，"漆"的语言倾向于沉稳的暗褐色调，有爱之，有弃之。总之，一切尚处于探索中。中国漆艺的发展之路应该回归对"大漆"的热爱及对"器"的追求。中国很多的艺术家已经或一直在此方面进行积极的探索，共同期待中国漆器的再度辉煌。

近两年来，福建省市文旅部门，在全国各地举办的文博展会上，为漆器从业者提供免费的精装展位。同时，福州市已在闽江学院、福建师大美术学院、福建省艺术职业学院等多所高校开设了脱胎漆器髹饰技艺专业，为福州培养了一批具备研究、艺术才能和制作能力的非遗人才。对传统手工艺的历史传承与现代保护，凝结了福州漆器历代艺人的智慧。但福州脱胎漆器工艺传承后继乏人的现象还是较为严重，具有精湛手艺的漆器艺人渐渐老去。遗产保护创新也要注重保护与开发为一体的思路。为促进福州脱胎漆器这一传统工艺的进一步发展，2006年，福州成立了漆艺基地。这是在原第二脱胎漆器厂厂房基础上建成的一个福州漆艺生产与保护基地，基地内设有展示厅、珍品馆、行业技术研发中心，带动福州漆艺产业进入一个新的发展阶段，为促进福州漆艺技术的传承、创新和产业发展构建了一个行业公共服务平台。

关于漆器的创新与发展，郑修钤提出如下五点想法。

一是应当让漆器工艺的传统作坊焕发生机。福州漆器产品生产的传统作坊很多，但主要生产传统漆器产品，缺少研发与创新能力，因此要采取必要措施，如，与学校教育结合，开展相关研发活动，创造与设计具有现代感且能发挥传统作坊生产能力的产品，这样既能保护传统漆器作坊的生存，又能培养传统漆艺工人具有现代技术，寻找创新改造的思路。传统工艺美术的技艺性和技术内涵体现在技能、技艺、能力等不同方面。脱胎漆器在经过漫长的历史过程中总结了它的技能、技巧、技艺的经验和知识。

二是在对传统脱胎漆器漆饰艺术语言继承的同时，要尝试进行科学与理性的改革，在创作过程中强调创作的观念，强调漆装饰雕塑的造型与髹饰取得完美的统一。这种观念就是追求符合时代发展需要的创新，不再是自然物象的再现，而是进行综合、提炼；在雕塑外表的漆艺装饰，重在强化和突出主题，提升审美意味。

三是要重视与福州地方民俗文化背景相融合。先进技术和文化的发展，往往会对地域性的民俗文化构成冲击。福州地方民俗文化是福州脱胎漆器工艺存在与发展的文化基础，漆艺传承人与地方民俗文化有着十分密切的内在联系。现代文化，尤其是都市现代文化对地方民俗文化的消解是非常明显的，福州的民俗文化也不可避免地会遭到淡化，原本以福州民俗文化为内蕴的福州脱胎漆器被廉价的现代文化衍生物所代替。如，廉价的塑料制品、一次性用具等，凭借其低廉的价格和更新的便利，占领手工艺品市场，给福州土生土长而又极具特色的脱胎漆器带来冲击。遗产保护的创新就是要重振地方性民俗文化，使具有传统手工技艺的福州脱胎漆器的实用型产品走进现实生活，成为地方性民俗文化与生活的产品。

四是脱胎漆器的发展必须立足于现代生活。大漆的物理性质极佳，有较强的应用性与适用性。福州的脱胎漆器如能结合本地地域经济、文化特色，开发出适合现代生活的新型漆器产品，漆器就可以在现代社会中获得自己的生存空间。例如，福建是我国茶叶的重要产区，武夷山大红袍、福鼎白茶、安溪铁观音等都是全国闻名的茶叶品种，漆器可以结合福建深厚的茶文化，应用到茶具、茶盘、茶叶礼盒的包装中；漆器丰富的髹饰效果也可以与家具装饰相结合。发挥地域文化特色，促进福州脱胎漆器与本地特色产业、创意产业间的相互联系与推动，引导传统漆器与现代生活接轨，必将是未来漆器发展的一个重要方向。展览也是推动漆器走入现代生活的重要手段。高质量的展览能促进漆器技艺的交流，扩大民众对漆器的了解，带动漆器的使用与收藏，进而为漆器产业营建良好的"生存环境"，推动该产业的发展。

随着福州民间宗教信仰的发展，各种宗教仪式和活动对于漆器造像的需求随之增加，并推动了脱胎漆器的发展。福州西禅寺供奉的一百多尊大佛就是 20 世纪末的脱胎漆器造像作品。福建佛教历史悠久，距福建距离较

近的日本、东南亚国家都信奉佛教，因此佛教造像一直都是脱胎漆器企业经久不衰的典型题材。佛教造像大多根据特殊需求定制，比如，一些公司、店铺就偏好土地、帝君等赋予招财镇邪之意的造像，而寺庙则需求各异，有佛陀、罗汉、观音、力士等。这类产品由于用于供奉，被赋予神佛的福祉，大多塑金身、嵌宝石以示金碧辉煌和庄严神圣。有的寺庙还会将个别造像、法器作为"镇寺之宝"。这类产品的特殊寓意使其在制作中要求采用高档的材料，而且制作本身就是一种宗教活动，要求德艺双馨的匠师斋戒沐浴完毕，心怀虔诚之心去造佛像。

漆器的应用范围是很大的，其中有的高档包装产品也使用漆器，尽管成本很高，但漆器本身的价值也提升了被包装产品的价值。如，赤宝砂仪表板、漆器装饰设备件、建筑装饰漆板、漆器包装盒、夹纻人体模型等，广泛应用在交通、建筑、包装、医学等行业中，使得传统漆器技艺与其他特殊行业密切相连，具有更为宽阔的开发市场。福州脱胎漆器工艺结合现代生活方式的需要，脱胎漆盘、漆盒、首饰盒、花瓶、烟具、茶具、咖啡具、酒具，以及酒店其他配套用品，发挥其光亮美观、不怕水、不变形、不褪色、坚固、耐温、耐酸碱腐蚀的特点，是星级酒店必备品。把传统漆工艺应用在现代漆器产业中，开发出更多的新产品已成为时代发展的必然趋势。

五是要高度重视与高等教育的结合。在福州的高校中，福建师范大学美术学院和闽江学院美术学院都开设了漆艺课程，并分别成立了福建师范大学美术学院漆艺创作与研究中心、闽江学院美术学院福州漆艺研究中心等机构，从事福建传统漆艺的研究和人才培养工作，学科建设已渐成气候。这种以高校教育为主体，以传统师徒传承方式为补充的传承体系，有利于漆艺人才文化知识与综合素质的全面培养，扩大技艺传承的范围，将成为未来福州脱胎漆器传承的主要途径。高等院校作为漆艺人才的集中地，应立足前沿，从理论层次和专业视角对福州脱胎漆器的保护及开发利用进行深入研究，为传统脱胎漆艺探索新的发展方向；作为学术研究机构，要注意发挥自身学术优势，组织和策划各类展览、研讨会，积极开展国际间的学术交流与合作，扩大福州脱胎漆器在国内外的影响。目前，我国的非物质文化遗产保护体系不断完善，高等院校也应从实际出发，结合各级政府文化部门的工作需要，开展相关的课题研究，为福州漆器的发展提供理性思路，为政府非遗保护工作出谋献策。这对于高校、政府及福州脱胎漆器的传承与保护工作来说，无疑是一个互惠共赢的结果。

郑修钤表示，种种举措的实施，目的是让更多人了解福州脱胎漆器的艺术价值，让福州脱胎漆器更有市场，也让更多从业者愿意继续从事漆器行业，并且培养更多人才传承保护福州脱胎漆器，延续福州漆艺的辉煌。

作为近现代漆画界的泰斗，郑修钤不仅代表了福州漆艺转型期的高超水准，更代表了老一辈漆艺家潜心创作、不断追求创新的精神，愿美轮美奂的千年漆艺在新一代的传承者手中发扬光大。

第六章

张美芳
坚持苏绣创新　传播中华文化

　　"文物化新，方成文化；苏绣创新，能生万象。"诺贝尔物理学奖获得者、世界著名物理学家李政道在苏州市科技局主办的苏绣艺术创新论坛上做了精辟的总结。张美芳回忆说："那是 2004 年 10 月，我荣幸地邀请到李政道担任苏绣艺术创新论坛的名誉主席。这次论坛举办得非常成功，来自国内外 50 多位专家、学者纷纷发言，为苏绣艺术的创新出谋划策，这在刺绣史上是从来没有过的盛况。全国各重大媒体，如，中央电视台等均到会场进行报道。"会议结束后，李政道建议张美芳成立苏绣艺术创新中心，并欣然提笔为她题字。自此，张美芳从李政道的手中接过了苏绣创新的重任。

　　张美芳，江苏苏州人，从 17 岁时开始学习苏绣至今，已在这一领域颇有建树。如今的她不仅是国家级非物质文化遗产项目代表性传承人、高级工艺美术师，还当选为全国人民代

苏绣艺术创新中心

李政道
二〇〇四年十月

2004 年，李正道先生提议成立
"苏绣艺术创新中心"，并亲笔题字

张美芳

表大会第六届、第七届、第八届代表。她还被评选为全国三八红旗手，担任过第六届中国工艺美术大师专家评委、文化部（现文化和旅游部）中国艺术研究院工艺美术研究所客座研究员、中国艺术研究院艺术硕士研究生导师及中国工艺美术学会刺绣专业委员会会长。她退休前曾在苏州刺绣研究所担任副所长，现为苏绣艺术创新中心艺术总监。

作为苏州刺绣艺术的引领人，张美芳坚持对苏绣艺术进行探索和创新。将艺术放在首位，对刺绣的诸多技法、色彩、丝理、底料创造性地进行运用，赋予刺绣作品更加完美生动的艺术表现力。她致力于将传统的苏绣技艺与现代艺术作品的呈现效果相结合，在挖掘整理传统针法的基础上，不断赋予苏绣作品新的艺术内涵。

在艺术领域深耕多年，张美芳还曾荣获第二届中华非物质文化遗产传承人"薪传奖"，享受国务院特殊津贴。她与李政道合作的刺绣作品《金核子对撞科学图像》在中国传统工艺美术精品大展获金奖，与吴冠中合作的刺绣作品《双燕》在首届中国工艺美术大师暨工艺美术精品博览会获金奖，双面三异刺绣作品《金丝猴与哈巴狗》被评为江苏省工艺百花奖参展精品之一，苏绣课题"高经纬密度真丝绸及工艺研究"被苏州市政府、江苏省科技局、轻工部等部门分别授予科技进步奖。张美芳老师的作品现如今已被中国工艺美术馆、日本良旭川博物馆、中国驻新加坡大使馆、外交部驻港公署等收藏。

结缘苏绣　渐入佳境

1946 年，张美芳出生于江苏苏州。1963 年，17 岁的张美芳高中毕业，当时许多高校减少招生，甚至停办。张美芳因此未能去大学就读，而是被分配到苏州刺绣研究所工作。

1967 年，在苏州刺绣研究所工作的张美芳

在此之前，张美芳从未做过针绣活儿，刚参加工作就要接触一个完全陌生的领域，有些始料未及。那一年，苏州刺绣研究所招了 150 多名人员，她勇敢地站出来说："我不喜欢刺绣。"时隔多年后，当张美芳在接受新华社记者采访时，提到这件事。记者对张美芳说："正因为您对刺绣现状不满意，所以您会有创新的冲动。"这句话给了张美芳很大的触动，创新意识从此在她的脑海中深深扎根。

苏州刺绣研究所是苏州刺绣研究的权威机构，不仅规模最大，而且涵括刺绣研究、制作、设计、装裱、染色、情报资料等一系列完整的研究制作体系。张美芳进入苏州刺绣研究所后，先进班学习，班名叫"刺绣专修班"。授课老师大多是女红专家，教学形式是集体授课加一对一单独指导，传授各类针法技艺。完善的学习课程，技艺精湛的老师手把手教学，再加上张美芳非常好学，身上有一股绝不服输的冲劲，所以她的刺绣水平提高很快。

张美芳学习苏绣的时候，一方面苦练基本功，在技艺上学习传统苏绣的各种针法、技法；另一方面，她还注重提升自己的文学艺术修养。1964—1966 年间，她报名参加了苏州业余大学的进修学习，主修文学。当时的授课老师阵容强大，许多是来自复旦大学的教授。张美芳一直认为苏绣学习不能仅停留在技术层面，更重要的是培养对艺术的感知力和鉴赏力，因此非常重视文化学习。她充分利用工作余暇时间，认真系统地学习了文化艺术知识，扩展了知识面，开阔了视野。

经过数年的苏绣学习，张美芳认识到要想做好苏绣，首先要继承苏绣的优良传统，一丝不苟地传承苏绣文化。苏绣前辈留下来的优秀传统技艺，是由无数刺绣艺人通过日积月累的经验总结出来的。尤其是一些经典名作，更是他们必读的范本。因为在这些刺绣作品的表达中，既演绎了各种针法、技法，又浓缩了传统刺绣技艺的精华。

"文化大革命"结束后，苏州刺绣研究所恢复"针法研究室"，张美芳成为其中一员，主要是绣制"小猫"及"人物绣"。其实，苏绣的针法非常丰富，种类达 40 多种。要想掌握种类如此庞大的针法和技艺，必须要刻苦训练。张美芳总结训练的三原则是：苦练、扎实、循序渐进。除此之外，没有任何捷径可以走。

考察文物　复制古绣

1972 年，震惊世界的长沙马王堆汉墓重见天日。马王堆汉墓出土了各种丝织品和衣物，有绢、绮、罗、纱、锦等，年代久，数量大，品种多，保存好，极大地丰富了中国古代纺织技术的史料。最能反映汉代纺织技术水平的是素纱和绒圈锦。素纱单衣轻若烟雾、薄如蝉翼，衣长 1.28 米，重仅 49 克，织造技巧高超，是当时缫纺技术高度发展的标志。绒圈锦用作衣物缘饰，纹样具有立体效果，需要双经轴机构的复杂提花机制织，它证明了绒类织物是中国最早发明创造的，从而否定了过去误认为唐代以后才有或从国外传入的说法。

为了研究马王堆汉墓出土衣物中的刺绣，1973 年 9 月 3 日至 15 日，受时任刺绣研究所所长顾文霞委派，张美芳和苏州刺绣研究所的几位同事奔赴长沙，考察马王堆一号汉墓最新出土的文物刺绣，调研复制墓室随葬

张美芳（前排右一）在湖南考察马王堆
汉墓时与同事们的合影

马王堆汉墓中所见绣样（左图为复制品）

的刺绣品，并负责撰写出土文物刺绣的调查报告。

　　亲眼见到 2000 年前的精美刺绣实物，张美芳此时此刻的心情是兴奋，是震撼，是感动。汉代的刺绣文化穿越了时空，来到张美芳的面前，让她了解到汉代绣品的材料运用、针法运用及图案的选择。考察两周后，张美芳撰写了《关于"马王堆一号汉墓"的出土刺绣调查报告》。后来，她还编制了《马王堆刺绣针法汇编》，将马王堆汉墓中的经典织绣纹样尽收其中，如蚕纹、乘云纹、方棋纹、铺绒纹、信期绣、长寿绣（绿棉袍、棠红色）、茱萸纹等，并对这些刺绣进行了复制。

独辟蹊径　学乱针绣

　　传统的苏绣针法，是以"密接其针、排比其线、不露针迹"见长。在那个年代，人们欣赏刺绣作品时，总习惯性地以"规整"作为好绣品的标准，认为整齐比散乱好，所以乱针绣很少被人认可。

　　张美芳没有随时代潮流而盲目跟风，她对于乱针绣有很多创新的想法。她认为乱针绣传承了这么多年，是客观的、自然形成的技艺，有其特殊的历史文化内涵。如果没有人继承乱针绣，就是对历史文化的不负责。基于这种考虑，从 20 世纪 70 年代后期开始，张美芳着手研究乱针绣，她

拼命寻找相关资料，考察其文化背景，为乱针绣的宣传和发扬做了许多工作。

对乱针绣的研究起于在针法研究室工作期间，张美芳遇到了创造乱针绣针法的杨守玉的两位高足——任嘒闲、周巽先。任嘒闲、周巽先回忆起向杨守玉学习乱针绣的经历，从他们的讲述中，张美芳对乱针绣慢慢产生了兴趣。她发现运用乱针绣绣制作品时，因其针法特有的不规律性，常常会使绣品更加神秘有趣。乱针绣通过色线交叉成形，起针落线出其不意，这种绣法在 20 世纪 70 年代大家所熟悉的四大名绣（苏绣、湘绣、蜀绣、粤绣）的各类针法中，独具魅力。

但是，在那个年代，许多人对乱针绣认识不充分。张美芳记得有外宾到苏州刺绣研究所参观时，翻译因为不了解乱针绣，在介绍时说："这种针法就是乱七八糟随便绣绣。"听到这种介绍，任嘒闲和周巽先特别生气，任嘒闲更是气得涨红了脖子，说："他们根本不懂乱针绣，在乱介绍！"张美芳的心里也很不好受，作为专业刺绣人员，她无法忍受别人如此轻视乱针绣。她产生了一种探索心理：乱针绣究竟是如何而来？杨守玉为什么要创造出来这样的绣法呢？怀着这份疑问，年轻胆大的张美芳请求任嘒闲和周巽先带她去拜访杨守玉。

1979 年 3 月的一天，在任嘒闲、周巽先两位老师的带领下，张美芳到江苏常州拜访了杨守玉。杨守玉 16 岁考取了常州师范的图工班，由当时在中央大学任教的吕凤子教授课程；20 岁毕业时，由吕凤子介绍，去丹阳正则女子职业学校任绘绣老师。张美芳因为对乱针绣有许多疑问，所以话语较多，不断地向杨守玉提出各种问题。杨守玉没有丝毫的忌讳或生气，她认真解答了张美芳的提问，让张美芳弄清楚了乱针绣的来源。原来，杨守玉在绣出第一幅《老头像》后，吕凤子十分欣赏，当即命名为"杨绣"，后在她一再推辞下改名为"正则绣""乱针绣"，可能是"乱针绣"这个名称听起来更通俗些，便延续了下来。

从常州回到苏州以后，张美芳对乱针绣的兴趣更大了，她想更深入地了解杨守玉与乱针绣。求知欲强烈的她，经过多方了解，得知时任苏州市领导的谢孝思是吕凤子的亲传弟子、得意门生，也曾是杨守玉在丹阳正则女子职业学校任教时的同事，便拜托任嘒闲、周巽先二位带她去拜会谢孝思。

从谢孝思那里，张美芳进一步
了解到乱针绣的独创性和杨守
玉的人文背景，还听到一则故
事。1952 年 10 月，亚洲太平
洋地区和平会议在京召开，会
前著名艺术大师刘海粟曾亲笔
写信给主持人郭沫若，向大会
推荐两幅绣品作为献礼。这两
幅绣品分别绣的是斯大林和毛
泽东像，绣像的作者就是杨守玉。

张美芳（后排左一）拜访杨守玉（前排右一）

　　张美芳后来又拜访了杨守玉几次，还到丹阳正则女子职业学校实地考
察。经过系统的整理和发掘，乱针绣的由来与其针法的独特性，在她脑海
里逐渐明朗起来。杨守玉擅长传统刺绣的针法技法，又熟悉西方绘画的笔
触色彩，熔画理、绣理于一炉，将传统刺绣的针法技巧和西方绘画的笔触
色彩结合起来，一改传统刺绣"密接其针、排比其线"的方法，运用长短
交叉的线条、分层加色的绣法，创造出别具一格的乱针绣。这是中国刺绣
历史上的一个重要发明，拓展了刺绣技艺表现的范畴，提升了刺绣作品的
艺术内涵。这些认识的提升，为张美芳后来在刺绣艺术上的追求打下了坚
实的基础。

　　张美芳一直致力于向社会宣传乱针绣。1982 年，张美芳撰写了《苏州
乱针绣的创始人——杨守玉》一文，发表于《中国工艺美术》1982 年第 2
期，详细介绍了乱针绣的创造过程和基本特征，以及乱针绣的创始人杨守
玉的生平事迹与突出贡献。同年 6 月，张美芳与任嘒闲、周巽先合作编著
《乱针绣技法》一书，由轻工业出版社出版。该书是中华人民共和国成立后
第一本关于乱针绣技法的专著。

　　1983 年，参加第六届全国人民代表大会时，张美芳向同是人大代表的
著名作家陆文夫介绍乱针绣。对方听了后说："你写篇文章，我给你在《苏
州杂志》上登载。"陆文夫是《苏州杂志》的社长、总编辑，所刊登的文章
大多是知名文人和学者撰写的，平台的名气和实力都很强。张美芳当时觉
得自己文笔尚稚嫩，但为了宣传乱针绣，她还是勇敢地撰写了《她创造了

张美芳撰写的《乱针绣技法》

乱针绣——记工艺大师杨守玉》一文。陆文夫接稿审阅后，安排刊登在《苏州杂志》上。

张美芳对乱针绣的一系列研究，为传统的刺绣注入了新鲜血液，引起了刺绣界及文化艺术界人士的高度关注，进一步将乱针绣推向社会公众，扩大了乱针绣在国内外的影响力。

在张美芳看来，乱针绣传给后代的不只是一种新的绣法，而且它拓展了刺绣针线演绎的范畴，不拘泥于平铺和整齐，以交叉的线条拓展了自由发挥的空间。在同一幅作品中，结合传统细绣与乱针绣的运用，因各自针法的特性，产生了动静、平乱、虚实的对比，从而更加丰富了刺绣语言的表达，提高了作品的艺术效果。

提高审美　献身艺术

1984 年，张美芳被任命为苏州刺绣研究所（以下简称研究所）副所长，分管技艺。当时所里有 320 多人，在全国行业内属于规模较大的研究所。

研究所的人才结构里，既有老一辈技艺水平很高的刺绣艺人，也有学艺才几年的中青年。关于人才的培养，张美芳采取了以下三方面措施：一是加强自身学习，她非常注重学习和刺绣技艺相关的艺术动态，勤做笔记，努力提高业务素养。二是落实到每一位研究所工作人员的素养提升上，针对所里人员结构情况，制定完备的培训方案，逐步增强大家在文学艺术修养方面的学习。三是落实到每一件作品的创制上，结合工作任务，紧扣每一幅作品，调动一切有利资源，深入研究、认真设计、精心绣制，实现织绣技艺表现与艺术意境呈现的完美结合，把每一幅作品的艺术水准提高到

张美芳创作的《新疆小女孩》《小猫》

现有条件下的极致水平。

张美芳认为，刺绣品要从工艺品提升为艺术品，这中间有很长的路要走，仅仅依凭刺绣工作者的感性和粗浅的认识及工艺手段是远远不够的。世界那么大，未知的领域与知识那么多，想要让绣花针做出更大的文章，仅凭个人有限的知识储备，显然是难当大任的，更不用说与国际接轨了。刺绣人员除了要掌握刺绣的工艺手段，还应补充艺术营养，如同绘画一样，"功夫在画外"，刺绣艺术的功夫应在刺绣技艺和作品之外。因此，大家需要不断地学习文化艺术知识，拓宽视野，提高审美感知力。

为了提高文化水平，张美芳邀请了许多老师到研究所上课。一方面，请研究所内资料室孙佩兰老师，创作设计室徐绍青老师、周爱珍老师为全所人员上课，讲刺绣历史、绘画与刺绣的关系等。另一方面，特地邀请了苏州大学的两位资深教授来授课，一位是杨大年，讲《中国美术史》；一位是万明山，讲《西方美术史》，两位教授共讲了一百多个课时。

此外，张美芳还邀请了许多著名的艺术家来传授艺术创作经验，如吴冠中、袁运甫、常沙娜、刘懋善等人。这些老师的授课，扩展了刺绣工作者的文化知识面，在他们心中播下了艺术的种子。

除了课堂授课，张美芳还热衷于组织大家参观各类展览。每逢有好的展览，不管是苏州本地的，还是邻近城市的，她都会组织设计人员和刺绣技艺人员前往参观，让大家尽可能地接受多种形式的艺术熏陶。有一次，

一个法国的油画展在上海展出，得知这一消息，张美芳立刻联系车辆、组织人员前往参观。到展览现场后，大家拿着笔记本，如饥似渴地仔细观看、记录，回研究所后进行了热烈的讨论。之后，一旦得知上海有相关的展览信息，张美芳都会组织大家前往学习。

在那个普遍重视技艺而忽视文化素养的行业环境里，张美芳的做法是极具超前意识的，她把文化素养的提升放在了重要的位置。为了拓展大家的文化知识，她邀请专家学者来授课，邀请艺术大师来分享创作经验，组织大家参观各类展览。通过一系列文化课的学习及艺术氛围的熏陶，使研究所技艺人员开阔了眼界和思路，深入了解到民族文化的博大精深及世界艺术的璀璨多姿。

观点前卫　着力创新

20 世纪 80 年代开始，市场经济蓬勃发展，全国刺绣行业迎来新的竞争。苏绣市场上出现了大批仿制粗糙的劣质苏绣刺绣品，题材局限于单调乏味的小猫、金鱼、花鸟等。一时间，在苏绣市场上，苏绣作品的种类有限、质量参差不齐。面对这种情况，张美芳苦苦思索如何有效地保护苏绣。

张美芳旗帜鲜明地提出了三个观点，"创新是对传统苏绣最好的保护"；"在刺绣题材上，既要采用传统经典的具有文化内涵的作品，又要和现代艺术相结合"；"作品的经济价值要蕴藏在艺术内涵的提高之中"。这在当时是很前卫的观点，即便放到今天来看也丝毫不过时。当时有许多人表示不理解，他们认为只要遵循传统、按照传统路数按部就班地做就好了。张美芳认为，绝对不能在原地踏步，老调重弹没意思，如果不创新，苏绣的水平就会停滞不前。

张美芳认识到刺绣的题材至关重要，为此，她对刺绣用材进行了创新研究。刺绣工艺的两个关键特性是：材美、工巧。刺绣工艺的用材包括底料、绣线，其中底料有绸、缎、绢、纱、绡等，这些材料应随着刺绣对象的变化而变化。随着改革开放的深入，为了适应不同的表现对象，刺绣题材日益丰富。经过调查研究，张美芳与当时丝绸生产的骨干企业——吴江新联丝织厂进行技术合作，主持了"高经纬密度真丝绡及工艺研究"专项研究课题。将常规绢纱底料的经纬密度，加以大幅度地加密，经过不断的调整，以适应刺绣工艺所需的特性。该项目的研制成功，为刺绣开辟新题材的运用提供了良好的契机。由于它的高密度、高透明，又可随刺绣题材的变化而不断改变色泽的特点，从而更好地丰富了刺绣作品的表现力。

对于传统刺绣题材小猫的绣制，张美芳做了全新创作。她与油画家周爱珍合作，由周爱珍设计《白底白猫》《黑底黑猫》，张美芳进行了刺绣创意设计。最终成型的《白底白猫》《黑底黑猫》刺绣作品，运用具象与抽象结合的手法，突出猫的五官，虚化了其他部位。就这样，人们喜闻乐见的小猫题材，以全新的面貌出现，让人眼前一亮。这幅作品推出后受到很多人的喜爱和欢迎，提升了艺术内涵的同时，也提升了经济价值。

20 世纪 90 年代，在与国内外艺术家合作的过程中，张美芳发现原有的刺绣色线跟不上题材的艺术水准。原有常规色线的鲜艳度达不到需要，这在传统绣线的染色用材中，从未涉及。查阅大量资料后，张美芳注意到稀土中的氧化镧具有增加染色鲜艳度的作用。于是，她主动联系了苏州大学实验室的王主任合作立项，展开"稀土染色在刺绣工艺上的运用研究"，以稀土中的氧化镧作为助剂。运用稀土染色技术，大幅度提升了常规刺绣色线的鲜艳度，成功展现出丰富的色泽层次和渗透力，大大提高了刺绣作品

张美芳主持研制、国家级工艺美术大师余福臻绣制的《白底白猫》《黑底黑猫》

的艺术内涵。

除了刺绣题材的创新，张美芳认为刺绣观念也要创新，要跳出技艺的思维逻辑，用艺术的理念来研制刺绣。这必然离不开与艺术家的合作。

1985年的一天，张美芳查阅美术杂志，看到一篇文章介绍辽宁画家杨德衡的故事。杨德衡是辽宁画院的副院长，擅长花鸟，尤其精于画鹤。为了更精确地画鹤，他每年都去丹顶鹤的故乡——扎龙湿地写生。看完文章，张美芳产生一个想法：鹤一直是刺绣的传统题材，是很需要变化的，能否请杨德衡到苏州来给大家详细讲解一下鹤的形态呢？大家对鹤的了解越多，那么绣制时就会有不同姿态的鹤出现，这样就可以进行创新了。有了这个想法以后，张美芳立刻行动起来。她通过杂志社找到杨德衡的联系地址，写信邀请他莅临研究所指导。

幸运的是，杨德衡很快给张美芳回了信，表示很愿意合作。就这样，张美芳成功地邀请到杨德衡到研究所。杨德衡给大家讲述了鹤的生活习性，以及各种姿态等。他先后多次给技艺人员上课，与大家交流创作心得。当时的交通还不是很发达，苏州到辽宁每天只有一班深夜的车次，杨老师往返两地通勤很辛苦。研究所的人每次送他去火车站坐车，都被他的真诚和敬业精神所感动。

杨德衡专门创作了以鹤为主题的画稿，供张美芳研制刺绣。张美芳拿到画稿后，立即组织团队进行绣制，出来的效果很不错，绣制的鹤既保留了传统技艺的精华，又增添了生活气息的新意。

杨德衡现场讲授鹤的姿态特点

1986年，作为刺绣界的代表，张美芳参加第六届全国人民代表大会期间，机缘巧合下，跟随时任南通市市长的朱剑拜访了著名画家、中央工艺美院教授袁运甫。张美芳向袁教授介绍了苏绣，并尝试向对方征求画稿。袁运甫对与苏绣的跨界合作十分感兴趣，同意将自己的画作交给张美芳创作刺绣作品。

张美芳主持绣制袁运甫创作的《玉兰蓝鹊》《泼墨荷花》两幅作品。她多次组织团队仔细分析画稿、讨论针法和技法，最终决定运用乱针绣和传统细绣结合的手法来研制作品。绣制期间，张美芳邀请袁运甫到研究所进行艺术指导，袁运甫充分肯定了她的创作思路。此后，张美芳又多次邀请袁运甫到研究所，给研究所内创作人员和技艺人员上课，袁运甫深入浅出地讲授艺术知识，让大家获益良多。

1988 年，张美芳参加第七届全国人民代表大会，与时任中央工艺美院院长——常沙娜相识。在会议的休息期间，常沙娜特意到江苏代表团所在的区域，找到张美芳，微笑着说："你是张美芳吧？我看到你和袁运甫合作的刺绣作品，绣得真好呀！有机会我们以后也可以合作呀！"常沙娜亲切的言语，拉近了两人之间的距离。后来，常沙娜邀请张美芳去中央工艺美院参观展览。在那里，张美芳见到了无数著名画家丰富多样的作品，大为震撼。

常沙娜长期在中央工艺美院任教，也经常参加工艺美术行业的会议和展览，所以对刺绣行业的现状和存在的不足十分了解。有一次，她跟张美芳说："美芳，你们绣制的这些作品，千万要把握整体的大格局，远看是一幅很漂亮的艺术品，近看才知道是刺绣。"

常沙娜的话给了张美芳很大启发。刺绣是一针一线的工作，从局部到整体。在绣制大幅作品时，人们往往把着眼点放在局部的细微的地方，而忽略了整体的效果。由于刺绣工艺的特性，丝线会产生折光，如果不把握整体的效果，很容易造成作品整体效果眼花缭乱、支离破碎的问题。常沙娜的话让张美芳深受启发，一定要把"整体"这个概念牢牢地记在心中。

两人合作了多幅刺绣艺术作品，有《银星海棠》《仙人掌》，以及存放在首都新机场贵宾室的《双面绣四季花卉屏风》等。在创作《双面绣四季花卉屏风》时，张美芳没有重复原来传统刺绣关于花卉的处理方式，而是根据画家对"工"和"艺"的关系，着力在刺绣的线条处理上加以改变，让技巧服从效果，从而较好地烘托了整体的艺术效果。

与众多艺术家的合作，让张美芳获益匪浅，一是通过作品的合作，与艺术家之间形成良好的沟通，大家的互动多了，交流的积极性提高；二是开拓了眼界，提升了审美水准。

张美芳主持研制的《玉兰蓝鹊》《泼墨荷花》

张美芳主持研制的《银星海棠》《仙人掌》

张美芳主持研制的《双面绣四季花卉屏风》

刺绣国礼　为国争光

张美芳创作过一些具有重要时事意义的刺绣作品，比如，为外国国家元首绘制绣像，为庆贺香港特区、澳门特区回归而绣制作品。

有一天，一位中国香港的朋友给张美芳寄来一份香港报纸，报纸中提到英国的伊丽莎白女王将在 1986 年对中国进行国事访问。这是中华人民共和国成立以来，英国女王的首次访华，张美芳觉得意义重大，她产生了一个想法：如果自己能给伊丽莎白女王绣制一份肖像作品，在女王访问时赠送给她，对两国来说应该会是一件非常有意义的事情吧。张美芳是一个执行力很强的行动派，说干就干，她立刻写信给英国驻华大使馆，说明了去信目的，并恳请使馆提供伊丽莎白女王的肖像照片。英国驻华大使馆收信后，表示很支持她的计划，很快就寄了伊丽莎白女王的肖像照给她。

接到照片后，张美芳立刻着手组织技艺人员研制《英国女王绣像》。1986 年 8 月，完成《英国女王绣像》后，张美芳和技艺人员一同前往外交部，向有关领导汇报绣制情况。外交部对此很重视，派了两位副部长亲自接见张美芳一行。聆听张美芳介绍《英国女王绣像》的技艺特点及艺术价值后，他们表示十分赞同，决定征集作为国家元首级礼品。1986 年 10 月，英国女王正式来华访问时，时任国家主席李先念和夫人将《英国女王绣像》作为国礼赠送。

1988 年，张美芳在参加全国人民代表大会期间，时任江苏省副省长张绪武提议她绣制一幅邓小平同志的绣像。新华社记者李树忠去采访张美芳时，他提到有一幅题为《82+1》的摄影作品在国际上获奖，那张照片是反映邓小平同志亲情的一幕。张美芳听说之后，拜托李树忠找到了照片，然后组织相关人员

张美芳主持研制的《英国女王绣像》

邓小平、卓琳亲自观看《82+1》刺绣作品

开始设计《82+1》刺绣作品。为了突出人物形象，张美芳决定对服饰运用虚实乱针绣的技法，从而提升绣品的整体感和艺术感。

作品完成后，由邓小平同志的秘书——邓榕在人民大会堂进行作品交接，作品也由邓小平办公室收藏。邓榕对张美芳表达了谢意，并询问她有没有什么请求，张美芳感到很惊喜，便询问能否请《82+1》的原摄影作者杨绍明拍摄邓小平同志亲自观看刺绣作品《82+1》的场景。一周后，张美芳收到了邓小平夫妇观看刺绣作品的照片，她感到无比激动，能得到领袖的认可，这是多么

张美芳主持研制的刺绣作品《82+1》

光荣的事情啊！她拿着那张珍贵的照片，心中的敬意与温暖久久无法散去。那张照片给张美芳留下了永恒的美好回忆。

1997年7月7日，香港回归祖国之际，张美芳主持研制了大型刺绣《彩墨荷塘》。

《彩墨荷塘》色调浓郁，笔墨淋漓，丰满中见层次，大气中见细腻，具有印象派绘画风格。作品以针代笔，以线代色，大胆运用线条交叉重叠，又宜于镶色的大乱针针法绣制，并细心把握原作墨与色的韵味、虚与实的对比、点线面的节奏，将夏日江南荷塘浓郁、繁密、秀美表现得丰富而有情调。作品获外交部致函表彰，并被外交部驻香港特派员公署收藏，现陈列于外交部驻香港特派员公署贵宾室。

张美芳主持研制的《彩墨荷塘》

张美芳主持研制的《金色秋天》

1999 年，澳门回归之际，张美芳主持研制了两幅大型刺绣作品《金色秋天》《荷花》。作品亦获外交部致函表彰，并被外交部驻澳门特派员公署收藏，现陈列于外交部驻澳门特派员公署贵宾厅。

作为一名苏绣艺术工作者，看着自己的刺绣作品能被选为国礼，是一份无上的光荣。一方面，这代表了国家层面对苏绣的认可与肯定；另一方面，让国际友人领略苏绣作品的魅力，让中华民族优秀传统文化在国际舞台上绽放异彩。

糅合摄影　中外合璧

1986 年，经中山大学引荐，张美芳与美国著名艺术摄影家罗伯特相识。罗伯特第一次到研究所时，张美芳与他相谈甚欢，聊得很投机，不知不觉就聊到了中午。张美芳让同事买了一包苏式家常点心当作午饭，两人边吃边聊。有同事知道这件事后，说张美芳接待外宾不懂礼仪，薄待了外宾。张美芳一门心思放在和对方商讨苏绣艺术上，忽略了这一点，经同事提醒后，她向罗伯特表达了歉意。没想到，罗伯特丝毫没有在意午饭吃什么的问题，他说："我不是为食物而来，是为艺术而来。"这让张美芳感受到对方对苏绣艺术的尊重和向往。

双方合作的第一幅刺绣艺术品是《雪松》。罗伯特将《雪松》照片交给张美芳时，很郑重地告诉了张美芳照片的由来。据罗伯特描述，某一个冬天，他去美国的阿拉斯加，天气很冷，大雪纷飞，在路上眼睛都睁不开。他躲在山洞里避雪，等待的过程中，无意中将相机镜头伸出山洞，拍到了这张自己十分满意的照片。照片中，雪花和松树相互映衬，意趣朦胧。

张美芳时常被罗伯特那句"为艺术而来"的话而感动，因此接到《雪松》的创作任务后，她和技艺人员研究刺绣方案时，对他们说："我们的作品一定要超过他的预想。"

反复推敲《雪松》的艺术意境后，张美芳认为这幅刺绣一定要突出朦胧的意境。由于常规的刺绣底料为缎、绢、纱等，都是经过机器织造而成，经、纬均匀平挺，张美芳大胆地提了一个建议，运用超薄型的缂丝作为刺绣底料。因为缂丝的织造是手工拨梭，缂丝自然的曲纬会凸显手工痕迹的肌理，形成底部半透半明的质感，呈现出朦胧的意境。

张美芳主持绣制的《雪松》

绣制雪花时，张美芳提议用传统的打籽针、松子针，但运针方法要有所突破。传统运用这些针法的要求是大小一致、排列整齐，张美芳的要求是散乱排列、大小随意，这样能增加针法的表现力，使作品既有传统绣法的韵味，又有新颖的观赏效果。

当罗伯特见到《雪松》刺绣作品时，他惊呆了，虔诚的目光注视着这幅绣品，久久不愿离开，不断赞美作品美妙极了。

这次合作给了张美芳一个启示：要制作一幅优秀的刺绣精品，既要继承传统，又不能受传统思维的束缚，而是要在传统的基础上不断拓展刺绣技艺运用的空间。

罗伯特将《雪松》刺绣作品带回美国后，他告诉张美芳，有一天晚上，他把灯都关了，点了支蜡烛，在《雪松》面前静静观赏，觉得实在是太享受了，中国的刺绣艺术是如此的神圣。这让张美芳直接地感受到，当完成的刺绣作品超过别人预想时，马上会被人刮目相看，而且会形成良性循环的互动，促进双方进一步合作。事实果然如此，此后20多年，张美芳与罗伯特保持了良好的合作。每一次合作，张美芳都拼尽全力，在心中暗下决心，"一定要超过他的预想"。

也许是对与罗伯特的合作保持了高标准的要求，每次接受罗伯特的定制任务时，张美芳都如履薄冰。罗伯特每次到中国和张美芳谈事，一幅作品往往要花上两三天的时间来探讨，他会细讲摄影照片的由来和特点，张

罗伯特（右一）与张美芳（右二）交流刺绣

美芳也会详细讲述创作计划。两人讨论到晚上十一二点是常事。有一次，受邀充当临时翻译的贺善安教授（时任南京中山植物研究所所长）俏皮地说："我这个临时工任务很重，你们讲的都是很专业的话，我是两面学习。"他的高水准翻译让张美芳与罗伯特之间的讨论顺利进行。20 多年的合作也让两人变得默契，能十分准确地明白对方的想法。

有一年，罗伯特居住的洛杉矶发生地震，他迅速给张美芳发了一个传真，告诉她："你放心，我带回来的刺绣作品保存得很好，一点儿都没有损坏。"这让张美芳很感动，这是罗伯特对她人格的尊重。在地震灾难前，他竟然还记挂着刺绣作品，而且还特地发传真给作品的制作者，可见他有多么喜欢且看重那些刺绣作品。

张美芳认识到，与国外艺术家的合作，只有不断地学习，不断地完善自我对艺术的理解，并贯穿在每一幅作品的创作中，才能赢得原创作者的艺术共鸣和认可尊重。

1993 年，张美芳赴美国参展交流，在纽约、洛杉矶、波士顿参加相关活动。为了拓展自己的艺术视野，她充分利用出访活动的业余时间，连续参观了几十家当地的美术馆和博物馆。当时有人笑着问她："好不容易来一趟美国，怎么不抓紧时间去游玩，而是跑去参观展览了？"张美芳回答："因为我们懂得太少，所以一定要抓紧时间来学习。眼界有多高，作品就能有多深。"

在美国参观展览，张美芳受到了很多艺术熏陶和启发，她细细地端详每一份艺术作品，认真做笔记、写心得，心中也不断构思出新的艺术设想。张美芳从中学到了很多西方艺术的表现手法，极大地改变了思维方式，决心要使苏绣艺术走向多样化和个性化。

1996 年，张美芳完成罗伯特的摄影作品《晨曦红枫》的刺绣工作。罗伯特的原作层次丰富、朦胧微妙。张美芳和刺绣技艺人员研究后，提出用刺绣的线条展现丰富的层次，不断变化刺绣线条的粗、细、虚、实，让画面在变化的韵律中显示美感。但绣制工作刚开始，他们就遇到了一个难题：罗伯特作

张美芳主持研制的《晨曦红枫》

品上的红叶茎脉毕现，这很难用刺绣表现出来，尝试过原有的全部针法，效果都不尽如人意。

在食堂午餐时，技艺人员赵丽霞觉得很苦恼，因为找不到一个贴切的针技法来表现画面中红枫特有的肌理效果，她哭着对张美芳说："我做不下去了。"赵丽霞是一位刺绣技艺水平很高的技艺人员，平时从不会轻言放弃。张美芳安慰她："别急！我们一起来想办法！"张美芳详细地查阅了全国各地的刺绣针法，发现确实很难找到现有的针法来表达，那只能突破常规，改变

张美芳为"丝之光"展览剪彩

现有针法的表现手段，才能表现出枫叶茎脉质感的自然形态。

张美芳产生一个灵感。她去医务室取了几枚针灸针，在绣绷上与赵丽霞商量，试着把劈细的色线缠绕在细长的针灸针上，再运用比较特殊的手法，把连贯的缠绕好的绣线绣制在叶片上。试了几根后，发现终于有了贴切的针法效果。大家一致认为这个针法可以称为"管子针"。

《晨曦红枫》刺绣作品完成后，呈现出耳目一新的针法肌理质感。参加

展览后,受到美国福勒博物馆(与耶鲁、哈佛大学所属的艺术博物馆地位和水平相当)的艺术家们极度推崇。他们将这幅刺绣刊登出来,作为该馆出版的"丝之光"展览专辑的封面,并特地放出"管子针"的特写,用作该场刺绣展的大型宣传画报。

1999年3月,张美芳应邀参加洛杉矶Fowler艺术博物馆举办的"丝之光"展览。这是中国刺绣艺术品第一次进入美国的知名博物馆展出。张美芳受福勒博物馆馆长的特别邀请,为展览剪彩。

在"丝之光"展览现场,美国观众近距离欣赏到大量苏绣精品。有一对哲学家夫妇参观后,对张美芳说:"通过这些感性的、物质的刺绣作品,使我上升为精神上的享受。"还有一位观众说:"艺术是无国界的,美的东西人人都喜爱。"看着眼前辛苦研制出来的刺绣作品,走出国门依然得到无数观众的认同,张美芳感到无比骄傲。

2001年11月,张美芳开始研制罗伯特的抽象风景艺术摄影作品《缂丝屏风》的刺绣工作。这是一幅到现在也让张美芳感到骄傲的刺绣佳作。

传统缂丝是手工在小木机上运用"通径断纬"的技术手法织制,其缂线粗细通常是一样的,表达的画面自古以来以具象图案为主,如牡丹花、扇子、山等。如果用这种技艺来表达罗伯特这幅抽象形式的作品,因为本身工艺的特殊性,要想织造出作品中不同质感的对象,如水、沼泽、石头等,难度很大。

与技艺人员探讨后,张美芳提出一个大胆的方案:改变多年以来沿袭的传统手法,在装机径线时,把原来排列的1000多根,增加至3000多根。增加密度的用意,是为了在缂线缂织时增加发挥的空间。在具体织造时,根据不同的表达物象,灵活运用粗细搭配,以最细的色线去配制,这是前所未有的大胆尝试。

最后完成的《缂丝屏风》刺绣作品,运用的缂丝线有的很粗,有的极细,最粗的与最细的色线相差60倍,完全不同于传统刺绣对线的普通需求,这些又细又长的缂线的运用,极大增加了研制难度。好在最后呈现的效果极好,刺绣作品中的水是透明的、流动的,石头是坚硬的,沼泽是若即若离的。此外,张美芳在色彩的选择上也下了功夫,选择在径面采取局部多色拼线等手法,以丰富画面的艺术感染力。

张美芳主持研制的《缂丝屏风》

《缂丝屏风》最终于 2003 年制作完成，罗伯特观看了这幅刺绣作品后，给张美芳寄信表示："效果比预想的还要好，美妙极了！"

回首《缂丝屏风》的创作历程，张美芳总结，真正用心去制作绣品，就会不断地给自己出难题。假如仅仅按常规去做，也可以做出来，但作品呈现的艺术效果是完全不一样的，根本达不到预想的理想效果。创新的确是很痛苦的过程，但同时也是很愉悦的过程。

联手画家　打造精品

吴冠中是国内外享有盛誉的著名画家，张美芳与吴冠中之间有长达 20 多年的合作，她以吴冠中的画作为蓝本，完成了多幅刺绣精品。双方在交流苏绣艺术的过程中，吴冠中对张美芳说过的两句话，对张美芳的影响很大，成为她时刻提醒自己的格言。第一句话是"重复传统就等于零"；第二句话是"局部一定要服从整体"。

　　1996年，在学习相关艺术书籍和资料后，张美芳发现吴冠中的绘画作品很适合与刺绣技艺相结合，便很想去请教吴冠中，并希望争取他的同意，绣制他的画作。然而，张美芳几次托人想拜访吴老，都没有成行，有人跟她说："这老先生很犟的，蛮难打交道的。"但张美芳一直没有放弃这个想法，凡是她觉得适合入绣的作品，她都想努力试试，争取让苏绣与画作结合出完美的艺术品。

　　功夫不负有心人，机会终于来了。时任中央工艺美院院长常沙娜，与张美芳同是第七届全国人大代表，也有作品合作，邀请张美芳去参加中央工艺美院40周年校庆活动。在校庆展览上，张美芳看到一幅吴冠中的《春雪》，她很喜欢这幅画的艺术意境。返回苏州后，张美芳和技艺人员商量着先把《春雪》绣出来。绣制的针法使用的是乱针绣，乱针绣通过层层加色，交叉的线条较好地表达了原作。后来，在苏州工艺美校王副校长的费心引荐下，张美芳第一次拜访了吴冠中。他很认真地看了张美芳带去的《春雪》刺绣作品，连连赞道："这个好！这个好！"

　　从此以后，两人之间开始了长达20多年的合作。20余年间，张美芳每年都要去拜访吴冠中，就刺绣艺术创作中遇到的问题、感想等请教他。吴冠中每次都是真诚以待，直言相告，对刺绣艺术的点拨十分到位，他说："路遥知马力的'力'字，主要在文化底蕴上。"告诫张美芳，刺绣人员要不断学习，提升自身的文化水平才能把刺绣做好。这与张美芳的想法一致，她平时就要求技艺人员多补充文化艺术知识，还多次邀请教授、艺术家等到研究所授课。此后，张美芳邀请了吴冠中赴研究所，给刺绣技艺人员授课。他以艺术理论为切入点，结合刺绣，深入浅出地讲授了许多知识。大家听完后觉得受益颇多，开拓了创作思路，提高了艺术水准。

张美芳主持研制的《春雪》

　　1999年，文化部主办"吴冠中大型个人画展"。吴冠中是第一位获此殊荣的在世画家。吴冠中跟张美芳提议，可以配合该展举办"吴冠中作品刺绣展"。张美芳欣喜万分，立即筹划、主持研制了以吴冠中画作为蓝本的刺绣作品 20 余幅。

1999 年 11 月 4 日，"吴冠中作品刺绣展"在北京国际艺苑举办，吴冠中百忙之中抽出时间，亲临开幕仪式，致开幕词、剪彩。开幕式上，法国和英国的诸多著名博物馆、艺术馆的知名学者和艺术家前来参观，著名旅法画家朱德群也在。来宾们观看刺绣作品后，一致表示刺绣艺术品展现出来的效果令人惊艳。

吴冠中十分仔细地观看了每一幅绣品。看到《双燕》时，张美芳介绍了创作想法，作品中的白墙部分不绣制，因为如果要是绣了的话，密密麻麻排列的白色绣线会产生大块面积的折光，从而喧宾夺主影响画面的整体性。房屋轮廓及门前的一棵树要绣得十分精到，甚至上面的绿叶要用 1/24 的丝线来绣，使整幅绣面虚实结合，精致耐看。吴冠中看着这个充满新意的创作，露出了欣慰的笑容，他说："白墙不做，正好与我不谋而合，当时

张美芳主持研制的《双燕》

历史的厚赠

——国家级传统工艺传承人的匠艺之路

张美芳主持研制的《苇塘春》《丁香》

我在画《双燕》的时候，用的是宣纸，也没有涂白色。"

吴冠中对每一幅作品都不吝赞美。有一幅《苇塘春》，张美芳采用了乱针绣与细绣结合的手法，下方的一片杂草用的是乱针绣，上方几枝突出的嫩叶运用细绣，苗叶经过细线细密转折，产生了丝线特有的光泽与亮度，与下方的杂草形成反差。吴冠中看到这幅刺绣作品后，说："这比我的画好！"有一幅《丁香》，他觉得绣线的粗细和色彩的搭配，虚实关系处理得很好。

与吴冠中 20 多年的交往中，这位大画家从来没有在张美芳的面前表现出来丝毫怠慢和不屑。他每一次都真诚地接待张美芳，与她畅谈艺术知识，讨论苏绣艺术的创作。有一次，张美芳在北京出差，因白天有事，到了晚上 8 点多才给吴冠中打电话，问能否前去拜访。吴冠中丝毫没有介意大晚上有人到家拜访是否会影响自

己的休息，他非常爽快地说："噢！张美芳啊，你来！"还有一次，吴冠中在《光明日报》发表文章，其中谈及刺绣创新。文章刊登后，吴冠中立即给张美芳打电话，跟她说："我认为你们的创新是对全行业的启迪。"

张美芳向吴冠中请教

科学艺术　直面挑战

2000 年 6 月，在常沙娜和中国科学院柳怀祖的陪同下，诺贝尔物理学奖获得者、世界著名物理学家李政道到研究所参观。参观结束后，李政道对研究所创新研制的刺绣艺术品十分认可，他说："今天看到的苏州刺绣，大大出乎我的意料，你们的刺绣品已经从二维空间向三维空间发展，是一个很大的突破。"这句非同寻常的评价让张美芳受宠若惊。来自著名科学家的鼓励和赞美让张美芳对苏绣倍感自信，对创新也更有动力了。

同年 10 月，李政道邀请张美芳为他研制一幅刺绣作品，内容是他的"金核子对撞科学图像"，要求一定要绣制出动感、闪烁感和刺绣的肌理感。乍一听到这个事情，张美芳觉得太不可思议了，因为刺绣表现的图像一直都是有明确形状的，比如，风景、花鸟、人物等，现在要把这样一幅形状轮廓不明、色彩又充满爆发力的图片变成刺绣，简直是无从下手。她觉得用刺绣来表达科学图像，没有把握，不敢在李政道面前轻易答应。李政道知道张美芳的担忧后，跟她详细讲解了这幅图像。他循循善诱的教诲让张美芳很感动，也慢慢打消了她的疑虑，于是接下了这个任务。

经过多次调研，张美芳发现若想完成李政道的作品，刺绣材质方面需

李政道（中）、常沙娜（左）

要改进。传统刺绣用线为真丝绣线，它的截面是椭圆形的，绣制出的刺绣作品线条光泽柔和婉约，而给李政道制作的刺绣作品需要体现出核子碰撞时折射出的强烈光感。显然，传统的刺绣用线无法很好地表达出这种意境，要想达到效果，只能突破传统绣线，找到一种全新的绣线材料。这是一项巨大的挑战，但张美芳没有退缩，"科学图像的演绎，一定要寻求科学的思维方式去表达"，李政道的话一直在张美芳耳旁回响，鼓舞她用科学的方式去直面挑战、解决困难。她多方打听，到处寻找新材料。

在海量的文献阅读中，张美芳了解到有一种叫天蚕的野生蚕的丝，称为"钻石丝"，它的截面是三角形的，正好符合张美芳对新材料的要求。为了找到这种"钻石丝"，张美芳接连发出十多封信给相关单位。有单位回信告诉她，因天蚕至今只能野生产丝，产量极低，所以价格比黄金还贵。还有没有其他的办法呢？能研制出类似的材料吗？张美芳紧锣密鼓地寻求与有关厂家的合作，联合开展科研攻关。

科学研究的过程是困难的、痛苦的，伴随着无数次的失败，但张美芳不灰心、不气馁，屡败屡战。经过反复试验，她终于成功研制出截面特殊的刺绣材料——"异形丝"。这种材料的成功研制和运用，使刺绣作品中的自然弧度的刺绣线条产生强烈的折光感。

2000 年 11 月底，张美芳初步研制出《金核子对撞科学图像》刺绣作品小样（约 20 厘米见方），寄送给李政道审阅。在纽约的李政道见到后，给予了很高的评论，他给张美芳写信道："你着重以线条的力度、彩色改变的效果和以不同粗细虚实的艺术手法来表现它们，这些艺术的思考和这些介子、重子（总称粒子）的科学过程是不谋而合的。"这封回信让张美芳长舒一口气，看来她两个月的努力没有白费，她找到了《金核子对撞科学图像》刺绣的准确定位，她寻求的新材料、运用的刺绣方法和技艺都是非常到位的。

张美芳研制《金核子对撞科学图像》刺绣小样

后来，遵照李政道的要

李政道先生亲笔信

求，张美芳和技艺人员把作品放大至 1 平方米的规格，并制成了"双面绣"。2001 年 5 月 31 日，在北京召开的"科学与艺术"展览会上，李政道特地将《核子对撞科学图像》刺绣作品放在展厅的重要位置进行展示。由于运用了"异形丝"，更加恰如其分地表达了原作中核子瞬间碰撞的光线折射及其巨大的爆发力，受到了前来观展的中央领导及各界人士的一致好评。李政道与知名画家吴冠中对这幅刺绣也大加赞扬，两人同声赞其为"神品"。这份赞美大大出乎张美芳的意料，也让她感受到一种新的喜悦，关于把苏绣与科学完美结合的喜悦。

　　张美芳通过艺术和技术的双重思考，以不同的针法、色线、疏密表现了深奥的物理现象，将科学与艺术完美结合起来。她很开心自己的作品能获得李政道的认可，不是因为对方是一位享誉世界、德高望重的科学家，而是她感受到李政道理解了自己的刺绣作品和创作理念，一来让她有一种遇见知音的感觉；二来促使她进一步学习到刺绣与科技创新融为一体的益处。对于刺绣艺术与科学的结合，她认识到两者是相辅相成的，科学能帮助刺绣更好地展示，同时艺术的深度可以得到进一步发掘。

　　此后，李政道对张美芳和苏绣颇为关注和照顾。2004 年 10 月，苏州市科技局主办"苏绣艺术创新论坛"，荣幸地邀请到李政道担任论坛的名誉主席。这次论坛的举办十分成功，来自国内外的 50 多位专家、学者纷纷发言，为苏绣艺术的创新出谋划策，这在刺绣史上是从未有过的盛况。李

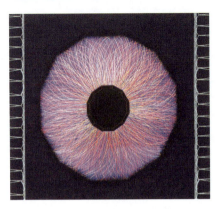

张美芳主持研制的
《金核子对撞科学图像》刺绣作品

在中国科学院，与李政道先生在刚刚完成的
《金核子对撞科学图像》刺绣作品前合影

政道在论坛上做了精辟的总结："文物化新，方成文化；苏绣创新，能生万象。"

2006年，在李政道的倡导下，张美芳在母校——苏州市第三中学成立了——苏绣艺术创新中心（以下简称中心）。李政道非常重视中心的成立，他认为这不论对苏绣还是对整个刺绣界而言，都是一件值得庆贺的事情。他特地千里迢迢从美国赶回苏州，亲自揭牌，并亲笔题名，可见这件事在他心中有多大的分量。同时，吴冠中先生、常沙娜女士、袁运甫先生、罗伯特先生也先后欣然成为中心的特约艺术顾问。

李政道参观了中心研制的最新刺绣作品，在观看《池塘秋晚图》时，因作品运用色线的粗细、针法的排列形成强烈对比，呈现的艺术效果很好，他评价道："这又是一幅创新之作！"

张美芳和李政道的合作在中国刺绣史上是一段佳话。刚开始，李政道去研究所参观，他以敏锐的审美意识感知到苏绣艺术品的魅力，对张美芳等刺绣人员大加赞赏。这次参观给他留下了美好的印象，因此他主动联系张美芳将自己的作品制成刺绣。张美芳没有辜负李政道先生的期望，即便遇到了一些困难，但最终还是用针线将科学图像完美地复制出来。这是苏绣与科学完美的邂逅，为一位科学家递上了精美的苏绣艺术品，也为一位苏绣人员种下了科学思维。

李政道（左二）为苏绣艺术创新中心揭牌

苏绣艺术创新中心
特约艺术顾问的签字

张美芳主持研制的《池塘秋晚图》

带队创新　传承艺术

　　李政道对创新是非常在意的，他跟张美芳强调"创新是理论和实践的结合"。多年来，张美芳一直牢记李政道的嘱咐，在他的启发和鼓励下，张美芳在苏绣艺术创新中心期间经手的每一幅作品，都会从创新的角度去思考如何设计得更有新意。

　　中心成立后，作为主任和艺术总监，张美芳身肩重任，如何组织好团队，带领大家创作出更多苏绣精品，是她心之所系。为此，张美芳在人才组织上花了很多力气。先是引进张帆加入中心，张帆系苏州大学文学院毕业，原在苏州工业园区（中国—新加坡合作）管委会工作。中心成立后，张美芳动员他辞去了原来工作，到中心担任作品的设计和开发工作。同时，组织了一支比较精干的团队，采用固定职位人员与兼职人员相结合的模式，充分发挥每个刺绣技艺人员的特长。经过一段时间的学习和实践，张帆很快融入了创作研制团队，他更希望非物质文化遗产能从历史文化的基础上进行传承。他的加入，给刺绣的创新增添了活力。传统的装帧设计已经无法更好地契合一些现代题材的刺绣作品，为此张帆专门研发了新型双面绣陈列架，得到了吴冠中先生的赞同。

张帆向吴冠中先生介绍新型双面绣陈列架

　　现在相当一部分人仅仅把它当作手工艺的传代，这种观点是片面的，工匠精神提倡的不是手工的匠人，而是对非物质文化传承的精益求精。

　　张美芳带领中心人员把主要精力投入对苏绣艺术的创新上，致力于将传统的苏绣技艺与现代艺术作品的呈现效果相结合，主持研制了一系列敦煌图案的精品刺绣。

　　敦煌壁画是敦煌艺术的重要组成部分，有丰富且罕见的图案，"藻井"是敦煌图案艺术中的精华部分。在刺绣《藻井　莫高窟第126窟》中，运用了已有千年历史的打籽绣。在传统刺绣中，打籽绣仅仅作为辅助技法，通常用作花卉的花蕊部分作为点缀。而在这幅刺绣藻井中，以打籽绣作为主体针法，突破了因打籽针法结构的局限，研制丰富图案的尝试，运用多种色线于针上调色的办法，在丝绸织物上，把真丝色线圈缠于针尖，圆圈成一籽，籽籽紧连、紧密排列，使绣品色泽丰富、典雅富丽，充满生动的韵律感。整幅作品共用了30多万粒细小的籽来匀称绣制，具有独特的艺术效果。

　　同样是"藻井"图案，在不同的刺绣语言的组合下，形成了完全不同的艺术效果，刺绣作品《敦煌　藻井第334窟　初唐》以精细的苏绣针技艺，运用正抢、反抢、平套、散套、接针、钉线、打籽、盘金等传统针技法施于其间，华美工整又不失灵气；纱质底料的应用也使作品效果在通透

张美芳主持研制的《藻井　莫高窟第126窟》

张美芳主持研制的《藻井　莫高窟第334窟　初唐》

张美芳主持研制的《唐卡》

间生出灵动的气韵。

2010年，刺绣艺术品《唐卡》完成研制。唐卡是藏传佛教中一种独特而具有功德意义的艺术品。据记载，刺绣唐卡因制作周期长、成本昂贵，一般由皇室或官方制造供于大寺院。《唐卡》绣作中包含1个主佛和29个大小佛像，形态各异，给人以宁静和谐之感。制作技法上采用了平套、散套、打籽、平金、盘金、辫绣等16种针、技法，多种正抢、反抢晕色处理，金丝、银线技法运用广泛且富于变化，不同针法、技法的相互结合都能因式就势，处理得当。为了体现丰富的色彩层次，共采用了800多种不同色泽的丝线，使绣作色彩过渡自然、流畅。这幅作品的绣工精细，细微处甚至用细至丝线1/12的绣线来绣制。整幅作品华丽精美，纹饰饱满，色彩搭配浓淡相宜，主题突出，整体透露出华丽庄严的气势。

中心遵循用最古老的技艺表现最新的创意宗旨，挖掘、整理了失传多年的"衣线绣"。张帆在查阅大量资料后发现，这种绣法在明初曾运用在艺术作品上，如明代宫藏衣线绣《空行母帷幛》备受推崇，堪称传世名作。但中华人民共和国成立后，由于此类刺绣材料制作工序较为复杂，以及应用成本的原因，所以基本失传。

为此，张帆专门组织人员研究衣线绣技艺，完成《散乐图》刺绣作品。这幅刺绣全部运用了"衣线绣"，使绣作呈现别具一格的艺术特色，并专门配置扎染的绸布作绣底。它进一步拓展了刺绣针法、技法的运用，给人们

张美芳主持研制的《散乐图》

张美芳主持研制的《千里江山图》

带来了全新的视觉欣赏效果，具有很高的文化艺术内涵。

　　在研制经典巨作《千里江山图》时，也同样运用了"衣线绣"，用这种粗犷的线条来体现巍峨俊秀的山峦，似乎再贴切不过；与之相呼应的是，用工细的平绣来演绎粼粼波光的湖面，以及远处的云淡风轻。起伏绵延的峰峦，烟波浩渺的江河，气象万千，壮丽恢宏。通过粗与细、实与虚的对比，增强了作品的艺术感染力。

　　张美芳除了自己挖掘经典题材，同时也和各位艺术大家一直长期进行

张美芳主持研制的双面绣《海棠》

合作。

春天，在吴冠中先生的绘画作品中，总是那么活泼和富有色彩。吴先生将水彩和中国水墨相结合，创造性地将西方的形式美和中国传统的意境美有机结合。

我们运用刺绣技艺演绎了双面绣《海棠》这幅作品，赋予了其特有的魅力，似断还连的飞白，虚实、粗细结合的枝干，点缀着多彩而又变化的枝叶，给人清新、韵动之感。

吴冠中先生的绘画作品，令人印象最深刻的就是"融合"，他大胆结合了西方的色彩和构图，用东方的审美和笔触来描绘一幅幅美丽的画卷。

《梧桐秋色》即是比较典型的作品，在刺绣的处理中，我们设计了恰当的针技法来研制，绣面中的粗与细、虚与实、乱与工看似对立，实则互为映衬，恰恰通过这样的对比让作品鲜活了起来。

在看到常沙娜老师的一幅水彩画《百合花》的时候，张帆觉得这幅作品很适合用刺绣的方式来演绎，是不是可以跳出原有固定的思维，用单纯的金银色来表现呢？在获得团队的共同认可后，尝试绣制了金银绣《百合花》，作品独特的装饰艺术，令整幅刺绣焕发出新意。

常沙娜教授长期从事中国古代壁画及传统装饰图案的研究和临摹，进行了多方面的、具有中国传统风格和现代装饰特点的创作设计。

《森林之歌》也是由常先生在灿若星辰的敦煌艺术宝库中汲取营养，然后以全新创意完成的作品。刺绣研制中着重体现作品的装饰性，让瑞兽的质感与花草的轻盈两相对比更为鲜明，又创造性地添加了原稿中未曾表现的金丝银线，镶嵌其中，刺绣特有的光泽感让作品更为夺目。

张美芳主持研制的《梧桐秋叶》

张帆主持研制的《百合花》

罗伯特创作的摄影作品《风动的树》，经过电脑技术的二度创作呈现了超现实的美感。绚烂的枝叶本身就是美的，在旋转跌宕中，律动了起来。西方的色彩，融入犹如神似太极的幻化之间，这种东西方文化艺术的触动和碰撞，多彩又诗意的画面，带来的是难度极大的绣制工作。把握其中极微妙的层次变化，考验的不仅仅是技艺，更重要的是要有一颗善于捕捉细微的心。主体部分的实而精，背景部分的虚中有型，作品运用了500多种刺绣色线，粗、细、虚、实的各色彩线，变化有致，错落层叠。

苏绣中的"小猫"一直曾是大家喜闻乐见的题材，如何跟上时代步伐，适应当下年轻人的品位，绣出别出心裁的"现代小猫"？

张美芳主持研制的《森林之歌》

2016 年，张美芳主持完成《法海寺·帝释梵天图》刺绣作品，这是中心研制的重点作品。这幅刺绣耗时多年才制作完毕。法海寺壁画创作于明代，距今已有 600 年历史，是宫廷画派十分重要的经典之作，在中国艺术史上享有重要的地位，而《帝释梵天图》又是法海寺壁画中的主题壁画。

《法海寺·帝释梵天图》刺绣作品充分发挥了刻画生动、细致入微的刺绣技艺特长，以丰富的刺绣语言、灵活的刺绣技法、沉稳的刺绣色泽来展现艺术感。绣制过程中，运用了多种针法，如散套、盘金、平套、反抢、施针、接针、衣线绣、鸡毛针、刻鳞、填高绣等数十种不同的针法，生动刻画了神采多变的 19 位人物形象和其各具特色的华美服饰。人物表达气宇轩昂，服饰纹样华贵典雅。通过色线色泽的微妙变化，完美地表达出行云流水、挥洒自如的艺术动感。在充分施展刺绣技艺的线条、色彩、针法、技法的各类要素的过程中，再现《法海寺·帝释梵天图》的神韵和经典。

2016 年，张美芳带队完成《枯木逢春》刺绣作品，这是与美国《国家地理》杂志亚洲首席艺术摄影家麦克·山下合作研制的。麦克·山下擅长以独特的视野，表达大自然的秀美景色，对细微处的刻画尤为生动。为了表现树桩在水面上下的隐、显，以及枯木上新萌发的细枝嫩叶，这幅作品充分施用了多种针法，如散套、虚实针、擞和针、打籽针及运用异形丝等多种针法的手段，增加了作品的手工肌理的艺术效果。作为再创造的刺绣作品，《枯木逢春》呈现在原作者麦克·山下面前时，他十分惊叹，不断地赞赏中国的刺绣艺术太神奇了。

　　张美芳坚持多元化、国际化，组织中心与国际国内机构开展苏绣艺术的交流合作。2008年9月，中心赴美国，参加洛杉矶G2艺术馆举办"摄影艺术与刺绣艺术展览会"。

　　2011年4月19日，美国加利福尼亚大学洛杉矶分校考察团及孔子学院到中心考察，校长及夫人一行对苏绣精品赞不绝口。

　　2011年6月20日至24日，美国卫斯理大学亚洲博物馆馆长帕特里克一行到中心，实地调研中国刺绣文化历史沿革及发展，并达成选送苏绣精品赴美展览的合作意向。

　　2012年12月1日，中国香港南莲园池举办"万古长新——中国当代苏州刺绣精品展"，中心设立了专场展览，展出的刺绣精品被展览方全部收藏。

　　张美芳带领中心全体参研人员不懈努力，以创新性观念创作的苏绣艺术精品，都经过选题、设计、选材、制作等具体环节的不断推敲而成，饱含着每一位参与创作者的心血。他们的工作逐步获得业界、社会、国家的高度认可。2013年1月16日，中心被命名为"国家级非物质文化遗产保护研究基地"，时任文化部副部长董伟亲自给中心授牌。

张美芳主持研制的双面绣"Graceful Branch Movement"（风动的树）

张帆主持研制的双面绣《黑猫头》

张美芳主持研制的《法海寺·帝释梵天图》

张美芳主持研制的《枯木逢春》（左图），张帆与麦克·山下讨论作品创意（右图）

2008 年，张美芳在美国展览参观现场　　　2011 年，加利福尼亚大学洛杉矶分校一
行人员到中心参观

帕特里克和张美芳讨论苏绣作品

张美芳在展览会中讲解苏绣作品

结合实践　传播文化

在苏绣艺术创作中，张美芳注意从理论角度总结苏绣艺术的技艺特点与文化内涵。张美芳有一种使命感，她觉得自己有义务，要面向业界、面向社会、面向下一代，做好苏绣艺术的传播、引导、教学、培育工作。为此，她撰写专著和论文，参加会议，举办讲座，授课讲学，身体力行地为传播苏绣艺术孜孜不倦地努力着。一方面，依托各种媒体平台广泛传播苏绣艺术及创新理念；另一方面，充分利用各级各类讲坛，开展有关苏绣艺术及其创新的讲学活动。

在专著方面，1982 年 6 月，张美芳与任嘒闲、周巽先合作编写了《乱针绣技法》。1988 年 10 月，张美芳与孙佩兰、沈国庆合作编写了《苏绣针法与技巧》。2015 年 6 月，张美芳与张帆共同编著了苏绣艺术技法专著《刺绣与针法》。同时，张帆在参与刺绣研制时，从刺绣文化传承的角度出发，提出了用刺绣来演绎各类刺绣针法，他归纳提炼各种针法的规律，设计了简单易懂的图案，组织人员，形成《刺绣针法汇综》实例。

在论文方面，2007 年，张美芳参加"顾绣国际学术研讨会"，发表论文《浅谈顾绣的艺术特色》。2008 年 8 月，在《苏州杂志》上发表《李政道与苏绣创新》。2010 年，在《辽宁博物馆馆刊》上发表《清代艺术家沈寿的刺绣风格和特点》。2014 年 12 月，参加中国非物质文化遗产中心在京举办的学术研讨会，发表论文《刺绣的历史传承与当代》。

张美芳传授创作技巧

2014年11月应上海博物馆邀请，张美芳、
张帆合作以通俗易懂的图文结合的方式，讲
授《中国四大名绣的传承与发展》

2016年7月受文化部邀请，张美芳、张帆在北京国家图书馆作《刺绣与针法》公益讲座

　　这些著作和论文是张美芳多年从事苏绣艺术所总结的经验心得，直观而具体地展现了刺绣各类针法、技法、图案等，总结了苏绣艺术的来源、沿革、发展，无论是对刺绣从业人员，还是对普通大众，都极具借鉴意义。

　　张美芳多次参加相关会议和论坛，努力为苏绣艺术发声宣传，让更多的人领略苏绣作品的精美。如，2008年4月，张美芳受邀参加文化部、中国艺术研究院举办的"工艺美术保护与发展研讨会"，作题为《努力继承　坚持创新》的专题演讲。2015年9月，文化部、联合国教科文组织和四川省政府在成都举办"第五届中国国际非物质文化遗产节"，举行"现代

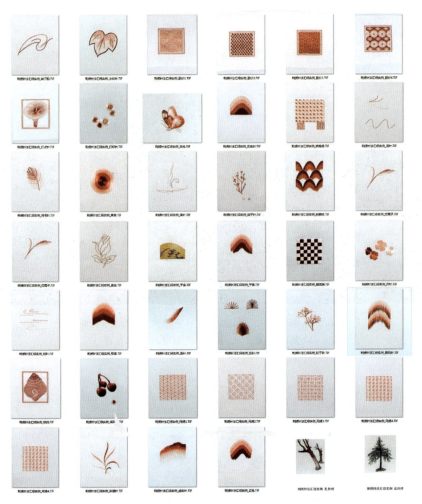

《刺绣针法汇综》实例图片

文化进程中的非物质文化遗产保护"专题论坛，张美芳受邀在论坛中作《传承是基础 创新是生命》专题发言。

2013 年，中心在北京举办展览，时任文化部主管非遗文化的王文章副部长亲临参观指导。并在展览期间，组织举办国家级刺绣界非物质文化遗产传承人的培训班，邀请专家学者作专题讲课。来自各少数民族的，如苗绣、马尾绣等绣种的传承人纷纷表示"收获满满"，对各民族的非遗文化的交流和传播起到了积极作用。

2015 年 3 月 26 日至 31 日，受文化部非物质文化遗产司邀请，张美芳

张美芳受邀作题为《历代刺绣名家与文化渊源的联系，
以及对后人传承刺绣文化的启迪》的授课

张美芳讲座现场

赴中央美术学院，对省级非物质文化遗产传承人与该校服装系学生作刺绣专题讲座。参训学员对讲座反响很好，一致认为这是一次获益匪浅的学习机会。

改革开放以后，中国工艺美术界进入飞速发展的历史时期，尤其是中国艺术研究院最早提出了非物质文化遗产概念之后，加强了从文化的高度发展工艺美术。苏绣艺术被国务院列为第一批国家级非物质文化遗产项目，进入一个全面发展和提升的新时期。在行业规模、技艺发展、艺术创新、经济效益等方面，苏绣艺术都达到了新的水平，成为中国"四大名绣"中最具活力的一员。张美芳恰逢其时，个人努力向上、刻苦拼搏、谋求创新，先是得刺绣先贤杨守玉的教导，后来又有李政道、吴冠中、袁运甫等科学与艺术界名家的提携，种种际遇，成就了她在苏绣艺术领域内的卓越贡献。

张美芳是一个爱读书、勤动脑、善思考、不服输的人，在苏绣创作过程中，她遇到过各种各样的难题，但她不畏惧、不妥协、不将就。从单枪匹马作战，到带领团队齐心协力，接连攻关了一系列的技艺难题，让每一幅苏绣作品焕发出蓬勃的生命力。她虽精于技艺，但将艺术放到比技艺更高的位置，尤其是在苏绣艺术创新中心成立后，更是心无旁骛，始终对艺术保持敏锐而丰富的感知力，最终成长为一位拥有强烈的敬业精神、完美精神，自主意识、责任意识、创新意识兼备的苏绣艺术家。

投身苏绣艺术已经半个世纪，张美芳主持、设计、研制了无数精美的苏绣作品。她既对苏绣艺术进行了抢救性的传承，又做了突破性的创新。从对刺绣一无所知到精通苏绣技艺，到考察马王堆汉墓、复原汉代刺绣技艺，以及发掘传承杨守玉的乱针绣，再到引入现代艺术及科技与苏绣完美结合，在带领苏绣艺术创新发展的路上，她一往无前，勤耕不辍。

张美芳认为，苏绣等非物质文化遗产存在的问题主要有两个方面：一是缺乏固定的场所来开展工作和宣传苏绣艺术，这是目前很迫切的问题。张美芳对此很忧心，明明有那么多好的刺绣作品，却没有好的场所向公众进行展示。她非常希望各地最好选几个有地方特色、有典型意义、有影响力的非遗项目，给他们一个固定的场所用来工作和宣传。这个问题涉及非物质文化遗产发展的积极性和延续性。二是非物质文化遗产一定要从文化

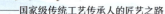

层面上去大力宣传，而不是仅仅停留在技艺层面。国外将苏绣看作很神圣的存在，作为文化艺术品来欣赏，而不是手工艺品。但是，国内许多人对苏绣的看法仍然停留在手艺层面，这种认识一定要加以转变。只有在文化层面提升，我们的产品才能与发达国家的产品平起平坐，才能提高国家与民族的文化形象。

对于苏绣艺术未来的发展，张美芳认为有两点要注意：一是传统技艺要和现代艺术、现代科技结合，这个是永恒的主题。刺绣人员首先要提高自己的文化修养和素质，才能认识现在到底怎么走。以前的手工艺都是家族传承，但现在传承的范围早已扩大，一味延续手工艺的传承是没有出路的，必须要拓宽文化的视野。传统手工艺只有插上文化的翅膀，才能飞得高跑得远。如果仅仅作为一个手工艺品，没有把文化内涵结合进去，就无法在传承的基础上创新，也无法在国内国际艺术品市场上立足。此外，刺绣人员要有强烈的事业心、责任感、使命感，为国家民族文化争气。二是积极寻找宣传平台，考虑和各大传媒平台合作，把最优秀的苏绣艺术品宣传出去，让国内外都了解苏绣。要把最典型的、代表民族特色文化的作品拿出来展示，让大家知道苏绣并非僵化的、停滞不前的存在，而是一项动态发展的非物质文化遗产。

第七章

金 文
云锦织梦 寸尺匠心

2015 年 9 月 3 日，是中国人民抗日战争暨世界反法西斯战争胜利 70 周年的纪念日，一场盛大的阅兵式在天安门广场隆重举行。长安街上，阅兵队伍威武雄壮，步伐铿锵，铁甲风驰，气势如虹。一个个方阵，构筑起捍卫和平的钢铁长城。

而在此刻，天安门城楼的贵宾厅内，一幅高 2.6 米、宽 2.9 米的巨幅云锦地屏——《万里长城》，也吸引着中外来宾的目光。层峦叠嶂，曲折蜿蜒，

金文作品《万里长城》

金文

意境高远，气势宏伟，与城楼外列装行进的阅兵队列，一同为这个伟大而特殊的日子，呈上激昂壮阔的"长城礼赞"。

这幅《万里长城》，出自南京云锦非遗传承人、中国工艺美术大师金文之手。而9·3大阅兵也让金文与南京云锦，再次聚焦了全世界的目光。

1954年，金文出生于江苏南京。受当地传统文化的影响，他对云锦产生了浓厚的兴趣，并投入大半生的时间致力于云锦工艺的研究。如今的他已经成为著名云锦艺术家，同时也是中国唯一一位国家级云锦工艺美术大师，以及中国非物质文化遗产（云锦）代表性传承人、国家非物质文化遗产南京云锦木机妆花手工织造技艺代表性传承人、研究员级高级工艺美术师。如今，他还担任江苏汉唐织锦科技有限公司董事长及江苏省非物质文化遗产专家委员会委员，同时享受国务院特殊贡献专家津贴。

金文自1973年起，即从事云锦和古代丝绸研究制作工作。他在全面掌握一整套云锦传统制作工艺基础上，对中国古代织锦和当代各地区织锦技术进行了系统的探索研究，创造出了一系列古织锦复制方面的辉煌成果。他还在继承传统织锦的基础上，结合云锦的文化内涵、工艺美学与实用价值，创作了大批现代云锦作品，以创新的方式传承云锦技艺。

金文艺术成就突出，获有云锦国家专利300余项。2000年被评为"江苏省工艺美术名人"；2006年被国家发展和改革委员会评为中国工艺美术大师；2009年被中华人民共和国文化部授予第三批国家级非物质文化遗产项目"南京云锦木机妆花手工织造技艺代表性传承人"；2022年被评为2021"中国非遗年度人物"。金文主持织造的《明万历皇帝妆花纱龙袍》获全国工艺美术"百花奖"最高奖"珍品金杯奖"，被誉为"织造龙袍第一人"。金文还创作了大批现代织锦，其中，《织金妆花喜相逢》获 2006 年"金凤凰"原创设计大奖赛金奖；《真金孔雀羽大团龙》获 2007 年"江苏艺博杯工艺美术精品奖"特等奖；《真金妆花五福龙》获 2009 年中国工艺美术"百花奖"金奖；《三色金秦淮繁华图》获 2010 年"金凤凰"原创设计大奖赛金奖；《万里长城》获第十一届"中国民间文艺山花奖"民间工艺美术作品奖等。

金文的作品被中国国家博物馆、中国工艺美术珍宝馆、中国军事博物馆、中国丝绸博物馆、南京博物院等十余家国家级博物馆收藏。

因缘际会　结缘云锦

《释名·采帛》曰："锦，金也。作之用功重，其价如金，故惟尊者得服之。"而锦中之云锦，因用料考究，织工精细，图案精美，色彩绚丽，宛如天上云霞而得名。中国丝绸历史源远流长，云锦则是其鼎盛时期的巅峰之作，是中国丝织工艺历史上的一个里程碑。云锦的起源和发展与南京这座城市紧密相连，且当代唯南京能生产，故通常称为"南京云锦"。

南京云锦在继承历代织锦优秀传统的基础上，又融合了其他各种丝织工艺的宝贵经验，被誉为"锦中之冠"。明朝诗人吴梅村的一首《望江南》，道尽南京云锦的精美绝伦："江南好，机杼夺天工。孔雀妆花云锦烂，冰蚕吐凤雾绡空，新样小团龙。"

如今，我们说到南京云锦，就不得不提对云锦继承与发展做出重大贡献的工艺美术大师金文。

金文的父亲曾经是苏北淮南盐场的厂长，母亲是会计，他的三个弟弟都不是从事云锦织造的相关行业。那么，并无"家学熏染"的金文，又是如何与云锦结下不解之缘的呢？这就要追溯到金文的童年时期了。

我们知道，精美的图案、色彩是云锦的标配，想要织造出好的云锦作品，需要有良好的美术基础。少年时代的金文并未系统地学习过绘画，虽然没有人教，但兴趣就是最好的老师！后来，金文这样回忆自己的美术启

蒙:"我从小就对美术很感兴趣,也没有老师教,我就照着小人书临摹。"《东郭先生》《孙悟空三打白骨精》等这些偏国画色彩的少儿读物,就成为金文时常临摹的对象。一颗艺术的种子在他幼小的心灵中生根发芽。

1973 年,金文也就十八九岁的年纪,那年 1 月份他从南京宝华山的许世友矿校高中毕业。由于时代原因,当时没有所谓的上大学,他便在家等待工作分配。按当时的叫法,就是待分配。待分配期间,他在家无事可做。当时很多毕业的同学,由于没学上,对未来也没有什么盼头,基本上都无所事事。而从小就有上进心的金文,却拾起画笔,开始自修绘画。少时的美术兴趣与启蒙,经过此时的学习,转化成真正的绘画能力,也奠定了他的美术基础。

机遇永远垂青有准备的头脑。由于当时云锦日渐凋零,而海外人士寻觅云锦的需求不少,国家决定恢复包括云锦在内的一批工艺美术传统题材的生产。1973 年七八月份,南京开始落实恢复少数民族传统服饰和工艺美术传统题材的政策。南京市于是开始选拔摸底,选拔标准之一就是有无美术基础。凭借自修绘画而积攒的功底,金文毫无悬念地被选上,进入南京市工艺美术工业公司工作。

通过自身的努力,金文终于步入工艺美术行业。初到公司,结果赶上"批林批孔",因为曾做过学生干部,金文被安排到党委办公室搞运动。看到所从事的工作与自己的兴趣大相径庭,他实在觉得无趣,就吵着要下工厂。于是先去了南京的艺光丝织厂实习劳动,之后又被分到云锦研究所的云锦车间。而这次分配,直接改变了金文的职业生涯,自此,他与云锦便结下了不解之缘。

"偷"师学艺　苦研不辍

云锦自晚清以来,由于历史原因不断衰落,几近失传。1956 年,周恩来总理在北京参观了埃及织锦展后,询问江苏的同志关于南京云锦的状况。

他听闻南京云锦濒临失传，曾指示"一定要南京同志把云锦工艺继承下来，发扬光大"。在周恩来总理的指示号召之下，南京云锦研究所于 1957 年成立，这是中华人民共和国第一家工艺美术类研究所，地址就设在南京新街口。作为全国唯一的云锦专业研究机构，承担着云锦继承和保护的历史重任。

而金文参加工作时，当时的云锦研究所还只是南京市工艺美术工业公司的一个下属机构。1973 年，云锦

青年时的金文学习织造云锦

研究所恢复生产，返聘了一些老艺人回来延续云锦技艺。当时的云锦研究所总共只有三台织机，与金文一同选入云锦车间学习的也只有十多人，金文任学员组长。

"当时我是不大愿意的，因为我是靠绘画选进来的，一直想做设计。"工作初期的金文，对云锦的了解还不够深入，当时他一心希望在绘画领域有所建树。直到朝夕相处的老艺人突然消失，他的思想才开始转变，并全身心投入到云锦织造与保护中。

卢梭在《爱弥儿》中说道："在人类所有一切可以谋生的职业中，最能使人接近自然状态的职业是手工劳动。在所有一切身份的人当中，最不受命运和他人影响的，是手工业者。"手工业者不像农民一般依附于土地，是较为自由的一种职业。然而时至今日，手工艺变得不再是人们所向往的职业。过去许多依靠家族传承的手工艺行业，都面临着家族传承断档的问题，云锦自然也不例外。

云锦是手工艺行业，技术的学习同许多手工业门类一样，主要靠口手

相传。为防技艺泄密外传，云锦在传承上也主要靠家族的代代相承。云锦行当过去有句行话是这么说的，"传儿子，不传女"，"传媳妇不传女儿"。甚至"外人进房，停机掩活"，意思是外人进机房，都要用布把织机盖起来，因此整个行业都是非常保守的。

金文他们那些学徒，在车间学习云锦的过程是老师傅带徒弟的方式。一旦有老师傅过世，把云锦织造的手艺也就带走了，随时面临着人亡艺绝的问题。金文意识到如此优秀的技艺必须要传承下去，他有感于自己肩负着重要的责任，决定学习云锦织造，将这一门技艺传承下去。

有志于此，便踔厉奋发，于是金文着手向当时研究所请来的老艺人们求教。然而事与愿违，当时研究所请来的老艺人本身技术参差不齐，有着旧时代残留的老思想，相对都比较保守。他们不愿意教，更不愿意主动地教。这可难倒了金文，怎么办？

学不来，便只能"偷"，偷着学！金文说："我的技术都是'偷学'来的。"

所谓"近水楼台先得月"，金文他们在车间的十几个学员，每日都和老师傅们一块儿工作，这便创造了向老师傅"偷学"技艺得天独厚的条件。而且相比于其他学员，金文还和老师傅们相处得很融洽。这是因为当时的时代环境，还处在"文化大革命"期间，有的学员受大环境的影响，对自我没有约束，非常调皮，不用心学习，不踏实工作。尤其对师傅不够尊重，与老师傅的关系相处得不好。但是金文却与众不同，父母在金文小时候就对他要求很严格，他的家教要求他必须对老人尊敬。在良好的家庭教育与严格家风的熏陶下，金文自然对老师傅们尊敬有加。因此，他和云锦研究所的老师傅们关系处得都不错，他们也就更乐意帮助他。

天时、地利，又有了人和，学到技艺就顺理成章吗？事实上，远没有这么简单！

由于云锦工艺繁复，每道工序都有分工，所以手工艺人中通才并不多，大多可能就只懂其中一道工序。但在云锦车间里，织机上每天有各种各样的问题需要技术来解决。新学员技能生疏，又没有解决问题的能力，便只能靠老师傅来教。要想学技术，决不能等、靠、要，老师傅又不会主动教，只能自己想办法去学。

学，就要懂方法，讲技巧。作为一家云锦专业研究机构，云锦研究所

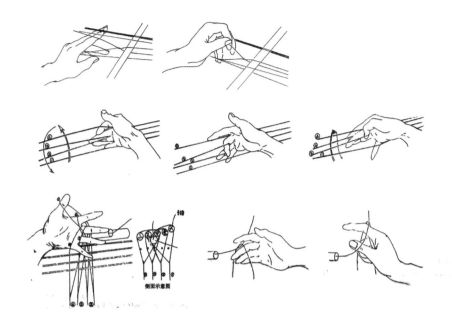

金文记录的云锦工艺手稿

承担着云锦研究、开发与生产的重要任务。当时经常会有一些研究任务下发，面对同样的制作要求，不同的老师傅也会有不同的意见。当年，金文是学员组长，就要在老师傅们之间进行调解，这样就能有机会近距离接触他们的技术操作。在调解的过程中，金文就问问这个师傅这个小问题，求另一个师傅演示一下新技术。甚至在不同的师傅之间采用"激将法"，要求他们展示自己的独家绝活。

由于云锦行业非常保守，而且存在行业帮派的情况，老师傅之间多有掣肘。要想让他们亮绝活，在金文看来，就得"挑起群众斗群众"，在老师傅之间"有意识制造矛盾"。明明这个事情张师傅能做的，金文偏偏不让他做，却安排李师傅。张师傅有意见了，就激他把本事教给自己，又找李师傅说张师傅做得好，让李师傅展示自己的手艺。就这样一来二去，老师傅们的看家本领，就被金文"连哄带骗"地"偷学"到手了。

其实金文一开始更想学的是设计，毕竟有美术基础，并不喜欢学技术，在织机上爬上爬下。操作机器是一件苦差事，还得坐几十年的冷板凳，这让谁选也都不想讨这份苦吃。可是，在这个世界上，没有人能够随随便便

成功。从平凡成就伟大，从普通铸就卓越，必然要耐住别人不能耐的寂寞，必须要吃别人吃不了的苦，必然要付出别人没有做过的努力。这对金文，也同样如此。

正所谓"锲而舍之，朽木不折；锲而不舍，金石可镂"，金文为了学艺，确实是拼了。但他更多拼的是坚持，拼的是一份对事业、对云锦传承的责任心！金文就是个很有责任心的人，觉得既然来了就得坚持下去。难，也得坚持！正是这份责任心与持之以恒的决心，让他面对云锦传统工艺的学习时，有了试错的勇气，更添加了求学问道的动力。

云锦的技术主要有两个部分，分别是提花和织造。提花是需要爬上机子的。这种机子就是所谓的大花楼木织机，俗称花楼机，能有 4 米之高。金文个子比较高大，不仅要爬织机，很多重活也都是他在做。他学提花的时间比较长，后来才学的织造。也是因为学习提花的时间长了，金文自认为掌握了技巧，也有了一些心得，所以曾做过一些试验，想要尝试改变传统工艺。当时，年轻气盛的金文将工艺改造想得有点简单了，几番尝试便也成了无意义的"折腾"。不过也正是这样的"折腾"，让金文意识到了传统工艺的重要性。毕竟，这些工艺不是随随便便、自然而然发展到今天的，是经过多少代织造艺人不断总结、传承下来的，这些都是最精炼的方法！

基于这样的认识，金文就开始有意识地去研究、学习了。一旦从老师傅那里学到新技术，他就连觉也不睡了，左手画右手，右手画左手，把这些方法全都分解画了出来。"其实这是一个强行记忆的过程，画一遍你还要推敲研究，以后你就很难忘记了。"一遍一遍地分解、记忆与推敲，终于将学到手的技术领会消化。经过了长期的勤奋学习和大量实践，金文掌握了一整套云锦传统制作工艺，他也一步步从年轻学徒走向资深艺人，经历成长与蜕变。

学艺过程艰辛，学艺道路坎坷，因此，金文说他最大的体会，就是要仔细，要用心去学，还要勤记录。当初他从老师傅们那里记下的一些口诀，到现在，都成了珍贵的"非遗"资料。正是这份坚持成就了金文，当年与金文一同在车间工作的学员，都没有坚持下来，中途改了行。只有金文一个人还在坚持做云锦，直到今日。

龙袍织造　舍我其谁

20 世纪 80 年代，云锦产业又面临挑战，生存艰难。因为根本没有市场，其他的厂子都不再做云锦了。南京云锦研究所在当时情况还相对好一点，毕竟是事业编制，还有一点经费在支撑，艰难维持。当时研究所也设法解决了一些经费。比如，向国家文物局申请，成立了国家文物局的丝绸文物复制基地，这个基地每年都会拨款 10 万元。同时，研究所还和北京定陵博物馆签了两个"五年计划"的复制合同，帮博物馆复制了一大批包括龙袍在内的明代皇宫云锦，这样，每年能拿到 10 万元的复制费用。

钱拿到了，就要付出相应的劳动。为定陵博物馆复制明代皇帝龙袍，成为那段时间云锦研究所工作的重中之重。

南京云锦在历史长河中，与普通民间织锦所体现出的亲民风格不同。它自诞生之始，即被作为皇家特殊身份的象征，自然多是"彰显尊贵祥瑞"的主题。明清帝王主要的龙袍朝服，就是用南京云锦织造的。可以说，龙袍是云锦最具代表性的作品。

龙袍，即中国古代皇帝的朝服，上面绣着龙形图案，又称龙衮。因袍上绣龙形图案，故名。龙袍在今天，还能复制吗？

1956 年至 1957 年，中国考古工作者对北京十三陵定陵地下玄宫进行了发掘，在万历皇帝的陵墓中，出土了大量丝绸布料。让人意想不到的是，这些丝绸布料拼凑在一起，竟然是万历皇帝的龙袍——明皇帝织金孔雀羽妆花纱龙袍。

只可惜，因为技术原因，文物出土后没能得到有效保护，龙袍早已褪色，腐朽不堪，局部已成碎片，亟须进行复制。20 世纪 70 年代后期，复制龙袍这个重要任务就交到了南京云锦研究所的手中。

龙袍复制，在当年堪称重大难题。

一是难在没经验。

江宁织造局当年做龙袍，那是给皇帝穿的，辛亥革命推翻封建帝制，连皇帝这一角色都在历史上消失了，制作龙袍更是无从谈起。所以龙袍制作技艺中断，研究所的老师傅们也根本得不到之前艺人的织造经验，完全需要靠自己摸索。因此，当时就没有人敢挑战龙袍的制作。

二是难在费时间。

云锦工艺独特，须用老式的提花木机织造，这种大花楼木质提花织机机型庞大，必须由提花工和织造工两人一上一下娴熟配合才能完成。织造时，提花工根据花本要求，提起经线，织造工对织料上的花纹，妆金敷彩，抛梭织纬。要多次交替穿织，还须自由换色，工艺十分复杂。即便两人全力配合，一天也只能生产 5 至 6 厘米，"寸锦寸金"之说便由此而来。普通云锦制作都是如此，更别说做一件龙袍，仅织造过程，就要在织机上耗费整整 1 年的时间。而且上半年和下半年所织的花纹对拼，丝毫不能走样，弄不好，一年的辛苦便付之东流。

三是难在工艺复杂。

南京云锦被誉为是织锦之最，便是"最"在它的工艺上。而龙袍的技艺要求更高。金文曾说过，古代做龙袍要有 100 多万根纬线、1800 根经线，两个相乘就是它的位数点。这是一个亿级的数字，在现代意义上用电脑做都很困难。而过去是纯手工，像是做编织的软件才能把云锦给织出来，所以说云锦是古代的高科技。而且供奉给皇家的云锦，又喜用金线、银线及长丝、绢丝，甚至鸟兽羽毛，要在织物上面加入贵金属，显示出皇家气派，更加考验织造的工艺了。可谓用料考究、不惜工本、精益求精。

有困难，就克服困难！没人上，就自己上！

金文接下了复制龙袍这个艰巨的任务。1979 年，金文和他的团队互相配合，开始了龙袍研究。画稿整理、意匠制作、挑花结本、纱机研制、装机试验、拽花织造，每一步都是对技术的考验，难度是可想而知的。

怎么办？没经验就自己摸索；怕出错就再精细、再认真，保证不走样、不重做、不折腾；工艺复杂就攻坚克难。古代人能做出来，今天照样能做出来。带着这种不服输的劲儿，金文一头扎进龙袍的复制工作中。

一件龙袍有 100 多万根纬线，先由几十个人合力制作花本，就可能会有各种错误出现在里面。金文几乎是在机子上一边织一边改地做出来的。龙袍纹样对接又是个棘手的难题。一件龙袍一般是由对称的两边组成，包括门幅、中间的龙都是对称的。但一幅料子就那么宽，只能左一边、右一

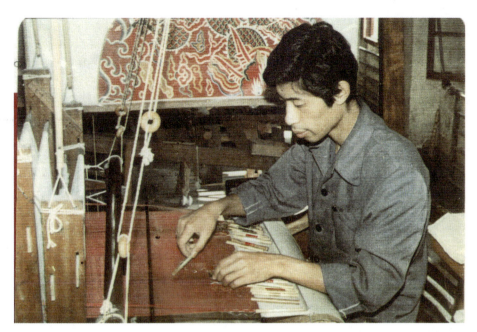

金文在织造龙袍

边地做。可能一边是上半年做的，另一边是下半年做的。而手工织造云锦还有一个特点，就是很难找到完全一样的云锦。即使是同一个人操作，不同时间，不一样的手劲儿织造出的纹理和花色都是不一样的。因此，保证两边的纹样能完全对接起来，就是个大问题。而且云锦龙袍的织造，还有大量的金银丝线交杂在其中，稍有不慎一年的心血将付之东流，十几万的金子、银子织进去再也抽不出来了。加上气候对丝的影响也特别大。众所周知，南京属亚热带季风气候，四季分明，冬天干燥，梅雨季节潮湿多雨。所以没有多年的工作经验，不仔细钻研，很难成功。

有心人，天不负；有志者，事竟成。金文顶着巨大的压力，克服层层的困难，终于不负众望，将龙袍成功复制。在1981年至1984年这三年之间，金文他们一共复制了3件龙袍。从挖掘失传多年的绞纱机织工艺，到精心制造龙袍，前后用了近5年时间。当时新华社有报道说，著名作家、服饰专家沈从文先生高度评价复制出来的龙袍："这件明朝皇帝龙袍的选料、织纹、色彩、图案、织造技艺都同历史真品相同，堪称再现传世稀珍原貌。"复制出的龙袍，获得了中国工艺美术百花奖最高奖——"珍品金杯奖",还被国家科委作为中国古代科技成果,送展1985年的日本筑波世界博览会,享誉海外。

"研究龙袍复制的过程不仅是对自己的锻炼,更是对传统文化的总结和提高。"这段经历对金文来说,虽然艰辛,但弥足珍贵。

其后,金文又主持和亲手织造了包括战国时期的"田猎纹绦"、汉代马王堆"素纱单衣"、金代的"齐国王袍"、明代"万历皇帝十二团龙袍"、清代"丁汝昌甲胄",以及"琉球王袍"等在内的大量古代丝绸织锦,并被誉为是"织造龙袍第一人"。

薪火相承　坚守初心

南京市玄武区大行宫地区,如今已是高楼林立,一派繁华景象。几百年前,这里曾经屹立着一座大宅院——江宁织造府。清朝康熙皇帝6次下江南,有5次就住在江宁织造府内。

在清代,江宁织造是内务府设在南京的机构,负责办理绸缎服装并采买各种御用物品,属于皇商衙门。皇室所消费享用的云锦,基本就来自江宁织造。历史上的江宁织造多由皇帝亲信的八旗人内务府大臣担任,称为"江宁织造部院",其地位崇高,且受皇帝信任,权势显赫。《红楼梦》作者曹雪芹祖上三代4人,曾任清代江宁织造官达65年之久。曹雪芹本人,也于康熙五十年(1711)出生在江宁织造府内。

正是因为云锦拥有着繁复华丽的花纹与高贵典雅的气质,才受到了皇家的青睐。金文在《云锦漫话》中普及云锦知识:云锦"花落南京"始于元朝,历代统治者相继在南京设立官办织造局,管理云锦的生产并垄断销售。云锦在诞生后的700多年历史中,宫廷对于云锦的需求可谓是穷奢极欲。元、明、清三朝先后在南京设立过"以官领之,以授匠作"的官立织造机构。元为"东、西织染局",明有"内织染局""神帛堂""供应机房",清为"江宁织造局",督造大量云锦供皇室贵族享用。

　　清康熙年间，朝廷一纸政令，取消了开机不得逾百张的限制。于是，南京民间的纺织业得到了空前的发展，机杼之声，比户相闻。到乾隆年间，江宁织造局发展到了巅峰，曾有3万多台云锦织机，织工多达30多万余人，而当时南京的人口也就在90万左右。也正是云锦的大量生产，才让此项传统技艺不断地创新与壮大，从而得以广泛流传，云锦也成为当时南京的支柱产业。

　　可是到了中华民国时期，随着封建时代的结束，帝制被推翻，云锦的需求量也急剧萎缩。加上工业化进程的发展，西方国家的呢绒等洋布舶来品，紧随帝国主义的坚船利炮开始进入中国市场，对传统丝织行业造成了极大的冲击。另外，现代电力织机的兴起，本地的机械化生产也逐步提高，人力纺织慢慢被取代。南京云锦于是逐渐落寞，成了历史。

　　幸运的是，南京云锦的织造技艺却并未消亡。近代以来，涌现了一批杰出的云锦艺人，如，张福永（1903—1961）、吉干臣（1892—1976）、朱枫（1915—2009）等，或子承父业，或自学成才，将云锦这门巧夺天工的技艺不断传承下来，为今天留下了一笔宝贵的文化遗产。作为中国传统

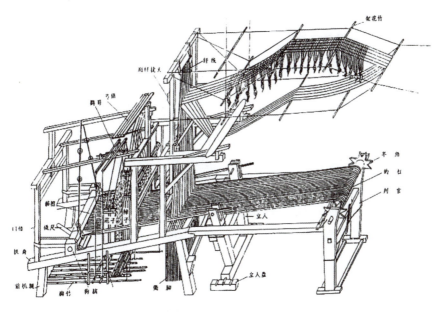

大花楼提花织机线描图（金文绘）

挑花结本

的丝制工艺品，南京云锦所承载的不仅是华衣锦服的美好夙愿，更是云锦人对传承历史文化的一份责任与执着！

　　老艺人的传承是十分不易的，因为云锦织造工艺独特复杂。云锦一直保留着传统的老式提花木机织造，织机一般为大花楼木质提花织机，机型庞大，有4米高、6米长，织造时需要拽花工和织工一上一下的娴熟配合，难度之高，可想而知。并且云锦工艺之繁杂，细分下来足有上百种。概括来讲，大致分五个步骤，即纹样设计、挑花结本、原料准备、造机和织造。每一道工序的工艺，又都有很多谜一样的诀窍。织造起来，不仅缜密过程如同计算机编程一样复杂艰辛，尤其是很多独特的织造技艺，要完全依赖手工操作，因此至今仍无法用现代化机器替代。

　　复杂的工序，精细的技艺，唯有矢志不渝的追求，方能织出这一片锦绣。如今，老艺人不畏艰辛的工匠精神，薪火相传，守护云锦的"接力棒"，又传承到金文手中。

　　金文后来回忆，当年报纸上的两篇报道，对他在云锦事业上的坚守与发展影响很大。一篇是徐迟的《哥德巴赫猜想》。这篇著名的报告文学，让很多人知道了有位叫陈景润的中国数学家，用了几大麻袋演算纸，将"哥德巴赫猜想"的证明往前推进了一步。陈景润的事迹触动了当时的金文，也为他提供了一个可供模仿的对象。"一根筋做事情，他就能攀上世界的高峰"，同样画了几麻袋纸的金文，让他认定了自己所从事的行业，并为之潜心奋斗。

另一篇报道是王通讯的《成才论》。如果说《哥德巴赫猜想》是打开了心智，那么这篇对《成才论》的报道是实打实地让金文扎进工作中去。人应该怎么成才？金文说到一个重要的观点，就是"调整自己的知识结构适应工作"。无论学到什么知识都要到工作中去调整。金文在入行之后，自学了诸如考古学、织物学、丝织学、织物组织学等方面的知识，并在云锦织造中学以致用，让他很快在行业中崭露头角。对不同领域知识的把握，也让他在复制龙袍工作中得到优于他人的理论基础。

金文很肯定地认为，他当年在单位里不是最聪明的人，但一定是最肯干的人。同一批进单位的人不可避免地存在竞争关系，但不是所有人都能出头。金文是闷头做事的人，甚至别人做不出来的事交给他做也毫无怨言。当时研究所要去北京报项目，也是金文一趟趟在跑，经常住在招待所地下室。一有能做的项目，领导同意后，就立马到北京亲戚家里借钱进行调研，写好报告再递到文物局，直到文物局把项目与钱都批下来再回。来来回回，以至于单位里还流传这样一句话，"金文到北京像到新街口一样"。虽然艰辛，一心做事的金文也乐在其中。

甘于寂寞，孜孜以求，数十载，坚守初心。凭借自己的执着，金文终于成为传承云锦技艺新一代的"大国工匠"。

理论构建　承古开今

2006 年 5 月，南京云锦木机妆花手工织造技艺被列入首批国家级非物质文化遗产名录。2009 年 9 月，南京云锦织造技艺又入选了联合国人类非

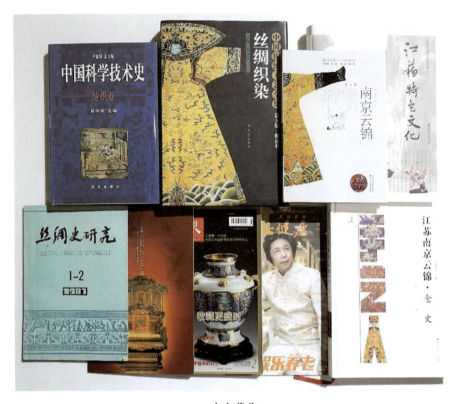

金文著作

物质文化遗产代表作名录。新千年后的南京云锦，成为一张闪亮的文化名片，逐渐走进大众的视野。

这一新的历史进程，自然少不了金文的身影。

金文所在的南京云锦研究所，在1995年以后，又遇到经费上的困难。当时，定陵博物馆的合同到期，国家文物局基地的经费也结束了，这样一来，研究所的活动经费就变得十分紧张。另外，云锦研究所在体制上又发生了一些新变化。随着国家轻工部的取消，研究所必须依靠市场解决很大一部分经济来源。这对云锦行业的发展，既是挑战，也是契机。

不仅如此，进入21世纪后，国家也越来越重视民间文化的保护工作。金文逐渐意识到单纯的织造工作，对云锦技艺的传承与发展是远远不够的。如何梳理云锦的历史脉络，总结云锦的传统工艺，发扬云锦的文化内涵，亟须对云锦工艺进行系统研究，构建云锦理论体系。

2000 年，金文离开南京云锦研究所，调入南京博物院，负责传统工艺研究室的工作。如此，江苏省的所有工艺都在金文的研究范围内，他也很快就接触到了包括云锦在内的诸多江苏工艺，这为金文系统研究云锦提供了便利。于是，进入南京博物院后的金文，开始在那里做一些云锦的历史资料整理工作。对云锦的历史、文化、工艺进行了理论上的梳理与总结，搭建了系统性的云锦理论框架，逐步完成了一批理论研究著作。

2002 年，金文完成了《中国科学技术史·纺织卷》独立撰写的专论部分，约有 10 万字的内容，这本书也是中国科学院"八五"重点课题、国家"九五"重点图书出版项目；同年，又撰写了《南京云锦漫谈》。2003 年，金文撰写了文章《明代万历皇帝织金妆花纱龙袍复制研究》，刊登在《国际服饰协会志》上。2004 年又撰写了《素纱单衣的复制研究》；同年，完成文章《云锦热中云锦继承保护的思考》。2005 年又撰写了《中国传统工艺全集》第三章第 6 节、第十六章的内容。2009 年，金文完成并出版了《南京云锦》。2010 年还撰写了《中国工艺家纺文化典藏》织造工艺部分内容，著述不断。

在南京博物院工作期间，金文还对云锦文化的理论知识进行了十分深入的研究。比如，对于云锦品种分类的研究。

由于云锦长期用于专织皇室龙袍冕服，在织造中往往不惜工本，精益求精，故而形成了云锦的图案丰富多彩、花形硕大、造型优美、设色浓艳大胆的特点。云锦在织造时以大量用金为其特色，配色自由，色彩变化多样。云锦花色品种繁多，主要可以分为"库缎""库锦""妆花"三大类，每一类中又分为数个不同品种。

"库缎"是云锦传统品种之一，又名"花缎"，或者"摹本缎"。库缎是指帝王御用贡品，织成后输入国库，如，清代的内务府"缎匹库"而得名。"库缎"包括本色花库缎、地花两色库缎、妆金库缎、金银点库缎和妆彩库缎等品种。有些虽不能归属锦类，但按行业习惯统称为云锦。

"库锦"是指用金线彩纬通梭织成的重组织锦缎，也因入藏国库"缎疋库"而得名。品种包括织金、二色金库锦、彩花库锦、芙蓉妆、天华锦、金彩绒等。与装金库缎不同的是它通梭用金，也有部分品种可不用金；地组织也不一定是缎，可以是纱，绢、绸、绒。但无论是什么组织结构或用

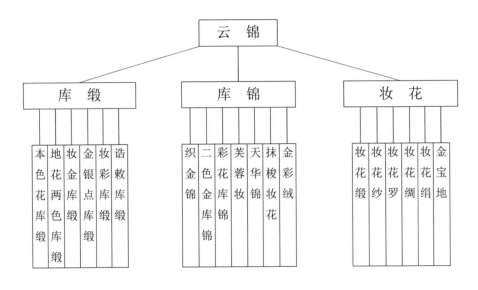

云锦品种分类

多少彩纬，一定是通梭织造，且织物背面有扣背间丝，将正面不显花的浮纬压织在织物中，所以一般织物厚重，手感较硬。

"妆花"是云锦中织造工艺最复杂的品种，也是最有南京地方特色的具有代表性的提花丝织品种。其工艺特点是通过挖花盘织，把各种彩色花纬，按纹样织入锦缎。这种工艺方法在前代织物中可能有过局部运用，然而从整体纹样的妆彩织造并与花本织机配合，逐渐形成一套完整的工艺技术，并在明代初期愈加成熟。

除了对云锦品种的研究之外，金文对于云锦的工艺也进行了系统性的研究。例如，在 21 世纪初，金文通过查阅资料文献、调查走访，以及研究实体文物的方式还原了古代纱罗工艺。

纱罗工艺是一项十分精细的丝绸织造工艺，其织物特点是轻、薄、透。宋代是绞纱织物大发展的时期，这与绞纱技术的改进有很大的关系。一种有固定绞组的绞纱装置的出现和普及，使这一时期的品种、产量有了很大的提高；同时，无固定绞组的绞纱织物逐渐减少，以至在明清时期几乎绝迹。

金文在研究纱罗织物的过程中，对于各工艺的织造手法及特点进行了详细还原，为后人研究或欣赏纱罗工艺提供了方便。

此外，金文还对云锦设计和织造口诀进行了收集和整理。云锦的图案变化多端、极为丰富，是云锦文化形成的基础。云锦图案的设计较为复杂，既需要符合实用性上的要求，又需要具备一定的美感，还要体现其所处时代的文化。在工匠们多年的思考与实践中，总结出了一套云锦设计时的口诀，这些口诀通俗直白，朗朗上口，用寥寥数语即可把云锦图案复杂的变化涵盖其中。但随着时间的流逝，口耳相传的云锦口诀也濒临失传。金文在查阅了大量的资料后，将云锦的织造与设计口诀进行了系统性的整理，并归纳成册，从而保存了大量的珍贵资料。

相比于云锦研究所，南京博物院的条件令金文拥有更多的创作自由，也让他对云锦理论有了更系统、全面的认识。凭借精湛的技艺及对云锦深厚的理论素养，金文的云锦创作进入高产期，并在许多大赛评比中不断斩获金奖。2005 年，金文成为研究员级的高级工艺美术师；2006 年，又获得中国工艺美术大师的荣誉称号。他也成为云锦行业唯一的中国工艺美术大师和国家级非物质文化遗产代表性传承人。

传统工艺　现代表达

除了学术性的研究之外，金文对于现代云锦的发展方向也进行了深入思考。近十余年来，金文翻阅了无数的书籍，与多名民间艺术家进行交流，从全世界各种艺术类型中汲取营养，对云锦技艺不断进行改革与创新。

对于云锦艺术，金文一直有着自己独特的理解："云锦是中华民族优秀的非物质文化遗产。既然是文化，就必须保持活力，必须不断地改革与创新，如果只是一味地还原模仿旧时的工艺，那么整个云锦艺术就会成为无本之木、无源之水，发扬光大也就无从谈起了。"经过他多年的勤恳耕耘，如今的云锦艺术正在焕发新的生命力。

"我在工作中提出的一个新的理念、新的观念，叫'传统工艺，现代表达'，传统工艺，一定要用现代的信息表达，一定要经过市场检验，要让现

历史的厚赠
——国家级传统工艺传承人的匠艺之路

在的年轻人还能喜欢。"明清云锦自然是华美富贵，但再做同类型的产品，哪怕是收藏进博物馆中，在金文看来都已经失去了生命力。云锦只有进入市场，在民间，在群众中得到认可，才称得上是"活"的云锦。

"传统工艺，现代表达"，云锦也要走上与时俱进的道路，金文始终身体力行地推动这门工艺的"流行"，为云锦的生存发展不遗余力。金文创办了江苏汉唐织锦科技有限公司（国家级非遗保护单位）、金文云锦艺术研究院和云锦艺术馆，能够大规模地为市场提供精美优质的云锦产品，也逐渐让更多的年轻人认识到云锦之美。

近年来，金文推出的一系列云锦作品，一问世即广受好评。这些作品的共同之处在于，既保留了传统工艺，又融入现代元素，生动诠释了"传统工艺，现代表达"的创新理念。

借鉴西方"视错艺术"的创作手法，是金文对云锦创新的一大尝试。他在《童子蹴鞠图》中就利用这种图形错觉，让不同图案元素相互联系，交错变化，营造出视错的效果，给人以强烈的视觉冲击力。这幅富有趣味性和现代感的云锦作品，曾作为礼物送给世界足球先生、葡萄牙黄金一代的领军人物菲戈。传统工艺与现代艺术的结合，令菲戈惊叹不已。

"3D"云锦，又是金文的一大创造。我国传统绘画以"写意"见长，对于图案立体层次表达不够重视。传统云锦在创作时也多以平面图案为主。近年来，金文在进行云锦的创作时加入立体设计，对于原先的云锦艺术是一个颠覆性突破。

金文的代表作《万里长城》，就是通过合理的色彩搭配，将三维空间加入传统工艺，展现出"3D"效果。整幅作品分远景、中景、近景，勾勒出的长城层峦叠嶂、曲折蜿蜒，给人以无穷的视觉延伸感。这也是长城题材在云锦作品中首次出现。"长城不仅仅是一项工程，更是中华民族精神的象征，所以我要这种立体的表现形式能将它的雄伟展现得淋漓尽致，带给人们震撼"，金文如是说。

《万里长城》将观者的角度置于高山之巅，一览众山小，视野在层峦叠嶂中伸向远方。表现手法上富于装饰性，长城在朝霞的映衬下五彩纷呈，山河壮丽磅礴，突破了平涂图案的云锦传统风格，给人以错落有致、层次丰富之感。工艺上更是精心制作，为了最大限度地展现创作意图和效果，

金文荣获第七届南京文学艺术奖"突出贡献奖"

意匠上精耕细作，织造上用色繁难精细。《万里长城》可以说是金文集数年之功完成的云锦作品，被媒体称为"大师在云锦上制造 3D 大片的效果"。

这幅《万里长城》在 2015 年纪念抗日战争暨世界反法西斯战争胜利 70 周年大阅兵时，被悬挂在天安门城楼贵宾厅当中，用以接待众多国内外来宾。同年，新华网以《金文：云锦传人的新贡献》为题对于创作该幅作品的过程进行了文字报道。2019 年，《万里长城》荣获第七届南京文学艺术奖"作品特别奖"。此外，该作品还被文化旅游部领导指定收藏，金文本人也同时荣获"突出贡献奖"。

《秦淮繁华图》是金文的另一代表作，他在这幅作品中首次运用了"三色金"的表现形式。提及这一作品的创新特色"三色金"，不得不提到中华传统织锦文化中的闪缎。中华传统织锦文化里，闪缎无疑是一种闪耀着东方美学的织物，它通过织物的组织变化，使织物的丝光发生转变，从左边看为黑底白花，从右边看为白底黑花，从而达到闪变，着装于身上，能起到转眼看花花不定的效果。而传统的云锦在用色时，受到古代汉文化审美观的影响，通常较为艳丽，多使用大红、翠绿、明黄等色彩。而现代人的主流审美则追求简单素雅，对于传统的云锦大多抱有一种"敬而远之"的态度。因此，金文在平时的创作中对于现今艺术的发展趋势进行了细致的研

三色金《秦淮繁华图》

究与考察，再结合当代人的审美需求，考虑将闪缎的色变移植到云锦巨幅作品《秦淮繁华图》的创作之中，从而一改传统云锦色彩艳丽且复杂的特点。在这幅作品中，金文成功运用了"三色金"的表现形式。即以金、蓝、白三种颜色为主色调，辅以深蓝、白、黑和水色，用简单的色彩搭配构建复杂恢宏的场景，追求大巧若拙的艺术表现境界。这样一来，不仅一改云锦妆花的华丽重彩，使之既富丽堂皇，又高雅端庄，彰显磅礴大气。

这一作品呈现的不仅仅是十里秦淮的风华昌盛，更多的是工艺细节上的神奇。此外，金文还创新性地运用了丝织物对于光线的反射作用，来营造作品的整体氛围。从正面看去时，仿佛远处建筑的屋顶都笼罩着一层白雪。夫子庙飞檐翘角的大屋顶层层叠叠，一片银装素裹。而从侧面看去时，建筑则会显示出明显的立体层次感，仿佛阳光照在墙壁上的感觉。在阳光的照射下，银装变深，画中的白墙跳跃出来，黑白分明，如坠入云雾之中。

在图案下方的河流中，通过灯光不同角度的照射，也可以反射出不同颜色的光泽。从正面观看，河水是平静的，而从侧面可以观看到立体变化的波纹，让河流看起来好像在流动。

整幅作品通过合理的色彩搭配表现出远近、明暗、动静等一系列构图元素，再现了明代金陵的繁华。

作品一经推出即获得当年的"金凤凰"创新产品设计大奖赛金奖。当作品选送到北京参加"全国非遗大展"时，再一次引起轰动。被展会组织者安排在大厅正门主位，受到无数观众的喜爱。这件作品受到来观展的中央领导高度赞誉，最终被收藏到中国工艺美术馆。

《秦淮繁华图》局部（正）

《秦淮繁华图》局部（侧）

《秦淮繁华图》局部（正）

《秦淮繁华图》局部（侧）

《应天繁华图》局部

《应天繁华图》局部

金文在创新过程中，还将独特的构图与宏大的场景结合起来。他与女儿金樱紫共同创作的巨幅云锦《应天繁华图》就是运用了这一设计理念。传统的云锦设计形式，通常采用散点透视平面构图的手法。这种视图设计能从不同的视角来表现场景，使作品包含较多元素，画面丰富，正如传统的绘画《清明上河图》《富春山居图》等。通常来说，这是站在山上，从不同的位置观察景物的透视视角。

金文与女儿在作品《应天繁华图》的创作中，改用原画概念艺术中45度立体透视构图方式。作品在视觉上打破传统的平面构图，创作中采用从空中的视角展示全视野的景观，就像动漫或游戏中宇宙星球的视觉效果，都是用网格来定位，通过对场景动态的设置及历史故事，呈现了东方美学丰富的内涵，又做到近大远小，主次分明，虚实相间。

《应天繁华图》的结构由上、中、下三个部分构成。下部主要是状元府场景，为迎接状元郎，府内张灯结彩、锣鼓喧天，府外人群熙攘、翘首相望，都聚焦于即将到来的状元郎及其规模盛大的仪仗队。由近及远是南京城的远景，建筑鳞次栉比，虚实相映。再往后能看到滚滚长江，还有巍峨高耸的紫金山。天空中云彩缥缈，数只仙鹤振翅高飞。整幅作品大胆采用航拍视角，克服了中国画散点透视中心点不强的弱点。

该作品堪称是一幅巨型云锦史诗画卷，长 4.84 米，宽 0.79 米 ×3 幅。以云锦为载体，着重展现了包括大报恩寺琉璃宝塔、中华门城墙、长干桥、天下文枢、孔子大成殿、秦淮河、文德桥、鼓楼、紫金山在内的九处南京代表性景点。金文以明代状元及第跨马游街故事为主线，从

金文与女儿金樱紫

状元祭拜孔子的夫子庙大成殿开始，引出"天下文枢"牌楼、文德桥及内秦淮河两岸风光。仪仗队伍从繁华的夫子庙徐徐走来，出正南门聚宝门，再走上长干桥。丰富的叙事，独特的视角，加上宏大的场景，铺成一幅古南京文化地图。既凸显繁华盛世的视觉感受，也展露了南京作为历史文化名城的魅力。 此外，作品在色彩构成方面，上图着色轻快明亮，刻画出风和日丽的气象；下图金碧辉煌，反映古都繁华昌盛的景象。色调以黄、白、黑、红为主。运用流畅的线条和光影的变幻，整体上层次叠加，严谨大气。

而从工艺方面来说，作品坚持传统工艺的现代表达，挑战了云锦画幅的极限，场景宏大，气势磅礴，颠覆了大众对云锦作品"中小型贵重工艺品"的认知，是云锦艺术发展史上的一次重要创新。

此外，金文在人物肖像方面，也进行了全方位的创新，其中最具特点的便是《历代帝王像》。南京是古代出状元最多的城市之一，明清时期甚至全国一半以上的状元出在南京，故在江南贡院的旧址上建了中国科举博物馆。根据这一地方特色，金文用最具东方美学意义的南京云锦来表现八个

《历代帝王像》

帝王。但传统云锦多为花卉瑞兽、吉祥图案，在创作题材上，从没做过人物。这又是一次潜心研究的突破，最终项目一次通过，云锦帝王像，工艺精湛，龙袍华服的褶皱和人物面部的肤色表情都栩栩如生，不少领导专家都不知道帝王像是云锦做的，误以为是哪位大家的画作。

《历代帝王像》表现了东方文化和美学价值，也为云锦的题材创新开拓了思路，将现代云锦艺术推向了一个新的高度。

除了对古今的融合创新，金文还致力于研究如何让中西方的艺术融合在一起而进行创新。

　　视错艺术在西方又称为埃塞艺术，是一种纹样连续变化、相互交错、互为正反、不留空余的艺术；而中国画的构图却讲究留白，不可能将画面铺满。但这样一种艺术形式，年轻人非常喜欢。他们在思考，如何运用这样一种艺术形式展现东方美学效果。他们结合云锦工艺，进行了一系列创作，将各种艺术进行混搭并融入自己的设计中，取得了较好的市场影响。

　　在作品《万象太平》中，金文运用这一设计理念，对一个基础纹样进行翻转移动并形成无缝穿插贯通以布满整幅作品，但在设计中依然保留了中国传统元素。大象头上戴着平安花，鼻子卷着如意，寓意平安如意。这么多大象的图案层层叠加，突出万象之势，寓意"万象太平"。相对于传统纹样，一只大象背一个宝瓶的"万象太平"，年轻人更喜欢这种视错的万象太平。而且作品通过工艺制作呈现色变效果，一边看去是平面的一黑一白交错，另一边融成一色，而每一根线条都立体起来，谁看都是一幅东方美学的精美图案。

《万象太平》

《鱼蝶图》也是一幅现代创意云锦作品,同样融合了西方的视错艺术。作品里交错着两个纹样,一个是神仙鱼,一个是蝴蝶。在中国传统文化中,鱼指富裕,蝴蝶指长寿。古代时人称有德的人长寿为"耄耋",谐音到图案上就是猫蝶。以前老太太剪个蝶就是办寿事,剪个喜字就是办喜事,这是中华传统的标志符号。所以鱼蝶的纹样合起来就是"富贵长久",是民族文化里的东方美学创新纹样。

《鱼蝶图》

《童子蹴鞠图》

《童子蹴鞠图》这幅视错作品的设计,源于世界足球先生菲戈到访南京,足球协会会长请金文创作一幅云锦,作为协会礼品赠送对方。金文就创作了一幅饱含"东方美学"的作品,画面中是三个中国娃,头对头旋转三面,每个膝前都有一个绣球状的足球,之所以取三个,是因为东方文化中的"一生二,二生三,三生万物","三"是多的表示,娃多喜庆昌盛。蹴鞠是足球前身，足球的故乡是中国。这些视错风格的作品，将传统的中华文化元素与西方的视错艺术形式相结合，从而形成了一种崭新的云锦作品类型，增强了云锦艺术的趣味性，让广大群众对于云锦多了一份喜爱与期待。

大师工艺，惊艳世界。2019 年，金文荣获了国家艺术基金项目，也因此致力将云锦文化推向世界平台，用云锦向世界人民讲好中国故事。早在 2010 年，上海举办的第 41 届世界博览会上，金文就在现场展示了古老的云锦织造机及多幅云锦织品。还带队参加了中国馆和中国元素馆的展演，把南京云锦展现在世界面前，为无数观众呈现了一场华丽的视觉盛宴。而在迪拜世博会上，金文又有作品亮眼呈现。一把名为《绿水青山》椅子被摆放在世博会中国馆的会客大厅当中，扮演了中国名片的作用。

该作品从习近平总书记重要理念"绿水青山就是金山银山"中获得灵感，描绘了一幅气势恢宏的山水风景图，创新运用了大理石天然纹作为构图背景，将现代化的艺术表现手法融入非遗技艺的云锦工艺当中。在融合青花瓷、盘扣、竹、汉字纹饰、印章文化等中国风设计元素的同时，还结合运用了西方人体工程学原理，成为本届世博中国馆的一道独特风景。

《绿水青山》椅面描绘了一幅气势恢宏的山水风景图。图中群山绵延、皓月当空，既描绘出了大山的巍峨又体现了一种人与自然和谐共生的情怀。山谷间绿波荡漾，为原本静止的画面带来一丝动感。整幅作品运用了金色作为背景，主图部分则以青色和绿色进行搭配，用色艳丽而大胆，金、银、青、绿、蓝等多种色彩互相交织却丝毫不显杂乱，将"绿水青山就是金山银山"的主题发挥到了极致，是一幅不可多得的现代云锦佳作。

云锦是中华丝织文化的代表，其出现在世博会上，象征着一种文化输出。该作品一改往日云锦风格，为非遗文化注入了时代精神，让中华文明的瑰宝得以发扬光大，让现代人享受到文化遗产给生活带来的美好，彰显了中华民族的文化自信。

金文的作品无不浸透着传统文化的魅力。他的作品总是有许多的寓意，呈现在观众眼前就像是在讲故事一般，一幅作品就是一个故事，讲故事即在讲文化。在金文看来，云锦首先就是一种文化，云锦文化是中华民族优秀传统文化的代表之一，也是中国的一张文化名片。云锦的每一个花纹、

《绿水青山》世博椅

图案，甚至是每一丝、每一线，都饱含中华民族深厚的历史文化底蕴。

云锦的现代表达还要求打开大众市场。让云锦"飞入寻常百姓家"，这是保护与传承这门传统工艺的历史必然。可是不同于其他类别的丝织品，云锦自诞生之始即受皇家青睐，因此用料、图案、色彩多是彰显尊贵祥瑞，"寸锦寸金"，普通人很难享用。就好比龙袍，耗时耗工做出来的成品，委实富丽堂皇。但是这类的产品在投向市场后就明显销路不好，因为太贵了，一般人根本买不起，而且买了也没多大用处。如何使云锦更加贴近普通人，尤其是年轻人的日常生活，是金文不断思考的问题。

于是，锐意创新的金文开始尝试做一些小东西。为了迎合市场需求，金文在云锦的设计上做足了功夫，大胆创新，吸收了年轻人喜爱的卡通、影视元素。此外，在产品的种类上也不断更新，开始把云锦慢慢地引入礼品市场。开发了云锦领带、云锦围巾、云锦手提包、云锦挂件及工艺画屏等日用饰品。

事实上，金文的这种创新思路是很成功的。2021年，金文与中粮酒业合作，为长城五星2022壬寅虎年生肖纪念酒做形象设计。金文以中国传统

金文织造云锦吸引国际友人围观

虎文化为灵感，融入"上山虎"、祥云、牡丹、长城等国粹文化元素，创作出长城五星虎年生肖酒：《虎啸福临》。上市 15 天销售就突破 1 万瓶，可谓"一瓶难求"。

　　除了与纪念酒进行结合设计，在家居设计上，金文也做了积极的创新和尝试，并取得了很好的效果和影响。更重要的是，要朝夕相伴间领悟其中承载的文化魅力，在其滋养中艺术着人们的生活。

　　作品《高山流水》是金文近年来新设计的一件妆花纱的新中式云锦屏风。云锦的非遗的名称是"南京云锦木机妆花手工织造技艺"，妆花之前只有妆花缎一种。近年来，金文对韩国博物馆复制的明代时期纱罗进行了研究与探索，还制作了大型纱罗织机，经过努力，终于还原出了传统妆花纱的完整工艺。

　　屏风的木质框架简约大气，中间的横档支撑做成异形，形成上高山下流水的造型，为作品增加了现代化的气息。屏风主体为云锦独特的妆花纱，用通透朦胧的纱来描绘宁静悠远的山谷，谷中清泉曲折流淌，溪畔松柏浓荫森森，而天空中则以金色的云朵作为点缀，宁静而优雅。该作品受邀参

《高山流水》

加第五届中国当代工艺美术双年展。后又创作了一系列的屏风作品。

　　2021 年 10 月，迪拜世博会开幕，中国馆是极具东方美学的中国灯笼的造型，馆中建有漂亮的接待大厅里，最醒目的是中间两把国家领导人会见外国首脑的主椅。主椅采用明代官帽椅的造型，用竹节纹装饰细节，主体面料是一款时尚云锦。取自金文创作的巨幅云锦作品《绿水青山》的局部，表现的是蓝色调的山峦和星空，有大理石般的效果，是非遗传统与现代审美的一次完美结合，展现了我国与时俱进的发展与时尚的东方风情。

　　如今的云锦被越来越多的人了解，也越来越受年轻人的喜欢，靠着不断的创新与尝试，金文正在让云锦走进千家万户。

传承云锦　思考未来

说到传承问题，这是许多非物质文化遗产面临的共同难题。而云锦的传承，也是金文一直忧心的问题。

形成规模化的产业是云锦传承的动力与基础。就目前的产业发展来说，南京云锦的产业规模还不是很大，销售公司有几十家，但真正有传统生产能力的也就个别几家。而且专业的工匠更为稀缺，所以市场上有很多是机器生产的冒牌云锦。

金文自己的工作室有二三十台机子，一年也有千余万元的产值。但就整个云锦行业而言，金文坦言现在做的东西还是偏低端。金文表示他的目标是做高端的产品，要把

操作织机的金文

云锦真正当作一种文化来做。不仅要保留传统云锦文化的内容，还要结合时代的发展研发新的品种，吸引年轻人。这才是云锦更有意义的传承，也就是所谓的"活态传承"。

目前，为云锦寻找下一辈传承人，也成为他心头的一件大事。

将近70岁的金文，依然步履不停，现在仍然上机工作。为了完成一些定制的作品，每年要上机织三四个月，不过他现在主要的精力还是在设计方面。将云锦技艺一代代传下去，靠的还得是年轻人。

拜师不易，寻找徒弟更非易事。即便作为国家级传承人，金文现在也很难招到徒弟。因为云锦织造本就是个很苦的行当，原来有句行话，叫"前世打爹骂娘，后世投进机房"，道尽手艺人的辛酸。云锦工艺学习起来异常辛苦，不仅要坐得住冷板凳，耐得住寂寞，更需要头脑聪慧、心思灵

历史的厚赠
——国家级传统工艺传承人的匠艺之路

金文演示云锦织造

巧，有悟性。现在很少有人愿意来吃这个苦了，鲜有年轻人情愿坐下来花费几年慢工夫，踏踏实实地学这样一门手艺，更别说有人愿意把自己的子女送过来学艺了。

没人就是最大的问题。

金文说他主要的一线员工也50多岁了，虽然过去也教过不少人，徒子徒孙也有一大堆，只不过大部分都没能坚持下来，有不少学到半路就跑掉了。现在继续跟着他做云锦的学徒，也存在一些问题，比如，缺少通才。我们已经介绍过，云锦织造有很多的步骤和分工，但是学徒们都只能学其中的一部分，鲜有人能全部学会。现在金文主持做的工程，要拆分给很多人去完成。可是当年对他们来说，很多不算问题的事情，让现在的学徒看来都是很大的问题。

对于这种现状，金文也很苦恼，毕竟云锦的传承是个很严峻的问题，直接关乎行业的兴亡。金文坦言国家的资金应该向人才培养方面倾斜，重点扶持愿意做非遗的年轻人，以延续古老的民间技艺。

当然，传统文化的保护更需要国人重视起来，云锦艺术也需要我们更

金文云锦作品展示

金文与夫人殷志聪研究云锦意匠

多的人去认识、欣赏与爱护。在南京明孝陵博物馆二楼，坐落着金文云锦艺术研究院、金文大师云锦馆，同时也是苏州工艺美术职业技术学校纤维艺术实训基地、南京师范大学文学院社会实践基地。为想要认识云锦，亲近云锦的人们提供了一个很好的场所。

凭借顶尖的手艺，金文成了享誉海内外的云锦大师。身为国家非遗传承人，金文又为云锦的传承与发展，始终在不停地思考。

数十载春秋易去，他守护云锦的这份初心，不曾改变。

不过在金文的人生履历中，还有一件事令人称羡。金文与夫人殷志聪女士分别从事不同技艺，又都是非遗传人，堪称一对传奇的艺术伉俪。殷志聪是江苏省非物质文化遗产项目"南京雕花天鹅绒"传承人，同时还是一位著名的服装设计师。在 1993 年出版的《中国名师服装鉴赏辞典》中，全国选拔了 23 位优秀的服装设计师代表里，殷志聪就是其中之一。她制作了大量的云锦订制服装，在业界影响很大。

"终岁勤劳匹练成，千丝一剪截纵横。此观不为云章巧，欲俭骄奢赌未萌。"这是清康熙皇帝南巡南京时所写的《织造处阅机房》诗句。诗中隐约可见他的恤民之心，也写出了云锦织造的辛苦和艰难，但金文数十载春秋专注云锦无怨无悔。我们看到更多的，则是他对云锦的赤诚与热爱，是对云锦传承的责任与担当。他为自己，为世人，织就了一片云锦梦。

钟连盛说

第八章

钟连盛
热爱勇担传承义　创新赓续珐琅情

　　时值夏末，钟连盛带着孩子偶然路过龙潭湖荷塘，回头一望，夕阳西下，整个荷塘笼罩在金黄的色调中，两只野鸭在荷中亲密而行，充满了温馨、和谐、浪漫的情调。"何不把这么美的画面表现在景泰蓝上呢！"一个念头瞬间闪过。钟连盛捕捉到了这个灵光一现，并开始了他的大胆尝试。为更好地表达出当时的感受，钟连盛决定在设计和制作工艺上"赌一把"。为了烘托画面的自然、悠扬、清丽，采取灵动的水波纹装饰，大面积无掐丝以做到主题装饰更加突出，引出了点蓝工艺的气氛渲染却又不崩蓝的工艺创新实践。钟连盛的想法遭到掐丝和点蓝师傅们的质疑。因为从前由于工艺限制，景泰蓝制品上的无丝点蓝最大只能做到约3厘米见方，再大一些的话釉料烧制和磨光过程中就会惊裂甚至脱落，即"崩蓝"。然而"倔强"的钟连盛一头扎在车间里，同掐丝和点蓝技师共同研讨，从制胎的焊口控制、焊丝焊药的多少、点蓝的薄厚、烧制的火候、降温的方法，到磨光工艺的控制等都反复试验，经过无数次失败之后，钟连盛同技师们终于摸出了"门道"，试验最终成功。"荷梦"系列的成功实践，意味着景泰蓝制作的工艺可以更紧密地与主题相连，将一个普通的装饰题材赋予了崭新的时代气息，增强了作品的艺术感染力，从而提高了作品的艺术品位，成为钟连盛众多获奖作品中最为突出的代表。该作品也由此荣获第二届西博会中国工艺美术大师作品博览会金奖。

钟连盛，1962年生于北京，满族人，从艺近四十五年，在景泰蓝制作技艺上取得的杰出成就，让他拥有了诸多身份：中国工艺美术大师，北京市特级工艺美术大师，正高级工艺美术师，高级技师；同时，他还是国家级非物质文化遗产景泰蓝制作技艺代表性传承人、享受国务院政府特殊津贴专家、2010年全国劳动模范，现任北京市珐琅厂有限责任公司总经理兼总工艺美术师。并且，他还担任了诸多职务：中国民主建国会民建中央画院工艺美术专业委员会副主任，中国工艺美术大师工作委员会委员，中国工艺美术协会金属艺术专业委员会副主任委员，北京民间文艺家协会副主席，北京工艺美术学会副理事长，北京传统工艺美术评审委员会副主任，国家职业技能鉴定高级考评员，北京服装学院艺术设计学院客座教授、研究生导师，北京市第十五届人民代表大会代表。

钟连盛治艺严谨，技艺全面，作品清新细腻精致，风格秀美典雅独特，主张在继承传统的基础上不断探索、创新，因此在开发创作中始终倡

2000年，钟连盛创作"荷梦"系列

导简约、抽象、现代的设计理念，作品具有鲜明的现代感与时代气息。无论在题材内容的挖掘、表现，技艺的革新、发展，以及传统工艺同现代环境装饰相结合这一新的领域中的发展应用上，均有所突破，取得了很大成绩，多次荣获国家和部（市）级金奖。

钟连盛还曾荣获：北京市十大能工巧匠，北京老字号工匠，北京市有突出贡献的高技能人才，享受北京市政府特殊津贴技师，享受国务院政府特殊津贴专家，首都精神文明建设奖，首都劳动奖章，全国

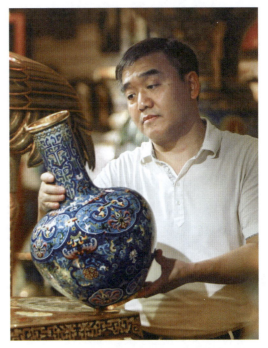

钟连盛工作照

五一劳动奖章，全国劳动模范，2017 年《光明日报》、光明网"中国非遗年度人物"，2019 年《新京报》"年度匠心荣耀人物"，北京工艺美术德艺双馨大师，2013 年度中国工艺美术典型人物，2019 年国家级非物质文化遗产代表性传承人"薪传奖"，中国知识产权文化大使等荣誉称号。钟连盛大师工作室被北京市经信局评定为"北京工艺美术大师示范工作室"，被北京市人力资源和社会保障局评定为"北京市首席技师工作室"，被中国轻工业联合会授予"中国工艺美术大师钟连盛非遗传承基地"，被人力资源和社会保障部命名为"国家级技能大师工作室"。2008 年，钟连盛还作为北京工艺美术大师和非遗传承人的代表光荣入选北京奥运会火炬传递火炬手，参加了首都北京中轴线前门大街的奥运圣火传递。

钟连盛的多件作品被国家博物馆、中国工艺美术馆、中国非物质文化遗产馆、恭王府博物馆、中国工艺美术大师博物馆、中国电影博物馆、中国体育博物馆、敦煌博物馆、中华世纪坛艺术馆、北京非遗博物馆（在建）、北京香山革命纪念馆，南昌八一起义纪念馆，以及浙江省非遗博物馆等收藏。

误打误撞　一念巧结缘

　　钟连盛从一个15岁的懵懂少年成长为一名景泰蓝工艺大师和国家级传承人。然而他当初进入景泰蓝行业，用他的话说，完全是误打误撞的。钟连盛的祖籍为河北易县，中华人民共和国成立前他的爷爷来到北京，在东琉璃厂的印刷社工作，父亲则是在天桥附近一个制刷小作坊做工，手工制作鞋刷、油漆刷等刷子用品。所以在钟连盛的家族中并没有从事景泰蓝这一行业的先例，儿时的他甚至从未听说过景泰蓝为何物。但家族的传承与影响，长辈们都从事着手工行业，对于钟连盛也有着潜移默化的影响。据钟连盛说，他的字写得还凑合，就是受到祖辈与父辈的影响。钟家有兄弟三人，钟连盛年纪最小，他的大哥同样喜欢手工木刻，20世纪60年代那会儿常常用木板刻毛主席像，再拓印下来，很多样式不同大小的，幼时的他常跟着哥哥看，一起玩。在这样的家庭氛围中，钟连盛对于绘画与手工制作自然都有着浓厚的兴趣，比如，自己用铅丝制作小的弹弓和大的崩枪，用彩色铅笔在各色电光纸上拓图，用铁刀刻剪纸，曾积攒了厚厚的一大本，还保存了很多年。在那个年代的中国，物质条件并不丰富，当时孩子们的玩乐活动也是基本靠自己手工制作，钟连盛自然也是其中一员。或许正是少年时这些多彩的生活经历，为他后来走上工艺美术的道路预先做好了准备。

　　钟连盛是如何开始接触景泰蓝的呢？1977年，正值国家刚刚恢复高考，北京市各个中学初三也相继设立了快慢班。据钟连盛自述，他们学校一个年级大约有8个班400个学生，他不仅一直成绩名列前茅，还一直担任班长或是中队长。1978年，以他当时初三毕业的成绩，要报考东城区重点中学——第二十六中是没有问题的。但年仅15岁的他只因热爱绘画，便未作他想，一门心思要从事与美术相关的行业。但当时招收美术专业的院校少之又少。恰逢北京市珐琅厂（以下简称珐琅厂）创办的学校全市招生，有加试美术这一项，这让钟连盛看到了希望。他毅然放弃了升入高中考大学的机会，选择参加了技校的考试。自幼在学校美术组在张冀晋老师的启蒙培养下，后又到崇文区（现属于东城区）天坛少年宫学习绘画，一直承担学校的众多活动、板报设计，具有一定美术功底的钟连盛自然顺利考入，从此开始了景泰蓝艺术设计的学习生涯。这一念的选择，就决定了钟连盛与景泰蓝的一生之缘。

元明清时期，景泰蓝（又名铜胎掐丝珐琅）一直是皇家独享的宫廷御用品，以其古玉般的温润、锦缎般的富丽与宋瓷般自然活泼的特质，具有很高的工艺和艺术价值而深藏宫中几百年。虽然此前对于景泰蓝艺术并不了解，但进入珐琅厂后的钟连盛，在目睹了精致、华贵、雍容富丽的景

青年时期的钟连盛

泰蓝精品后，被珐琅独特的制作工艺和艺术效果深深吸引了。进入学校，校长及老师们带领包括钟连盛在内的 30 名学生参观了工厂及车间。对于当时的钟连盛来说，那琳琅满目的产品、全厂师傅们大干的场面、到处堆放着从小到大许许多多的成品、半成品，成摞的色碟，特别是一件件产品在近 800℃ 的高温中，如凤凰涅槃般所呈现的或强烈或高雅的五彩缤纷，流光溢彩的金属和釉料所散发出的特殊的美……这一切，都散发着巨大的魅力。因此，他下定决心要将这门传统手艺学到手，并渴望尽快投入学习中，期望日后能亲手去创造出精美的作品。

可以说，钟连盛选择了景泰蓝艺术事业，是一种偶然，也是一种必然。

日积月累　学艺当三勤

一件景泰蓝作品具有什么功能，想要表现一个什么理念、意境，传达出什么思想和情感，以什么样的造型、纹样装饰，什么样的色彩、色调来烘托，这就首先要有一个很好的创意与完整的设计方案及全套的设计图纸。而

接下来的制作过程主要包括制胎、掐丝、焊丝、点蓝、烧蓝、磨光、镀金七大主要工序。实际上，每一道工序背后都有相当繁杂的辅助工序，大大小小加起来要有 108 道之多。所有工序都完全依靠手工制作，任何一个小环节出了问题，也保证不了最后精品的呈现，这也是景泰蓝工艺品成本较高的原因。这也意味着要学好景泰蓝的创作和这门技艺，需要学习培养的设计能力和综合艺术修养及各工艺的技艺水平，并需要付出非比寻常的努力。

钟连盛在珐琅厂技校 3 年的学习，系统地学习了中国工艺美术史、中国画、西画美术基础、图案装饰、装饰色彩和专业设计等课程。20 世纪 70 年代，有关绘画、传统图案、装饰等图书资料很少，刘牧老师就带领他们进入故宫陶瓷馆、青铜器馆、珍宝馆、绘画馆等现场教学，之后大家分散到各馆进行大量的临摹学习，对中华民族悠久灿烂的传统文化有了深刻的了解和认识，也收集积累了丰富的素材。他们还在龚文桢和戴嘉林老师的带领下，在各大公园、动物园等进行了大量的花卉鸟兽等写生，为以后的创作打下了坚实的基础。但同时他也深刻认识到，要创作出好的作品，不仅需要打下坚实的美术设计基础，还要熟练掌握景泰蓝制作的整个工艺流程，以及制作材料和工具的特性等。因此，钟连盛非常珍惜在学校的宝贵时光，一方面有意识地从各个方面提高自己的综合设计能力；另一方面还勤学苦练景泰蓝制作的基本功，为学好这一技艺打下扎实的基础。

在 3 年的学艺生活中，钟连盛渐渐领悟到：要不耻下问，虚心求教。要做到三勤：口勤、眼勤、手勤。他也正是这样实践的。据钟连盛的同学回忆，从他们一起入学珐琅厂后，钟连盛将更多的业余时间花在写生上。钟连盛深知，艺术来源于生活，只有充分了解生活中实物的生长结构、生活习性，设计出来的形象才更加传神、生动，为了打下扎实的绘画基础，所以他一有时间就去天坛、香山、中山公园、颐和园等地写生各种花卉，通常一画就是一整天。在十三陵，他不顾危险，趴在高高的树杈上揣摩、研究大橡树枝叶的结构、形态、脉络；在门头沟斋堂，他起早摸黑，等待并画下旭日东升的瞬间之美。在艺术的世界中徜徉前行，看上去勤苦的钟连盛，却有着他人无法感同身受的自在与乐趣。

技校毕业后，钟连盛被分配到珐琅厂掐丝车间技术青年班实习，期间，他跟随擅百鸟的于兆贵老艺人、擅龙怪的高富老艺人和擅花鸟图案的陈库

景泰蓝制作工序之一——掐丝

江技师学习掐丝技艺，这段学习经历是他又一段宝贵的财富。不同于绘画中以线条勾勒图案，景泰蓝是用铜丝来作画，这对掐丝的准确性与传神性的要求格外高，因而掐丝则可以称为是景泰蓝工艺中最为关键的一道工序之一。即将紫铜拉丝后，压成1毫米宽的扁丝，再用猪皮胶做黏合剂将多条丝粘在一起，然后技师按照设计好的纹样图纸用专用镊子将扁丝掐掰出各种图案。将铜丝过火分离后蘸着白芨一根一根地粘到铜胎上面，最小的图案仅有毫厘大小，对于当时的钟连盛来说难度可见一斑。在钟连盛看来，"丝要顺，地要平，丝胎衔接没有缝""掰的活儿要工整，粘的活儿要平整"等都是一名掐丝技师所应扎实具备的基本功。掐丝工序有个最通常的基本功——"掰花刻儿"，因此为了练好这一绝活，他一边利用一切机会多看艺人的制作手法，一边反复揣摩并实践，以至于指甲顶的生疼，拇指肚也瘀血了。实习后与钟连盛分在掐丝车间第四组的有四位同学，班长饶师傅对钟连盛的表现特别满意，还奖励了他一把钢尖镊子。据钟连盛说："我们实习生用的铁镊子易变形，而老师傅的钢镊子尖都已经用出来了，是非常珍贵的掐丝工具。"老师傅的这一举动，无疑是对钟连盛学习态度和工艺水平的极大认可。

钟连盛一直保持着勤学勤练的习惯，因此他的进步也显而易见。掐丝车间曾组织了一批出口合同的技艺比赛，青年技工们按要求要制作一批"花篮"纹样产品，上下口为勾子莲，主体是百花花篮。在所有参赛者中，一批是他们技校毕业的学生，另一批参赛者属于插队返城进厂的和一部分子承父业接班来的青年工人。来巡视的老校长看完比赛作品后，车间主任对校长说："你们技校的孩子就是不同，懂绘画，形象、结构掐得特别生动，

对于传统图案的理解到位，掐得都特别顺畅饱满，包括主体的花鸟图案等都理解得很好，很传神。"而钟连盛的作品在众学生中脱颖而出，这也更增添了钟连盛学好景泰蓝技艺的信心。

景泰蓝工艺制作的另一个关键工艺在于点蓝。如果把掐丝比喻成绘画中的线描，那么点蓝就如同绘画中的着色，不同的是，点蓝不是用画笔，而是用蓝枪、吸管；不是用颜料，而是用天然的矿物质釉料；如此反复三四次才完成这一工序。因此它首先要根据色彩图调配釉料，其次润色要自然，层次和体积感、空间感的表达等都考验着技师的审美和把握色彩的能力，体现出一个优秀技师的艺术修养和工艺操作的基本功，而这一切钟连盛也都进行了认真扎实的学习。

为了更进一步提高自己的美术功底和理论水平，增强工艺美术创新设计能力，钟连盛于1984年考入北京工艺美术职工大学（现北京工业大学艺术设计学院）工艺美术系装饰绘画专业深造。3年的学习经历，更夯实了他的专业设计基础及理论基础，开阔了视野，并接触到了当代艺术思潮与新的设计理念。在认真完成主要专业学科学习的基础上，期间，他仍然坚持来自生活的写生练习，回忆那段时光，他说道："我走遍了学校附近的村村落落，收集创作素材，那里有成片的杏花、梨花和栗子树，风景也美极了。"为了更好地完成毕业设计作品，钟连盛非常认真地做好每一个环节，从浮雕的捏泥型、翻石膏、翻锡模、在200吨大冲床上上铜板库活、上胶板、錾活，再在上面掐丝、点蓝，自己去烧蓝直到磨光，深入实践认真学习了景泰蓝整套的制作工艺，真正成为一名既懂设计又懂技艺的专业人才，为以后的设计创作打下了坚实的实践基础。

不忘初心　低谷中坚守

20世纪50代年到80年代初正是珐琅厂最红火的岁月。那时候传统手工艺品很受国际市场欢迎。1978年，秋季广交会上，一套景泰蓝《绣墩亭桌》能换回 6 辆小轿车，当时一下就签订了 5 套出口合同。从建厂到 20 世纪 80 年代，北京市珐琅厂生产制作的景泰蓝几乎全部出口，销往世界 100 余个国家和地区，一年出口额曾高达 1000 多万美元，是北京市整个工美行业首屈一指的"换汇大户"，为当时国家经济建设购买技术和机器设备做出了巨大贡献。刚刚进厂的钟连盛目睹了景泰蓝产业的辉煌，然而当他走出校门准备大展身手时，景泰蓝的市场前景却急转直下。

　　后来，钟连盛总结当时景泰蓝行业衰落的原因是多方面的。就内部原因而言，一直以来，景泰蓝的主要形制有观音瓶、桶子瓶、小口瓶、六线瓶等，产品装饰花色也趋于规格化、程式化，从品种到装饰都非常单一。此外，当时市场中流通的景泰蓝，质量也都参差不齐，图案单调落伍。昔日的皇家珍品，逐渐沦落为"景泰滥"。就社会背景而言，自 20 世纪 80 年代末期开始，随着国家由计划经济转向社会主义市场经济，北京市珐琅厂进入了发展的低谷期。主要是因为当时国外市场处于饱和状态，而国内市场对工艺品需求量低。景泰蓝从出口商品变为国内市场上销售的工艺品进行销售，需要重新去研究和适应消费市场。面对这样的情况，许多当年与钟连盛一起进入技校学习的同伴们都陷入了迷茫之中，一部分选择了继续考学读书，还有一部分则耐不住寂寞与外界的诱惑，选择了下海谋求新的发展。

　　面临着这样艰难的环境，钟连盛没有退缩，决心继续坚守景泰蓝艺术事业。在当时的情况下，做出这样的选择是极其困难的，而真正以行动持之以恒付诸实践则更是极为不易。那是什么促使青年钟连盛做出这样的选择呢？

　　首先，在数年的辛勤学习过程中，对于景泰蓝工艺独特的艺术特色和价值，他最熟悉不过。我国的景泰蓝制作技艺源远流长，从元代进入中国至今已有 600 多年的历史。景泰蓝真正投入市场作为商品售卖的历史不过百年，在此之前，它一直属于宫廷艺术的典型代表，进入皇家御用的专属行列。景泰蓝的设计也融入了中华民族特色的美术、绘画、吉祥文化、吉祥艺术等，承载着深厚的文化意蕴。俗语有言："一件景泰蓝，十箱官窑器。"这是景泰蓝作为中华民族多种工艺的集大成的独特传统工艺的真实总结。比如，它是铜胎，就涉及青铜的冶炼、锻造；它有釉色，涉及玻璃熔

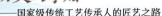

炼，还有掐丝中金属的掐制、雕刻，还有珠宝玉石的镶嵌等，对于景泰蓝各方面价值和未来的发展复兴都抱有信心，这是钟连盛选择坚守的原因之一。至于景泰蓝当时所处的低谷期，钟连盛认为，一切事物都有自身发展的规律，事物更新换代呼唤创新也是必然的趋势，也是市场经济发展的必然要求。事物的发展有其兴盛期则必有其低谷期，哪怕是处在衰落期，有心者也会发现其中正孕育着生机。钟连盛正是这样一位有心人。

其次，他有传承珐琅人精神的道义精神和责任心。这不得不提及1949年中华人民共和国成立之后，景泰蓝经历的另一次衰危期。自中华民国一直到中华人民共和国成立前夕，多年战乱，原材料涨价，民不聊生，小作坊的生产也难以为继逐渐衰落，因此这种工艺几近人绝艺亡的地步。景泰蓝行业的萎靡引起当时诸多如梁思成、林徽因、郭沫若、沈从文等文化名人的关注。1951年，旨在抢救和扶持北京传统手工艺业，北京特艺进出口公司成立了研制景泰蓝的实验厂。同时，清华大学营建系在梁思成、林徽因的主持下成立了抢救景泰蓝工艺的美术小组。1951年6月，刚刚从中央美院华东分院毕业分配到北京出口公司，24岁的钱美华在梁思成先生的建议下，进入清华大学，跟常沙娜和孙君莲一起，师从林徽因，主研工艺美术，后成长为中华人民共和国第一位从事景泰蓝专业设计的工艺美术大师。1955年春，时年51岁的恩师林徽因已经病危，她对前去探望的钱美华说："美华，你记住了，景泰蓝是国宝，不能在新中国失传。"这是师徒的最后一面，也是恩师对于学生的临终嘱托。而钱美华也真正做到了将自己的青春年华和毕生心血都奉献给了景泰蓝艺术事业，为景泰蓝艺术的挽救恢复和创新发展做出了历史性贡献。

钱美华是钟连盛的恩师，她的精神品质深刻影响了钟连盛的人生与事业。在钟连盛看来，钱老师非常温文儒雅，说起话来细声细语，在她讲自己的经历、讲对艺术的理解及景泰蓝的设计创作时，能够感受到她的内心非常的纯洁、清澈和真挚，常常流露出特别纯真的笑容。钟连盛谈及恩师时曾说道："我觉得钱大师对我最大的影响，就是她对景泰蓝艺术的执着，以及那种敬业的精神。从她二十几岁进入这个行业，到她83岁，景泰蓝艺术已融入了她的血液之中，成为她生命的全部。这种执着敬业、一丝不苟、不懈追求的奋斗精神，也是我对大师的承诺，我也经常会这样教育徒弟。

我们后来人都是站在前人的肩膀上，我们必须择一事终一生、干一行爱一行并干好这一行。"

钟连盛回忆说："钱美华大师晚年依旧一心扑在景泰蓝上，经常打电话给我：小钟，哪里有一个展览，你应该带年轻设计师们去看看，对景泰蓝的设计创新肯定会有启发和帮

钟连盛与钱美华交流学习

助。"钟连盛的确很像钱美华。他也经历了景泰蓝从兴盛走入低谷，直至再度振兴。最难的时候，他承认自己也有过动摇的想法，然而这个念头也只是一闪而过。钟连盛说："京珐人一直秉承的是林徽因先生、钱美华大师的那种精神，暗暗地憋着一口气、一股劲，一定不能让国宝景泰蓝在我们手上传不下去！我们不能愧对先辈，更不能愧对后世！""我们总说传承，但传承什么？我觉得最重要的是传承那种奉献的精神，同样，一件好的景泰蓝作品的创作也是一样，一定要全心地投入，融入情感，一件作品才能感动自己，也才能打动观者。一定看得见设计制作者的精神气质和他在文化艺术上的领悟和追求，否则就是一件简单的商品而已。"钟连盛如是说，也是这样做的，他与恩师钱美华一脉相承，为景泰蓝艺术事业做出了新的探索和贡献。

在钟连盛的不懈坚持和探索下，他的作品或追求花鸟题材的意境、情趣，或主题性创作端庄大气、气势磅礴，色彩根据不同的装饰题材或优雅含蓄或热烈响亮，较传统更为丰富，传达着鲜明生动的生活气息，展现了昂扬的时代精神和适应着多元的审美需求。还将科技创新成果有机地融入景泰蓝的设计和制作当中，使其能够与时俱进，应和并满足着时代的需求、审美和节奏。

最后，钟连盛对于景泰蓝的坚守，还源于他对景泰蓝艺术的衷心热爱。钟连盛曾说："因为喜欢景泰蓝这项手工技艺，即使付出再多的辛苦，我也乐在其中。"正是怀有这样的心态和坚持，才能真正支撑他在景泰蓝艺术的

沉与浮中走过 40 余载。倾尽一生以传承景泰蓝事业，这话说起来容易，却唯有真正热爱的人才能得以实现。对于景泰蓝行业和一起工作的人，钟连盛同样也怀有真切的感情，他说："我进厂早，喜欢这个行业，与企业、领导和师傅们建立了非常深厚的感情，深深地爱着自己的企业和所从事的事业。"可以看出，钟连盛已经将自己的一生与景泰蓝事业融合在一起了。

多元突破　创新辟未来

为了使景泰蓝走出低谷期，重振传统工艺，1992 年，北京珐琅厂的第二任总工李新民提出了"紧跟时代，贴近生活"的创作思想，带领米振雄、戴嘉林、阮春麟、杨宏勋、王建国、丁明鸿、邵家增等大师创作了一批"华夏文化""欧美文化"和"伊斯兰文化"三大文化系列产品。1996 年，钟连盛被调到新产品开发部任副主任，负责产品开发设计工作，始终以这一思想作为景泰蓝设计制作的指导原则。之后数年，他带领自己的团队，以自己所学的专业知识作指导，提出见解，开展设计创新及技术创新工作。2002 年，钟连盛任北京珐琅厂总工艺美术师，他与同事们一道在继承传统技艺的基础上不断探索创新，他的作品题材广泛，特别是将花鸟题材赋予了新的情趣和意境，构图章法讲究，形象生动严谨，色彩优雅浪漫，并擅长现代、抽象装饰手法。能根据不同题材进行传统工艺技法的变革和创新，如点蓝中局部留露铜地，镀金后形成的斑驳、粗犷，或者"烧亮"不完全磨平等工艺效果，增添了景泰蓝的艺术效果和品位；通过工艺改革和严密的工艺控制，突破了历史上景泰蓝满器型周身必须纹饰密布的工艺制约，实现了大面积无丝而不崩蓝，都极大地增强和丰富了景泰蓝装饰的艺术表现力，取得了较好的艺术效果，并得到了业内的认可。他的作品清新、细腻、精致，风格秀美、典雅、独特，具有鲜明的现代感和时代气息。他设计的一系列作品，以具有强烈的生活气息和时代特色真正做到了让景泰蓝进入了人们的生活，融入了时代的审美而被大众所接受。代表作品有系列作品

《荷梦》《清韵》《"O"系列》《四季平安　年年有余》《北京风情》《连年有余》《和和美美》捧盒等；主题性创作《华夏盛世尊》《华韵四季尊》《鼎盛中华》《盛世宝鼎》等；景泰蓝小喷水池系列作品之《花语》《溢香》；小聚宝盆系列作品之《吉祥八宝　年年有余》和《福禄寿禧　财运连连》等作品，均分别荣获了国家和市级大展的金银奖。直径 180 厘米大型景泰蓝《聚宝盆》（与米振雄、李静大师合作）被评定为 2013 年北京工艺美术珍品。他还与李静大师合作创作设计了 180 厘米高的大型精品《福禄万代》与目前国内最大的景泰蓝单体作品——400 厘米高的《和平之歌》对瓶。2017 年 2 月，与李静大师合作的 50 英寸景泰蓝《盛世欢歌》大瓶，作为国礼由习近平主席赠送给联合国日内瓦总部。作品设计新颖、技艺精湛、艺术效果丰富多彩，充分体现出大师以新的设计理念为引领，把传统技艺与当代审美取向进行完美融合，展现出"京珐人"通过集体的智慧，秉承大国工匠精神对景泰蓝技艺的完美继承和创新发展，也向全世界展示了景泰蓝艺术的耀眼风采，弘扬了祖国悠久灿烂的传统文化，为国家赢得了荣誉。

非物质文化遗产的保护首先是继承传统，这也是钟连盛一直强调的，他说："景泰蓝的制作工艺是老祖宗传下来的，必须保持其工艺和技术的完整性。"然而，曾经有一段时期工艺美术总的状况是仿古、崇旧、复制之风盛行，在创作上攀比求大，以奇为美，以繁为荣。要想打开景泰蓝市场的新局面，就需要改变这种情况。"流水不腐，户枢不蠹"，传统技艺也需要与时俱进的创新。钟连盛认为："传承不是一味地复古、模仿，即便是传统题材也要用现代设计理念和现代审美去塑造，这样才能让景泰蓝紧随时代脚步，不断焕发新的生命力。"秉持着这一创作理念，钟连盛作品的主题与传统作品相比，时代感更突出，生活气息也更鲜明。不仅如此，他对景泰蓝工艺技法，以及应用场景等多个方面也都进行了探索创新。

首先是对景泰蓝表达主题的创新。钟连盛越来越认识到："在继承传统技艺基础上打造鸿篇巨制、传世珍品确有必要，不过一些传统图案，如福禄寿喜、富贵牡丹、升官发财、子孙万代及狮头、象头、龙头、羊头等要随着时代的变迁有所创新，否则，缺乏新意的传统技艺必将逐渐被淘汰。"2000 年创作的"荷梦"系列，是对景泰蓝主题创新的很好开始。

20 世纪 90 年代，北京当代文化曾经形成一个小高潮，就是展现北京

2005 年钟连盛创作 "北京风情" 系列

传统文化包括北京胡同、四合院的门楼、砖雕等北京风情的黑白照片的摄影作品特别多，还有一个北京各式门墩儿的专题展，非常震撼，引起了人们对北京文化的反思和关注。这让钟连盛联想起小时候在胡同中玩耍看到的不同规制的四合院、门楼，以及有些大门上 "忠厚传家久，诗书继世长" 的对联。还有北京四合院里少不了的 "天棚、石榴、大鱼缸"，"天棚" 就是院里种的藤萝或者葡萄架，牡丹花、石榴树和花盆里的佛手及院中的大鱼缸。正是以这些为原型，钟连盛于 2005 年创作了 "北京风情" 系列作品。

"北京风情" 系列充分表现了北京民俗文化和传统文化，题材新颖，有别于一般的花鸟题材、吉祥题材作品。从装饰形式上，一个高瓶，表现了四合院的门楼；一对宝罐，一个圆盘，表现了院中鱼缸里的倒影，集中表现出北京文化那忠厚传家、诗书继世，平安如意，美满和谐的深刻内涵。作品景泰蓝工艺精致、细腻、完美，錾铜配饰更丰富了景泰蓝整体装饰的艺术效果，增添了景泰蓝的艺术表现力。这组景泰蓝是钟连盛的代表性作品之一，并获得了第 44 届国际旅游品和工艺品交易会 2009 年金凤凰创新产品设计大赛金奖。

其次是景泰蓝应用领域的创新。在元明清故宫里面，景泰蓝是作为陈设、装饰或祭祀佛教方面的一些摆件。进入 2000 年之后，景泰蓝技艺以其独特鲜明的工艺和艺术特色引起社会的广泛关注，被融入人们的生活场景、建筑装饰和景观工程之中。2005 年，钟连盛为朝外 C 区昆泰嘉华酒店设计并全程监制、指导、攻关完成了大型环境装饰《花开富贵》景泰蓝艺术喷水池工程。要完成这一工程，钟连盛在时任总经理衣福成的带领下与各工序高级技师们共同研讨解决了一系列技术难题。例如，如此大面积景泰蓝制作过程中需反复烧制的膨胀问题、平整度的控制问题、装饰元素相对较大的烧蓝崩蓝问题、长期室外放置如何不变形，釉料如何抗温度变化如何不氧化不开裂等。如果没有创新思维，如果没有攻坚克难的精神，是根本无法想象的。"我们和工程技术人员经过了近一年的研发，才将这些难题一一攻克。"大型室外环境艺术、约 80 平方米的铜胎掐丝珐琅《花开富贵》喷水池的成功，一举改变了景泰蓝只能作为陈设品供人们在室内观赏、把玩的历史，可以说为景泰蓝工艺的发展开辟了新的天地。

该工程与灯光及喷泉系统工程相组合，规模庞大，气势宏伟，像是巨大的宝石镶嵌，与整个环境和谐地融为一体，在朝外 C 区形成一个新的视觉中心，一个新颖、瑰丽、灵动的亮点。这一工程实现了设计应用领域、生产制作工艺、创新攻关环节及装饰艺术效果的几大突破，是当时景泰蓝工艺最大的作品，为企业赢得了巨大的经济和社会效益，为传统工艺的创新发展作了有益的尝试。这一设计和工艺的成功实践，迅速打开了景泰蓝在喷水池建筑的应用市场。其后，钟

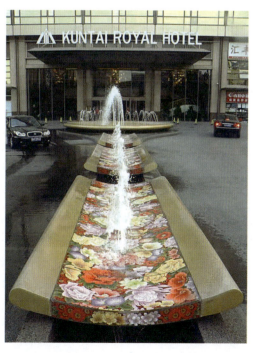

2005 年，钟连盛设计《花开富贵》大型室外喷水池

连盛又为中华民族艺术珍品博物馆设计了《生命的旋律》大型三叠景泰蓝艺术喷水池。之后几年，他又受邀相继为昆泰地产设计并实施了《舒缓的田园》《绿色家园》两座室外大型喷水池，形成昆泰地产景泰蓝环境装饰的三部曲。受此启发，钟连盛又创作设计了可以放在室内，集装饰陈设和实用于一体的小型景泰蓝喷水池《花语》《溢香》。景泰蓝小喷池系列作品《花语》《溢香》的创作主旨，在于为古老、传统的景泰蓝工艺在传承、保护中得到升华，不断发展，在于拓展景泰蓝艺术的应用领域、丰富景泰蓝作品的艺术表现力，在于探索艺术品实用化、实用品艺术化的创新之路，为景泰蓝艺术的发展打开新的视角，创出新的思路。

该系列作品由《花语》《溢香》两件套组成。体现西方艺术特点的《花语》，较之东方韵味十足的《溢香》，尽管风格迥异，却有着异曲同工之妙，精美的景泰蓝艺术装饰，循环喷水、净化空气的实用功能，放数尾金鱼游弋于碧水之中，其灵动、清新之美溢于言表。如此微缩仙境置于现代家居的厅堂内，令人赏心悦目，美不胜收。作品在处理景泰蓝艺术与喷水硬件系统的有机结合方面，构思、设计巧妙，特别是主盆体双层结构的设计更是颇具匠心，使作品整体造型厚重、完美。

此外，北京市珐琅厂还走出国门，在衣福成董事长的带领下，由钟连盛和刘令华工程师共同主持承担了新加坡佛牙寺超大型景泰蓝《转经轮藏》工程。这个直径2米多、高达3米多的转经轮，由30块一米多的弧形景泰蓝拼接而成，仅景泰蓝部分就有1.5吨重，经筒内部存放入2000多册经书，一个很弱小的受众还要能轻抚转动，其整体结构设计组装没有先例，难度很大。且每块之间衔接的扣条、扣钉，都以卷草纹和莲花錾铜为装饰，于细节处注入佛教文化元素，与主体经筒景泰蓝红色调装饰互相辉映，庄严辉煌。《转经轮藏》与《花开富贵》景泰蓝艺术喷水池等系列工程，在景泰蓝工艺技术和艺术表现上都实现了历史性超越。

近年来，珐琅厂在衣福成董事长的领导下，在全体职工的共同努力下，陆续在景泰蓝与建筑装饰和环境景观工程的跨界合作中取得了一系列成功，还相继完成了首都机场专机楼室内景泰蓝装饰工程，北京市委接见大厅，扬州迎宾馆大堂内4根高6米、直径1.2米的景泰蓝堂柱建筑装饰工程，延庆世园会外事活动大厅景泰蓝工程，首届上海进口博览会副厅《三山五园》景泰蓝壁画，北京市东城区文化活动中心大堂高4米、长18.2米的《壮美中轴》景泰蓝大型壁画，北京地铁14号线景泰站景泰蓝装饰工程等。而最让他们引以为傲的，当数2014年完成的北京APEC会议雁栖湖国际会都集贤厅室内景泰蓝装饰工程，在大厅四周18根圆柱上的18个两米见方的景泰蓝大斗拱和藻井灯池一周48个小斗拱及众多筒状景泰蓝壁饰。通过一系列的创新攻关，京珐人真正让这一传统工艺走向了人们的生活环境

2013 年 钟连盛创作大型景泰蓝作品《聚宝盆》
（合作）

装饰，走进了国家政务礼仪场所，实现了传统非遗技艺在当代的生活化应用，取得了历史性突破。

最后是景泰蓝制作技艺的创新。2013 年，钟连盛主创（合作）设计制作了大型景泰蓝艺术作品《聚宝盆》。盆主体最大直径 152 厘米，加象头双耳 180 厘米，盆体总高 93 厘米。盆身主体四周福、禄、寿、喜四个开光花鸟纹样与传统寓意的勾子莲、牡丹纹穿插辉映，而盆内的荷花丛中，赫然升起的绿色荷叶造型之上，3 只栩栩如生的金蟾口衔铜钱，上书"招财进宝"，构成整部作品的中心点和制高点，与金盆内錾刻的连绵不断的缠枝莲纹，共同点出了"福、禄、寿、喜、财运连连"的吉祥主题。盆沿两端横亘两侧的双象头取义"太平有象"，中心主喷泉及六个景泰蓝荷花错落有致，循环喷水更增添了作品灵动的生命气息。整个作品洋溢着喜庆、祥和、幸福、美满的主题。这一作品被评为 2013 年北京工艺美术珍品。

这件作品在制作过程中非常艰难，因为它不像做一个瓶子，小点的瓶

子就整个做；大的如几米高的或者七八十寸高的瓶子就分成三截，最后摞在一起完成。这件作品为了感觉更厚重，采用双层结构，盆沿儿和盆体内錾铜回纹和缠枝莲为内层，外部主体为景泰蓝掐丝点蓝工艺，驮着双层大聚宝盆盆底的錾铜4个小象和2个象耳也是太平盛世吉祥寓意。如果做成单层就太"薄气"，另外里边要盛水，压力也会太大。所以，这件作品的整体结构很大，包括掐丝纹样的装饰，反复烧制过程都需要钢架结构支撑，以保证作品的造型和工艺的完美呈现，直至最后呈现出的艺术效果等，都体现出了对景泰蓝工艺的全面创新。

景泰蓝工艺的技术革新还体现在多个方面。20世纪80年代，天然气炉和近年的电炉替代煤炉的烧制，为景泰蓝的烧成质量的提升提供了古代绝不可能有的保障。在釉料颜色品种方面，新时期的工艺也获得了很大的进步。明代景泰蓝成熟时期的景泰年间颜色较少，以蓝色为主，大致包括五六个颜色，后人由于非常崇拜这种技艺故称其为景泰蓝。至清代时，尤其是康雍乾三朝，因国力强盛，宫廷更加喜爱这种奢侈品，特别是在乾隆年间其达到鼎盛时期，这会儿颜色也更加丰富，增加至二十几个釉色。1956年公私合营成立北京珐琅厂至今，经过釉料工程师孙淑兰多年不断的试验与研制，景泰蓝的釉色已逐渐多达70余种，为景泰蓝艺术的创新提供了有力保障。

随着时代发展，社会进步、经济腾飞，人们的生活水平也在不断发生变化，我国社会的主要矛盾日益演变为人们日益增长的物质文化需求同落后的社会生产力之间的矛盾。在这样的社会背景之下，人们对景泰蓝的需求也日益发生着变化。以结婚为例，当时国内人们主要是三大件：双门大衣柜、凤凰或永久自行车、缝纫机，主要以解决温饱为主。改革开放之后的三大件则变为冰箱、洗衣机、电视机，这段时间全国的工艺美术都陷入低潮，很多企业也都解散或萎缩，而珐琅厂却坚持了下来。现在人们的生活水平提高了，大众对于文化产品和精神层面的需求扩大了。而珐琅艺术作为一种盛世收藏，也恰适其时地进入大众的视野。钟连盛曾分享过一个小细节，可以反映出这种变化。一次他们假日搞活动，两位非常朴素的约六七十岁的老夫妻就来选购景泰蓝，并说"给闺女和儿子预备结婚，景泰蓝是宫廷艺术、老北京的传家之物，挑大师的作品给他们一人选一件"。一

般规格的景泰蓝大师作品，一件大约八九千元，而像这样的景泰蓝消费也已成为日常非常普遍的现象。

钟连盛说，现在是景泰蓝整个工艺和艺术发展上最辉煌、最成熟、最完美的一个时期，特别是它通过多元开拓，进入人们的生活领域，进入人们的心里，使得这种非遗技艺得到了更好的弘扬和传播。

与时俱进　见证新时代

"景泰蓝"之名，来源于明代景泰皇帝朱祁钰的年号。然而，当下"景泰蓝"中"景泰"之内涵则更多被赋予美好的意味，如和谐、友谊、和平、繁荣、昌盛、如意、高雅、智慧等。这表明景泰蓝本身即蕴含着极高的文化价值。而对于广大收藏者而言，自古就有"收藏若无景泰蓝，藏尽天下也枉然"之说，可知景泰蓝又有极高的收藏价值。中华人民共和国成立后，景泰蓝在挽救恢复中得到了不断创新发展。2006 年 5 月 20 日，景泰蓝制作技艺经国务院批准列入第一批国家级非物质文化遗产名录。国家对景泰蓝艺术的扶持与保护，使其获得了更大的舞台与发展空间。从各方面条件而言，景泰蓝艺术代表了国家优秀文化遗产的载体，乃至走进新时代，迈向了国际舞台。

2013 年，钟连盛设计的《鼎盛中华》宝鼎获得"百年风云红色文化创意作品大赛"银奖。《鼎盛中华》宝鼎特为庆祝中华人民共和国成立 60 周年而创作，以古代青铜器最具代表性的后母戊大鼎为原型，融入了中华人民共和国 60 华诞、国运昌盛等现代元素。宝鼎正面是雄伟壮丽的天安门，背面是巍巍延安宝塔，左侧为中共一大会址——嘉兴南湖，右侧为举世瞩目的万里长城。每幅景观四周，分别配以象征中华民族不屈不挠斗争精神的龙纹和企盼和谐美满、幸福安宁的凤纹。精美、简洁的构图，大手笔勾勒出中华民族现代历史的沧桑巨变，展示了没有共产党就没有新中国的神圣主题，它向世人昭示，没有一代又一代先驱志士前赴后继的顽强奋斗，就没有祖国今天的繁荣昌盛；它让国人牢记：中华魂，是我们永远屹立于世界民族之林，无坚不摧、无往不胜的无穷动力、无尽源泉。宝鼎的细节处理同样独具匠心，鼎四角扁棱取长城造型，均匀镶嵌 56 颗鲜艳的绿松石，寓意 56 个民族团结一心、坚如磐石，筑就中华民族的万里长城。鼎沿口处排列 60 颗红色玛瑙，珠圆玉润，光彩照人，象征中华人民共和国 60 年的辉煌。

2014 年，北京 APEC 峰会举行期间，世界各国领导人和部分经济体领导人夫人在颐和园水木自亲殿一睹皇家艺术景泰蓝的风采，墨西哥总统夫人里韦拉还欣然尝试为景泰蓝《繁花似锦》赏瓶点蓝，夫人们纷纷惊叹景泰蓝艺术的精致与优美，这件作品也因此博得了"夫人瓶"的美称。景泰蓝艺术受到国家的重视和保护，并频频作为国礼赠予外宾，不仅代表了中华传统文化的优秀文明成果，更是在新时代中发挥了其促进国际文化交流的作用。

2017 年，习近平主席和夫人彭丽媛出席中国向联合国日内瓦总部赠礼仪式，向其赠送由李静和钟连盛设计的国礼景泰蓝《盛世欢歌》大瓶。习近平主席亲自介绍大瓶所蕴含的美好寓意，祝愿人类命运共同体的世界人民共同繁荣、和平、发展。

为迎接北京 2022 年冬奥会，钟连盛、李静大师和王家飞团队创作完成北京冬奥会特许商品《冬奥五环珐琅尊》，作品背后是中国传统文化与奥林匹克精神浪漫邂逅的产物，更是钟连盛坚守匠心，传承好景泰蓝文化技艺，让这项古老艺术绽放新时代

2013 年，钟连盛设计作品《鼎盛中华》

风采。钟连盛表示："北京即将成为'双奥'之城，作为 2008 年北京奥运会火炬手，这又是参与奥运的一个很好的契机。把优秀的国家级非遗技艺与奥运文化相结合，创造一件这样的艺术作品，以景泰蓝之美致敬伟大奥林匹克精神具有更加特殊的意义。"像钟连盛一样的景泰蓝匠人，继续用奋斗初心守护好景泰蓝文脉。

"众志成城　抗击疫情"这个系列的艺术作品采取传统景泰蓝制作工艺，展现了广大党员、医务工作者、各行业基层工作人员和全国人民众志成城抗击疫情的大无畏的民族精神和气节。

"众志成城　抗击疫情"系列作品之一

景泰蓝的创作融入了新时代的重大事件的主题性创作作品还有《华夏盛世尊》《中国牛》《盛世宝鼎》等。将景泰蓝与重大历史节点和事件所传达出的民族精神、时代精神相融合，既成为时代与历史的有力见证，对于景泰蓝艺术的传承与发展更是很好的提升。而景泰蓝创新作品的每一次震撼亮相，不仅将这门宫廷绝技的工艺和艺术之美完整呈现给世人，更承载了厚重而深刻的纪念意义。

薪火相传　心系后来人

2006 年，钟连盛被评为中国工艺美术大师，2008 年，钟连盛被授予为首批北京市级非物质文化遗产景泰蓝制作技艺代表性传承人；2012 年，钟连盛被授予国家级非物质文化遗产景泰蓝制作技艺代表性传承人,更是深感责任重大。传承并发扬景泰蓝艺术、为景泰蓝艺术的传承培养后继者,也成为钟连盛发展景泰蓝事业的另一个不可推卸的责任和使命。

事实上,传统技艺的传承后继乏人曾是钟连盛的一个苦恼。钟连盛的这一担忧是有原因的。20世纪80年代,珐琅厂有职工近2000人,而现在在职的职工只有近200人。国家级景泰蓝大师在全国只有10位,而其中5位就出自珐琅厂,厂内的北京市级景泰蓝大师有十多位。虽然这里藏龙卧虎,但其中的大部分人已经退休。在前些年里,技艺传承人才的断档是景泰蓝等传统技艺在发展道路上无法回避的问题。景泰蓝的艺术价值还未能很好地展现在大众面前,职工收入不是很理想,对年轻人的吸引力有限。在一线干活的,50岁就算是年轻人了,40多岁的人都很少。所以景泰蓝工艺的传承在前些年面临着两大难题:一是传统工艺很难吸引年轻人兴趣;二是感兴趣的人难以坚持将兴趣转化为热爱。传承人是非遗代表性的人物,承载比常人更多、更全面、更细致、更丰富的技艺,堪称非遗活的保护。传承这门技艺要具备很好的基础,而最重要的则是必须要喜爱。因为只有热爱才能坐得住,坐得住才能去非常用心去学习,非常用心才能去持之以恒广泛的吸收营养,不断开发创作。创作的确是最难的事情,而只有非常用心,才能在丰富的生活经验中迸发新的灵感和火花的碰撞,才能形成很好的设计。钟连盛多次表示,希望未来能有更多高素质设计人才和技能人才从事景泰蓝艺术的传承工作。钟连盛对于传承人表达过自己的期待:"未来的传承人,必须是用心,不断去传承。把自己热爱的工作作为一种事业去奋斗,作为一种信仰去追求,即使面对低谷和困难,也要勇往直前,不断探索与钻研,最终一定会有所收获。"正如当今的国家级景泰蓝大师,大多都经历过超过四五十年的坚持才达成了今天的成就,也只有真正地热爱这个事业才能实现的。

为了避免后继乏人的情况出现,一方面要扩大景泰蓝艺术在大众生活中的影响力,吸引更多年轻人加入这一技艺的传承中;另一方面则要加强对专门人才的培养与训练,为景泰蓝艺术的发扬培养更多优秀的传承人。

要扩大非遗文化的影响力,国家政策的支持不可或缺。事实上,国家一直以来都非常重视非遗的传承,包括制定了《中华人民共和国非物质文化遗产法》以保障非遗的传承事业，也鼓励举办传统技艺进校园、大师进课堂等知识普及性的活动；此外，还在职业院校及本科院校中开设相关非遗专业，设立实训基地，以及请非遗传承人在北京服装学院等担任专业硕士研究生导师或建立工作室等举措，共同构成了不同层次的人才培养架构。对于国家级、市级非遗传承人，国家每年也都有发放传承津贴等经济方面的支持。在国家各方面的支持下，非遗文化的传承与创作也取得了很大的成效。

为了获得更好的国家政策支持，身为北京市人民代表大会代表的钟连盛围绕非物质文化遗产保护和传承的主题，近几年在市人大会上相继提出了多份建议，分别为《关于疏解非首都功能过程中依法保护老字号文化，防止老字号技艺断档的建议》《关于利用北京工业转型发展和疏解腾退后的空间建立非遗传承互动体验园区的建议》《关于打造永外"景泰蓝"文化精品街区的建议》《关于将非物质文化遗产传承教育纳入国民教育体系的建议》，以及《关于设立北京非物质文化遗产周的建议》等，时刻关注非遗工作的建设与发展，努力为把北京建成全国文化中心和谐宜居之都，贡献自己的一分力量。

钟连盛认为，将非物质文化遗产的继承纳入国民教育体系，需要从小学甚至更低龄阶段开始普及非遗文化。他建议应当广泛开拓更多的青少年喜闻乐见的方式，以进一步加深青少年对非物质文化遗产的认识。北京每年举办数场的文化活动，其中以"北京国际摄影周""北京国际设计周""北京时装周"等为代表的品牌活动已产生广泛影响。虽然每年6月的第二个星期六被定为文化和自然遗产日，但是围绕其举办的非遗文化活动影响力不足，不少非遗项目和传承人仍处于无人知晓的状态，展示的机会较少。因此钟连盛建议，在每年固定时间设立北京非物质文化遗产周，助推非遗传播，弘扬中华传统优秀文化。钟连盛表示，"北京非遗周"可邀请北京乃至全国、世界非遗项目进行集中展示、交流，走进非遗传承基地、博物馆、学校、社区等地，通过现场展演、讲座、培训等形式鼓励非遗项目之间或跨行业切磋互鉴。还应该充分运用新媒体传播手段，以云展览、云课堂、云直播等形式，对不同人群有针对性地普及非遗知识，提高公众对非遗项目的兴趣和认知水平。

要扩大景泰蓝艺术的影响力，加大文化宣传同样值得重视。2015年，钟连盛参与主持、规划、设计完成了我国首座《中国景泰蓝艺术博物馆》的建设，通过对珐琅厂近60年发展历程的回顾、思考和整理，设立了博物馆总体结构及主要内容框架，即由挽救恢复篇，传承发展篇，开拓创新篇，老艺人、大师、技师篇和企业荣誉篇五个部分展开，通过珍贵的历史资料、事件的文字、照片展示，老艺人图纸、所用工具，各时期具有纪念性的及各老艺人、大师经典代表作品，以及开拓景泰蓝新应用领域的众多建筑装饰配件实物和工程照片，系统地展现景泰蓝艺术，也是珐琅厂建厂以来人文的、历史的、技艺的全面、客观的传承发展情况。从时间传序、历史脉络到工艺技术、文化传承，展现了景泰蓝艺术与中华民族悠久灿烂传统文化一脉相承、灿烂辉煌的历史画卷。参观者不仅能欣赏不同时期的艺术作品，还能观摩高级技师、传承人的技艺展示。中国景泰蓝艺术博物馆被评定为北京市科普教育基地、东城区爱国主义教育基地。

钟连盛说："景泰蓝博物馆肩负教育后人，弘扬中华灿烂文化的责任，将祖国优秀文化世代相传的光荣使命。"为了使更多人了解景泰蓝的历史和京珐牌景泰蓝的发展和现状，景泰蓝博物馆常年免费面向社会开放。而钟连盛也常常在博物馆里向参访者讲解景泰蓝的历史与发展，以及相关作品背后的意义与故事。不仅如此，他们还开设了互动体验馆，家长带着孩子在参观完生产工艺制作和博物馆后，到体验馆体验景泰蓝的制作工艺，在互动与交流中加深对景泰蓝的理解，激发孩子们对景泰蓝艺术的爱好与兴趣。

在国家政策的大力扶持下，钟连盛所在的珐琅厂经过不懈努力，近年来景泰蓝行业的年轻人逐渐增多了。这些年轻人从事着设计和具体的工艺实践工作，通过不断加以培养，一点点积累提高景泰蓝的制作经验和水平。他们进厂十几年后，几位年轻的设计师已经获得北京工艺美术大师荣誉称号，一些优秀的青工都已通过考核，获得了国家职业技能鉴定二级技师的职业资格。

与此同时，建立大师工作室，将其作为培养和吸引人才的平台，也是重要的传承带徒方式。几十年来，珐琅厂先后培养国家级、市级工艺美术大师、高级技师等众多的专业人才，优秀的设计与过硬的制作成就了专业的队伍。在这一过程中，钟连盛不仅以身作则努力弘扬景泰蓝优秀传统技艺，还带有10名设计艺徒，他们均是学习工艺美术设计的大学生，6名获

钟连盛与车间技师沟通制作工艺

钟连盛与学生沟通设计理念

得了北京工艺美术大师的称号，十多名艺徒取得高级技师职业资格。在有计划和有针对性的培养下，钟连盛带领他的艺徒们深入领悟中华民族优秀传统文化，深入挖掘景泰蓝传统技艺，做到对传统技艺原汁原味的保护继承。同时，钟连盛还不断融入当代新的设计理念进行创新发展，带领艺徒追寻新的境界，并结合自己的艺术创作、工艺实践的经验言传身教，耐心指导。艺徒作品屡获国家和市级奖项，成为新一代京珐传人。钟连盛也因带徒成绩突出被评为北京市第二届德艺双馨工艺美术大师、中国工艺美术行业典型人物。钟连盛还被北京服装学院聘请为工艺美术专业硕士研究生的导师，被北京电子科技职业学院艺术设计学院聘请为传统工艺美术景泰蓝大师工作室首席设计师；被北京工艺美术技师学院聘请为专家，对景泰蓝专业学生的课程和学生的实习及毕业创作进行指导，并进行景泰蓝技艺多层次人才的培养工作。使景泰蓝技艺后继有人，让艺徒们爱岗敬业，尽快成才，薪火永传，是钟连盛最大的心愿。

大师风范　赢得天下誉

从青年时期的求学经历到现在带领景泰蓝事业，再次迎来鼎盛发展，钟连盛以其一生的心血与实践，不懈努力，锐意创新，在继承景泰蓝优秀传统技艺的基础上，不断传承创新发展，使景泰蓝艺术在新时代薪火相传，不断绽放新的艺术光彩，真正做到了将他的一生奉献给景泰蓝事业。

能力越大，责任越大。钟连盛身兼数职，每天要投身繁忙的管理工作中，但仍然保持着平和的心态。他认为这些同样是传承景泰蓝事业的内容之一，更是将这些工作当作是对自己的挑战。与此同时，钟连盛每年还会坚持创作新品，以不断探索景泰蓝的多种可能性。新主题的发掘、新应用场景的开发，新技术的革新等多元化路径，是钟连盛在当今时代下传承传统景泰蓝技艺成功实践的创造性新突破。一分耕耘，一分收获，通过近年来的创作实践，钟连盛无论在设计理念、工艺技术还是在艺术表现上都取得了一定突破，代表了当今景泰蓝艺术的较高水准。其设计的作品也屡获国家和市级特别金奖、金奖等；同时更是多次被作为国礼成为与世界各国友好交往的重要礼器，也借此向世界人民讲好中国故事，传播中华优秀文化，弘扬了独特的非遗技艺。

在工作与创作中的钟连盛，作风严谨，肯于钻研，勇于创新，工作踏实。而生活中的钟连盛为人也是温和谦逊、低调朴素，对人亲切平和。已近耳顺之年的他，本该到了乐享晚年的时候，但他为了传承并发展景泰蓝事业，至今仍然忙碌在设计与制作的一线。正是这样一个平常朴实的劳动者，以一生脚踏实地尽心尽力做好自己本职工作，一点一滴筑就了他大气深厚的艺术功底，也奠定了他精益求精的艺术追求，最终成长为景泰蓝事业中继往开来的一代工艺美术大师。

2008 年北京奥运会时，钟连盛以其在景泰蓝事业中做出的突出贡献和取得的巨大成就，作为北京工艺美术大师和非遗传承人的代表入选为北京奥运会火炬传递手，在首都北京中轴线前门大街亲手传递象征和平、光明、团结、友谊的奥运圣火。

2008 年，钟连盛作为奥运火炬手参加奥运圣火传递

　　长路漫漫，面对如潮水般的荣耀与赞誉，钟连盛则更多地自视为一个做好本职工作的传承者，而将这些荣誉视为是企业之功、时代之功。对于未来，他也只是淡淡地表示，要尽自己最大潜力，在新时代中做好景泰蓝的传承工作。钟连盛说："大家的审美情趣在不断变化和提高，景泰蓝不仅要让老一辈人喜欢，更要让年轻人也能接受。"在这样的创作思想下，钟连盛带领他的团队与后继者继承传统、勇于创新，使景泰蓝这种传统工艺力求同时代的发展和社会进步，同我国改革开放以后，经济飞速发展所带来的现代人们不断改善的生存环境、不断提高的物质生活水平相适应；同全民文化教育程度及综合素质的不断提高所带来的人们不断提高的审美水平和艺术品位相适应，同时以传统非遗技艺表现时代和历史大事件，展现时代精神和中华民族文化自信，使景泰蓝艺术焕发新的生机与活力。我们也相信，随着国家文化大发展、大繁荣带来更多政策的鼓励和支持，有钟连盛这些众多传承人们的不懈努力，景泰蓝这一中华民族优秀独特的传统技艺，一定会绽放得更加灿烂，我们的生活也会因之更加多姿美好。

第九章

高佃亮说

高佃亮
精雕细刻剪纸画　引领艺术新潮流

　　这一天，是一个特殊的日子，来自全世界的运动员和记者们欢聚在奥运村，挤在一位中国老艺人的面前，观看一把镢刀在他的手中上下翻飞，像变魔术一样，在镢刀下绽放剪纸艺术的华彩。围观的外国友人手里拿着各种各样、色彩斑斓的剪纸作品，赞不绝口。这些剪纸的样式有十二生肖、戏人脸谱、喜庆窗花……在剪纸展位上，一位身着中国红传统服装，高大又敦厚的剪纸艺人展演着中国剪纸技艺，不停地有各国的友人上前与他交流。他就是2008年北京奥运会志愿者、蔚县剪纸代表性传承人高佃亮。他一边向观众展演着蔚县剪纸的技艺，一边将一张张不同剪纸作品中所蕴含的中国故事讲述给大家。

　　在2022年的北京冬奥会、冬残奥会张家口赛区3项国际测试赛中，各国运动员都收到了一份颁奖纪念品——《牛娃滑雪》剪纸作品。2021年为生肖牛年，剪纸以守护神——牛娃为主体，展现了冬季体育运动的精彩与魅力。运动员们惊讶于小小的一方剪纸竟能如此精美又可爱，把他们所从事的运动项目活灵活现地表现了出来。这些剪纸作品向世界弘扬了"更快、更高、更强、更团结"的奥林匹克精神，传递了中国友谊和中华文化，彰显了中华民族的气节与精神。

提到剪纸艺术，这一古老的传统文化在中国有悠久深厚的历史，不同地域、不同时代的剪纸作品，都蕴含着丰富的艺术形态和文化价值。这是一种老少咸宜、雅俗共赏、世代相传、传播广泛的民间艺术。《联合国名录》对中国剪纸是这样介绍的："中国剪纸是用剪刀或刻刀在纸上剪刻花纹，用于装点生活或配合其他民俗活动的一种民间艺术。在中国，剪纸具有最广泛的群众基础，它交融于各族人民的社会生活，是各种民俗活动的重要组成部分。其传承赓续的视觉形象和造型格式，蕴含了丰富的文化历史信息，表达了广大民众的社会认识、道德观念、实践经验、生活理想和审美情趣，具有认知、教化、表意、抒情、娱乐、交往等多重社会价值。"

蔚县剪纸俗称镶窗花，它以宣纸为材料，用小巧锐利的镶刀手工雕刻而成，再点染以色彩，是全国唯一的以阴刻为主、阳刻为辅的点彩剪纸。蔚县剪纸造型生动优美，构图饱满别致，刀晕玲珑剔透，色彩明快艳丽，具有独特的艺术风格和丰富的文化内涵。蔚县位于河北省西北部，古称蔚州，是历史上"燕云十六州"之一。现在隶属于张家口市，距北京直线距离 120 公里，是国家历史文化名城，被命名为"中国民间艺术之乡""中国剪纸艺术之乡"，还是中国剪纸艺术研究基地。

受环境熏陶，多年来高佃亮一直钟情于剪纸艺术，并因此取得杰出成就，成为河北省首届一级工艺美术大师（2007 年 3 月）、河北省首批民族民间文化传承人（2005 年 12 月）、河北省首批非物质文化遗产（蔚县剪纸）代表性传承人（2008 年 6 月）。他还担任着众多职务：河北省政协委员、中国民间文艺家协会理事、中国工艺美术学会民间工艺美术专业委员会委员、河北省民间文艺家协会副秘书长、河北省工艺美术学会副会长、张家口市民间文艺家协会副主席、蔚县民间文艺家协会主席。同时，他还曾担任中国民间艺术家协会剪纸艺术委员会副主任、张家口市工商联常委、张家口市总商会副会长、河北省个体私营企业协会理事。2002 年，他被河北省人民政府评为"优秀个体户"并授予金牌，并获得河北省德艺双馨文艺工作者、河北省突出贡献技师、燕赵文化英才等诸多荣誉。

高佃亮的剪纸作品内容广泛、题材多样，涉及戏曲人物、脸谱；历代传世名画、书法；儒释道文化、民间民俗文化、花鸟虫鱼等。他的剪纸手法多变、细致入微、色彩斑斓、妙趣横生，刻其形、表其神，将中国传

高佃亮

统绘画、戏曲、民间年画、皮影、木雕、泥塑、民族服饰、传统饰品和宗教艺术等丰富的文化内涵融入其剪纸艺术中，形成了独特的艺术风格，赢得了国内外广大人民的喜爱。专家对其作品评价为"神走刀锋，色入物魂""花草暗香浮动，人物栩栩如生""画中有诗，神韵逼人""是会说话的剪纸"。其作品早已成为文化使者，架起中外友谊的桥梁。20 世纪 90 年代初期，作品《脸谱》《蝶恋花》《八子图》连续三年被国家制成贺年卡，作为国礼赠送世界各国友人。

高佃亮还曾荣获联合国教科文组织授予的"民间工艺美术家"称号，被中国版权协会授予版权保护"十大新锐人物"称号。他还获得 2016 年度"河北省民间文艺家协会先进个人""优秀文艺人才"等荣誉称号。他创作的剪纸作品《蔚县剪纸史卷》获第二届中国剪纸艺术节金奖，《二十四孝图》获第三届中国剪纸艺术节银奖，《清明上河图》获中国上海民族民间艺术博览会金奖，《世纪之约》获第五届中国剪纸艺术节暨"剪彩冰雪，热盼冬奥"全国剪纸艺术精品评选特等奖，《冰雪奇缘》被中国工艺美术学会评

为2016年第六届民间工艺美术"乡土奖"金奖。他的作品多次被中国革命博物馆、国家体育博物馆、国家图书馆、中国艺术研究院、中央美术学院，以及相关省市博物馆和蔚县剪纸博物馆收藏。

剪纸营生　勤劳致富

1966年8月，高佃亮出生于蔚县的一个农村家庭，他的父母生了四个孩子，他是老小。高佃亮小的时候，父母和兄姐在村里种地挣工分。虽然一家人天未亮就出门干农活，辛勤操持着生计，但赚来的工分仅能吃饱饭，家中依然是穷徒四壁。为了改善生活，农闲之余，高佃亮母亲从其姐姐家学会了镟窗花，并带领着全家人一起干。母亲染色通俗的口诀是：粉花绿叶紫根，浅粉用水，深粉用酒，绿叶打黄尖。老人家的点彩技艺功夫了得，动手染色，手到、笔到、意到，一样的色彩，效果完全不一样，色正色亮，恰到好处。

高家是单堠村唯一一个卖窗花的家庭，高佃亮自幼生活在剪纸世界中。满窗的"窗花"、炕头门楣的贴花、红白喜事飘舞的纸花，高佃亮聆听着父母亲对窗花故事的讲解，看着邻居们翻着花样地做各种好看的剪纸，耳濡目染，从小便喜欢上了剪纸。六七岁时，他就跟着母亲学做窗花。到十二三岁，高佃亮学会了基本的刻染技艺，逢年过节还会跟着哥哥到城里赶集卖窗花。到了十六七岁，高佃亮已经一个人到各个村落走街串巷去卖窗花，有上百个村落留下了他卖窗花的足迹。

一开始，高佃亮的父母想供他上大学，将来通过读书改变命运，去城里吃商品粮。但是高佃亮不忍心看父母和兄姐省吃俭用地艰辛生活，一想到全家要紧缩腰带省下钱供自己读书，他心里难受不已。为了减轻家庭负担，高佃亮全身心跟着家人做窗花，并且担起卖窗花的重任。家里人常年做窗花，一年下来大约能挣下一二百元。当时城里一名普通工人的月薪是30元左右，对于一个农村家庭来说，一二百元是一笔不菲的收入。虽然每

天做完农活已经非常疲惫，但回家后一家子没有休息，而是抓紧一切时间
镂窗花。日子过得忙碌又艰辛，但能赚到用心血与汗水挣来的钱，家里的
日子就好过一点儿。

售卖窗花　增长见识

那时候蔚县人家的窗户是木格子窗户，百姓有在中秋节和过年糊窗户、
贴窗花的习俗。高佃亮从节前一个月左右开始卖窗花，卖早了没人买，卖
晚了就错过赚钱时机。这一时期，高佃亮做的窗花比较小，大约八九厘米，
再大了窗格里也贴不下。窗花的图案以传统的牡丹、荷花、石榴、鸳鸯、
蝴蝶、鱼、戏曲人物、戏曲脸谱和十二生肖等为主。色彩和图案都要突出
喜庆、吉祥的理念，比如连年有余、富贵花开、长寿吉祥。俗话说，石榴
与牡丹，越看越好看；孔雀戏牡丹，恰似吕布戏貂蝉；猫也爱来虎也爱。
戏人的造型特殊，忠奸善恶分明。一回戏出场的主要人物有四个，三回戏
或四回戏为一场大戏，一般八个人物的戏好卖。戏人要展现出舞台上最精
彩的瞬间——亮相之美，所谓"台上一分钟，台下十年功"。

据目睹高佃亮成长的村中老人们回忆，高佃亮小时候长得很瘦，尽管
还没锄把高，但他经常步行去邻近的村子卖窗花。高佃亮用书夹着窗花，
一村一户地叫卖，每天要走几十里路。傍晚归来，高佃亮向父母炫耀一天
的销售成果，讲述卖窗花途中看见听到的奇闻趣事。父母为他用瘦小的身
躯扛起家庭重任感到骄傲，但看着他踩满泡的脚，又心疼不已。

为了让高佃亮省些脚力，父亲咬牙用家中辛辛苦苦积攒的钱买了一辆
自行车，让高佃亮能骑车卖窗花。高佃亮给自己定下每天必须销售 10 元的
目标，超过 10 元，他才舍得在村头小店吃一碗饸饹，不够 10 元就饿着回
家。有时当天赶不回家，他就临时寄宿在别人家里，对方也不收钱，他赠
送窗花做答谢，就这样与这些善良的人家结下了深厚的友谊。十几岁的少
年，终日奔波在村野乡镇之间，日子虽过得艰苦，但这段经历锻炼了高佃

高佃亮创作的《连年有余》窗花

亮的性格与意志，让他变得越发坚强。

聪明智慧的蔚县人选窗花时，不仅看做工是否精细、造型是否精美，往往是边挑选边能说出很多窗花表达的吉祥话语及文化内涵。高佃亮在卖窗花时细心听取他们的独到见解，慢慢再融会贯通，将这些通俗的语言变成日后自己卖窗花时的解说词。

经过长期细心观察顾客的喜好，倾听对方的评价，回家后及时跟家人反馈这些宝贵意见，家里人再进行修改或重新调整设计思路，多做大家认可、好卖的窗花。高佃亮对顾客的需求有清醒的认知："你不能拿个窗花就卖，老百姓总是要评判好赖的。懂行的老百姓很多，不是说人家不行，人家只是不做。"窗花每年都有新意，就会格外受欢迎，因此高佃亮经常在上一年的图样上进行修改和完善，重新整理、创作出新鲜别致的图案。

除了要留心顾客的喜好，高佃亮在长年累月的销售过程中积累了成熟的销售经验，他说："进门先观察，一看就知道这个家里谁说了算，你必须得懂啊。男的说了算，你得跟男的谈，尤其是说戏人，说到精彩之处，根本不用去讨价还价，直接成交。而女的说了算，就必须得谈花草、生肖之类，女的一看就喜欢。等挑选好了，会进行一番讨价还价，然后交易成功。出门时，老大娘往往还会夸奖几句：好后生，会做买卖，又挺细详！这些夸奖听后让人喜滋滋的，这也成为继续去下一家卖窗花的动力。"

当时的窗花成对卖。一角钱四对、五对、六对不等，大概合一分钱一张。通常来讲，顾客会买一毛钱或两毛钱的窗花。一毛钱买五对，不好贴，再搭一对，12空窗户正好看。高佃亮这种"买五送一"的销售模式给老百姓留下了极好的印象，第二年贴窗花只等着买高佃亮的。那个时期，有一些贫穷的老奶奶为图个喜庆逢年过节就只买一对窗花，没有余力多买几对。高佃亮遇到这种情况时，动了恻隐之心，会直接送给人家六对窗花贴满窗户，老人们都十分感动。常言说，送人一匹马，买卖争毫厘。赠送给老人的窗花都是最好的，绝对不送不好看的或卖不了的窗花，有时候人们看到老人家里的窗花还会投去羡慕的目光。

随着售卖范围的扩大，有外地人来家里趸货，先后有张家口外八县、保定、内蒙古、山西等地的人来。也有一些邻近村子里的人冬天闲不住，从高佃亮家里赊上窗花然后去外地卖，过年回来时再给货款。高佃亮有时候也乘坐班车去外地，随着去过的地方越来越多，高佃亮的视野愈加宽阔，所见、所遇、所闻、所想培养了他待人热忱、豪爽健谈、坦诚仗义、和以处众、处世不卑不亢的品性。此外，在销售自家窗花的过程中，高佃亮在各地看到了风格迥异的窗花，他记在心里，用心揣摩，将各地看到的精品与技艺尽收囊中。

高佃亮对剪纸的求知欲很强。为了得到一幅好窗花，他愿意用自己的几张窗花去

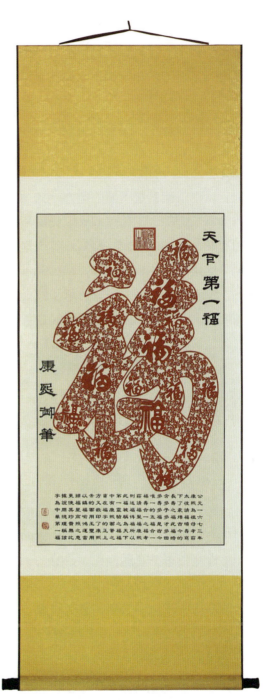

高佃亮创作的《天下第一福》剪纸

换一张。为了学到刻、染窗花的绝技，他可以饿着肚子，哪怕站半天看人家怎么剪裁也行，只要能学到别人的用刀方法和配色染色的诀窍。正是这份对剪纸技艺的求知若渴，让他善于学习、勤于动手，慢慢地掌握了越来越多的剪纸知识和技巧。

高佃亮常常端详着众多蔚县剪纸艺人的作品，反复琢磨其构图、用刀、染色之奥妙，用以提高自己的剪纸技艺。每当在外边发现了精美的剪纸，高佃亮千方百计都要买回来。发现了有关剪纸、绘画的书，或借阅或购买，回家后认真研读，有不懂的地方就找人请教。高佃亮曾向石家庄工艺美术研究所所长唐稳、工艺美术大家杨洪烈、杨柳青年画社社长李志强、武强年画博物馆馆长郭书荣、吴新伟等人请教。有兴趣、肯吃苦、爱学习、爱交流，这让高佃亮熟练掌握并丰富完善了剪纸的各项技艺，成为剪纸行业中的佼佼者。高佃亮立志要传承和发扬蔚县剪纸艺术，创作人们喜闻乐见的剪纸，让中国剪纸艺术荣登大雅之堂。

建剪纸厂　闯北京城

1984 年，年仅 18 岁的高佃亮创办"单堠剪纸厂"。几十年过去，很多人都知道"中国单堠剪纸"，却不知单堠指的是什么。"堠"指的是烽堠，"单堠村"就是因村北建有一个烽火台而得名，是高佃亮出生并成长的村庄。

单堠村位于蔚县城西北 15 里处，隶属南留庄镇，2021 年被评为河北省历史文化名村。村东堡门外建有关帝庙，庙正南方有戏楼，当地称之为乐（读 yào，通 yuè）楼，是全村逢年过节看大戏的地方。庙内有石旗杆一对，是河北省重点保护文物。旗杆最上方的一对方斗上，四角挂有风铃，据记载风铃原件为响铜所制，略有微风，便生脆响，铃声悦耳，全村可闻。关帝庙内的壁画在蔚县众多庙宇壁画中属上乘之作；临戏楼东向是马神庙，庙内壁画中马王爷三只眼活灵活现。这些壁画中的关圣大帝、三英战吕布及各种神话人物造像和蔚县剪纸的造型与色彩如出一辙，栩栩如生，生动

高佃亮创作的《长城》剪纸

非凡。高佃亮生长在这里，这里的古堡、戏楼、壁画等千百年积淀下的传统文化也都在他的剪纸作品中发芽、盛放。

改革开放后，社会经济大发展，人民收入增加，家居条件也逐渐改善，窗花市场需求膨胀。"窗花"的使用也逐渐不再局限于农家窗户上，又被放在透明塑料袋里作为旅游纪念品出现在北京等大城市的舞台上。"窗花"这个富含民俗味道的名称被"剪纸"取代。面对这样的机遇，高佃亮与全家人商量之后，建立了单堠剪纸厂，最早将剪纸生产变成了脱贫、创业、致富的途径。

一开始厂子规模很小，只有家里人和两个亲戚，实质上就是一个小的家庭作坊。由于出厂的剪纸式样新颖、做工精美，单堠剪纸厂成立当年就盈利了 5000 元，5000 元在今天来说并不算多，但在 20 世纪 80 年代的贫困农村，那绝对是一笔巨款。后来，高佃亮在大阳眷推销剪纸时遇到一位能人，那人很欣赏他的剪纸，说"小伙子，你的剪纸技术不错，产品也新颖，咋不到北京去卖呢？守着当地转圈圈，你的剪纸永远走不远"。听了客户的话，高佃亮心里受到了启发，"是啊，剪纸在蔚县的市场已经到了瓶颈期，为什么不走出去试试？走出去一定是另外一番天地"。高佃亮的胸中燃起了新的希望。

蔚县剪纸本是当地人祖辈相传自产自销的民间工艺品，以前有背着窗花出口外（张家口外）谋生的人，却从未听说有人带着去北京那种大城市的。高佃亮基本上在家乡售卖，最远也就跑到山西、内蒙古自治区的一些村镇，从来没去过北京。高佃亮对北京既憧憬又顾虑，担心北京人不喜欢剪纸，那去一趟就白费了。翻来覆去地琢磨，也没想出个所以然。眼瞅着日子一天天地过去，高佃亮痛下决心："好男儿志在四方，无论如何，也要先到北京去闯一闯！"刚过春节，高佃亮便带着精心制作的剪纸作品，满怀信心地奔赴北京。

1987年3月，高佃亮第一次到了北京。看到有卖工艺品的商店，他都鼓起勇气地走进去问："您这要剪纸不？"这种四处打听叫卖的方式并没有收到好的反馈，购买者寥寥无几。但高佃亮不灰心不气馁，饿了就吃一个自己带的馍，渴了就找水龙头喝几口自来水。舍不得住旅馆，就在永定门火车站对付一晚上。就这样在北京转了一天又一天，问了一家又一家。

功夫不负有心人，高佃亮碰到一个好心的小伙子推荐他到南新华街的工艺品店去试一试。到了人家店里之后，发现主人正在谈事，他就很有礼貌地等主人家聊完事再问。给对方看了窗花之后，对方特别喜欢，愿意给高佃亮做代销。代销的价格是蔚县老家那边的十倍多，高佃亮心里高兴极了，又向店老板请教："老哥，您给出出主意，我的窗花在北京该咋卖？"这老板指点道："遇到成交的客户，就请人家再给推荐新客户，一定给写个推荐的字条。"就这样，高佃亮靠着客户一个接一个地推荐，慢慢形成了自己的销售链，他的剪纸在北京打开了市场，获得了众多的好评。前前后后，在北京有180多家宾馆、饭店、工艺美术商品店代销高佃亮的剪纸。

第一次到北京，就有琉璃厂一个老板向高佃亮订购十二生肖剪纸，要货200套，一套2.8元，加上其他订货，订单总额达到800元，这个价格差不多是老家那边的20倍。高佃亮接到人生中第一个大订单，格外重视，特地到山西广灵县一位老前辈家里讨教，得到了一套传统的十二生肖图样，回去后又参照蔚县传统图样，并结合自家传承的十二生肖图样，新创作出了一套让客户十分满意的生肖剪纸。

完成这笔订单后，高佃亮非常振奋，这是他第一次来北京售卖自家制作的剪纸，第一次来首都就挣到钱了，是多么让人高兴的事情啊！这说明单堠剪纸厂的产品不仅在家乡有市场，在北京也有市场，将来在祖国的其他地方也会有市场，好的剪纸作品无论在哪儿都有人喜欢。每当回忆起第一次去北京的经历，高佃亮总是笑着说："在县里，我是第一个背着蔚县窗花到北京闯市场的人！"从此，蔚县剪纸，或者更具体来说是单堠剪纸，开始走出地方，走上了征服全国市场的新征程。

凭借优秀的剪纸产品、稳重的为人和良好的商誉，高佃亮在北京的订单不断增多。高佃亮成为村里第一个也是唯一一个"万元户"。1989 年，高佃亮与爱妻赵凤梅步入婚姻殿堂。赵凤梅是个高中毕业生，人漂亮聪明又心灵手巧，成了高佃亮事业的得力助手。

扩大生产　打造品牌

进入 20 世纪 90 年代，蔚县剪纸行业发展很快。大环境的利好，也促进了高佃亮的剪纸事业的发展。从 1991 年开始，高佃亮接到一些部委的订单，要求做一批剪纸做外交礼品。在图样选择上，通常是订货方提出大概需求，高佃亮据此构思画样，图样以中国传统吉祥图案为主，然后适当做一些创新。整体风格上，传统和新意都有，做工与装裱更加精致。那几年，高佃亮的剪纸事业风生水起，订单额从几万元涨到十几万元，单堠剪纸厂从业艺人最多时达到 100 多人，全县给高佃亮做剪纸活的人一度超过 300 多人，还注册了"亮星"牌蔚县剪纸商标。

高佃亮时常在思考剪纸要如何创新，如何适应时代的新潮流，"剪纸画"是他开创的新领域。高佃亮说："剪纸容易掉色，掉色了就不好看。于是我在不断地研究色彩。"蔚县剪纸本就是全国唯一的点彩剪纸，重刻更重染，因此，融入绘画技巧的"剪纸画"让蔚县剪纸的神韵有了极大的提升。中国水墨画和中国工笔重彩画等手法的加持推动了这一技艺的创新发展，"彩绘加点彩，剪纸自然更加出彩"。

高佃亮积极拓展剪纸新图样。他广泛借鉴名人字画、民间木版年画、皮影等，吸收其精华，融入剪纸作品的创作中，还把一些历代传世名画应用剪纸语言转化成剪纸画，比如，唐代的《五牛图》、宋代的《清明上河

高佃亮创作的《五牛图》剪纸

图》及当代徐悲鸿的《奔马图》等。其中，《清明上河图》完成于1997年，是高佃亮带着四五十位剪纸艺人共同刻制而成，长54米、高1.8米，成为当时全国最长的剪纸。1997年，在北京紫竹院公园举办的"大型剪纸展览"上，《清明上河图》剪纸闪耀亮相。为了适于在阳光充沛的户外展览，这件大型剪纸作品先以宣纸刻制成样，再以聚氯乙烯布为材料加工制作，这是中国剪纸发展史上的首创。

为了克服传统点彩作品褪色问题，高佃亮大胆尝试新染料，启用新材质。2010年，参加上海世界博览会时，高佃亮认识了南京一家金箔厂的专家，他请专家研发大尺寸的纯金金箔。原来的金箔为9厘米见方，不便于刻制大幅金箔剪纸。高佃亮想克服这个问题，便请求金箔厂专家努力，成功研发出27厘米见方的金箔纸。自此以后，高佃亮开始使用大幅金箔刻制神像类作品。

日复一日的努力让高佃亮制作的剪纸越来越精细化、多样化。在继承弘扬传统剪纸技艺的基础上，高佃亮极其重视作品的与时俱进。他不断改进包装形式，开发出金箔剪纸工艺画、水晶版多功能剪纸台历、屏式剪纸、镜框式立体剪纸工艺画、剪纸画轴、剪纸挂历等新产品，力求让剪纸集欣赏、实用、收藏功能于一体，使剪纸按照当代人的生活所需走进了千家万户。高佃亮先后在石家庄、太原、郑州、北京、广州、深圳、桂林等地举办"中国单堠剪纸展"，让世代传承的蔚县剪纸艺术走遍祖国大江南北。

1998年前后，单堠剪纸厂生意红火，一年宣纸用量超过200箱，一箱14刀（100张为一刀）。高佃亮从部委接到了15000本挂历的定制业务，做好的挂历作为国礼赠送。在做挂历的同时，提高了剪纸的装裱水平，也让高佃亮发现了一个全新的剪纸市场发展趋势——将剪纸按照字画的形式来装裱。于是，高佃亮从1999年开始研发剪纸装裱技艺，随后从山东高密请来扑灰年画传承人孙在礼教授字画装裱。在不断的学习摸索中，高佃亮创新了剪纸装裱技术，装裱好的剪纸画广受欢迎，市场需求量巨大，引起全国同行竞相模仿。随后剪纸厂还开办剪纸培训班，教授来自全国各地的剪纸学员。直到现在，高佃亮所在的中国蔚县剪纸艺术学校还在常年对外招生，传授剪纸技艺，将全国的剪纸艺术提高到一个新的水准。

随着剪纸事业越来越成功，高佃亮的名望也越来越高，吸引了众多关注。1999 年，中央电视台《中国风》栏目拍摄了《高佃亮和他的单堠剪纸厂》专题片。2002 年，央视《生活》栏目对高佃亮进行采访报道。2006 年 2 月，以高佃亮的剪纸生涯为内容拍摄制作的《剪出幸福生活来》专题在央视七套《致富经》栏目播出。2009 年，中央电视台《探秘》栏目拍摄了以高佃亮剪纸技艺为主题的蔚县剪纸专题片。在媒体的关注下，高佃亮成了蔚县脱颖而出的剪纸新秀，成了蔚县和中国剪纸界令人瞩目的明星人物。

为了搭建更高的发展平台，2002 年 6 月，高佃亮精选了 80 余幅剪纸精品，在蔚县县委县政府领导支持下，投资数万元，在蔚县文化中心——鼓楼举办了"爱我祖国　光我蔚县"展

高佃亮创作的《普陀大士》金箔剪纸

宅在家中送温暖　抗疫胜利

《东汉演义》徐世英

学习传统文化，品味民间艺术－蔚县剪纸
戏曲脸谱：了解戏曲、历史、人物的性格特征。
脸谱是美的艺术，生旦净末丑，无论善恶忠奸，
其脸谱的造型艺术总让人记忆犹新。

高佃亮创作的戏曲脸谱剪纸

览。展览得到一大批热爱剪纸的人民群众的欢迎，参观者达到数万人次，成为蔚县剪纸艺术对外展示和交流的文化窗口。此后，高佃亮成立了蔚县名家剪纸艺术品商贸有限公司，出任董事长，希望将蔚县剪纸事业继续做大做强，闯出一片新天地。

精品群生　创新不断

　　高佃亮一直坚持的理念是"创新是最好的传承"，他在广泛吸取绘画、年画、戏曲、皮影、木雕、石雕、泥塑、服饰等艺术形式的基础上，给传统剪纸艺术注入了新的生机，逐步形成自己独有的艺术风格。在构图上，他继承和发展了前辈剪纸艺人的"近取诸身、远取诸物"的写实传统，呈现表意和象征相结合、单纯简洁和色彩点染相结合的风格。客户们称赞说："高佃亮的剪纸，只有你说不出来的，没有他做不出来的。"高佃亮设计、刻制、点染的剪纸，不仅造型优美、构思奇妙，而且刻工精湛、线条清晰，形象生动、染色绚丽，堪称"鬼斧神工、巧夺天工"。特别是他的戏曲脸谱，其画面布局合理，在刻制上极尽能事，上百根须发或直或弯，细而不断，刀起落、意尽到，极具视觉冲击力。在高佃亮看来，即便是最简单的线条，也能在细微处见功力，这是剪纸艺人技艺能力的体现。高佃亮的代表作《八子图》《武圣关公》《至圣先尊孔

高佃亮创作的戏曲脸谱剪纸

子》《千手千眼观音》《童子拜观音》《麒麟送子》《天官赐福》《钟馗引福图》《清明上河图》《迎奥运》《奥运颂》《二十四孝图》《社会主义核心价值观》等，不仅畅销海内外而且屡获大奖。

高佃亮的剪纸作品将传承与创新融于一体。早期卖窗花阶段，对传统文化的传承多一些，后期产业化生产时，创新逐步增多。早期在家乡卖窗花时，高佃亮是依俗而动。因当地民居是小孔木格窗，他将窗花的大小控制在八九厘米以内，以保证窗格子里能放得下。村民习惯对称着贴窗花，他就事先一对一地准备好。当时窗花的图样，大多是村民喜闻乐见的传统吉祥图案。但高佃亮不是一成不变地固守传统，他在遵循总体风格的框架内，会特意做一些细节上的调整，比如，刻不一样的牡丹、石榴，画不同形态的猫、鱼等，这样就会让人家感觉到新意。遵循大的传统，再做小的创新，这是高佃亮早期根据蔚县当地传统而定的制作策略。

在县城摆摊卖窗花时，为了让窗花看得更直观及方便顾客选择窗花，人们会做一个类似于家居木格窗的纸窗，上面贴满了窗花，当地称之为"窗花亮子"或简称"亮子"，类似于今天的展板或广告牌。顾客在各家"亮子"前挑选心仪的窗花，高佃亮细心观察顾客的反应，留心哪家窗花销售得好、快，拿出自己好卖的图样与对方交换，回家后重新整理，按照自己的风格创作更有新意的作品。

走出蔚县接剪纸订单后，高佃亮的剪纸创新性更强一些，装裱方式、图样选择都变得更加丰富。在形式上，剪纸尺寸不再受窗格大小的影响，可以做大幅剪纸，镶到相框里或做成卷轴悬挂。剪纸的尺幅增大，不仅仅是要把原有图案拉大，而是要重新构图添加内容，使内容繁复多样。比如，在一幅大的"福"字剪纸中，可以在字的空隙间添加蝙蝠、

高佃亮创作的"福"字剪纸

高佃亮创作的《依恋》剪纸

鹿、寿桃、如意、祥云、松、鹤、鱼和莲花等，构成了福（蝠）禄（鹿）寿、吉祥如意、松鹤延年、连（莲）年有余（鱼）等多重吉祥寓意。还有用不同的象征符号突出同一种寓意的，比如，有一幅大的"寿"字剪纸，里面居中刻有松、鹤，上下各刻了寿桃、佛手和石榴，缀饰有祥云和花草。"寿"字、寿桃和松鹤为多寿，两个佛手为多福，石榴多子。多福、多寿、多子的"三多"吉祥寓意就出来了。

此外，时刻保持与市场需求步调一致，创新剪纸产品也是高佃亮在剪纸业保持屹立的不二法门。随着生活节奏的加快，年轻人更愿意接受简约明快的艺术风格，高佃亮剪纸团队创作的《依恋》《云水禅心》等禅意系列作品应运而生；最近在年轻人与孩子之间普遍流行的动画片《小猪佩奇》，其主人公佩奇的形象深入人心，高佃亮剪纸团队就此创作了小猪佩奇系列作品；动漫《魔道祖师》风靡全网，高佃亮剪纸团队开发了"魔道祖师"系列文创作品……诸如此类的例子不胜枚举。高佃亮说："创新是最好的传承。发展剪纸艺术市场要寻找突破点，做到出奇制胜、人无我有、人有我精。"

善于学习　勤于思考

　　为了吸收绘画、雕塑、年画、皮影、戏曲、服饰等艺术之精华，高佃亮不放弃任何一个学习机会。在参加全国各类艺术展览或会议活动中，他用照相机拍下一切可参考借鉴的事物。面对古庙中的壁画雕塑，他可以一坐就是半天，只为感悟其中精美之处。为了寻找自然景观的最佳观赏角度，他常常涉水攀山，这样就可以拍到最好看的角度，回头做剪纸的时候就可以参考了。

　　为了追求对传统剪纸艺术的突破，高佃亮常常从起床一直忙到深夜，有时连饭也顾不上吃。他时常一个人待在屋内，聚精会神地伏案设计剪纸图案。我们看到的每一幅精美剪纸，背后都凝聚着他无数日夜探索的智慧与心血。

　　闲暇之余，高佃亮喜欢在院内舞枪弄棒、打拳练功，这是他人生中除

高佃亮创作的《百鸟朝凤》剪纸

高佃亮创作的戏曲脸谱剪纸

剪纸外最大的爱好。创作剪纸作品《武圣关公》时，在关帝庙中看到一把重达几十斤的青龙偃月刀，舞动起来刀上的青龙活灵活现，虎虎生风。高佃亮崇拜关公，做人讲诚信仗义、纯真豪爽，做事憨率执着、不畏艰难，这些都是他欣赏的品质。在蔚县众多剪纸人做的关公像中，高佃亮做得最威武、最传神、最让客户喜爱，人们说："别人做关公像是照葫芦画瓢，高佃亮做关公那是心灵和情感再现。"高佃亮常讲这样一句话："如果说年轻时学做剪纸是为生存，现在思考的是如何让老祖宗传下来的东西发扬光大，为咱中国人争光。"他将目光集中于创作传世精品。2010 年，在中国文学艺术界联合会、中国民间文艺家协会、河北省委宣传部等单位举办的"首届中国剪纸艺术节"上，他展出历时几年创作的《水浒英雄谱》，荣膺金奖。

结缘双奥　为国争光

高佃亮有一颗赤城的爱国心，他曾说"为国争光就是我的艺术追求"。高佃亮与奥运的故事，就充分体现出了作为一名中国人的爱国热情。

得知北京申办 2008 奥运会成功时，高佃亮无比激动。为了庆祝申奥成功，高佃亮在 2001 年就创作了剪纸作品《奥运颂》。这件大型剪纸作品长 2.008 米、高 1.7 米，不仅在中国地图上剪出了 56 个民族围绕首都北京载歌载舞的热烈场面，还把天安门、长城、黄河、长江、奥运会标等各种标志性元素加入其中，构图绵密紧凑，色彩艳丽欢快。《奥运颂》最终被国家体育博物馆永久性收藏。高佃亮对此感到很骄傲，他说："咱活了一辈子，能给国家做点儿事情，能为世界人民传播中国文化，我觉得这是极大的价值和肯定。"从此，高佃亮正式与奥运结缘，接连创作了多幅奥运系列剪纸。

2013 年，听到北京张家口要申办冬奥会的消息后，他的心中燃起以剪纸艺术助力冬奥的想法。为申办冬奥，受张家口市委市政府委托，高佃亮创作申冬奥运动项目剪纸 9 幅，随中国代表团赴瑞士洛桑申奥。2015 年，作为中国剪纸界唯一代表，高佃亮参加申冬奥"中马民间文化交流"活动，

高佃亮创作的 9 幅申冬奥剪纸

为京张申办冬奥助力喝彩，见证了申奥成功的历史时刻。高佃亮激动的心情无以言表，冬奥会来到祖国，让他感受到了祖国的繁荣昌盛。

2017 年，高佃亮以《吉祥中国·激情冬奥》为代表的一系列剪纸作品入展第十二届北京文博会。后来，高佃亮又受冬奥组委邀请、委托，制作了剪纸版 2022 冬奥会、冬残奥会会徽，并出席了 12 月 15 日"两徽"在水立方的全球发布仪式。

2018 年，高佃亮代表河北蔚县剪纸前往美国洛杉矶参加由中国对外交流协会等举办的"欢乐春节·魅力京津冀"活动。创作的冬奥福娃系列剪纸作品被北京奥促会作为官方礼物，在 2018 年韩国平昌冬奥会上赠送友人。

2019 年 12 月 30 日，受张家口市委宣传部邀请，高佃亮参加京张高铁首发，他创作的京张高铁剪纸，被张贴在两辆首发列车上并作为礼品赠送来宾。2020 年 3 月，高佃亮受邀制作了 2021 年国际雪联自由式滑雪和单板滑雪世界锦标赛剪纸版会徽，并签署特许商品开发协议。

作为唯一冰雪文化企业代表，高佃亮参加了第一、第二、第三届北京冬博会，在现场展示他精心制作的冬奥剪纸，向来自全世界的冰雪运动组织成员及运动员展示中国优秀传统文化。此外，高佃亮参加了纪念冬奥申

办成功系列纪念活动，在清华大学、鸟巢、水立方、国家会议中心、北京饭店、北京坊、北京农业展览馆等地参与了关于冬奥主题的文化展、新闻发布会等。

在 2021 年 11 月至 12 月举办的 2022 年北京冬奥会、冬残奥会张家口赛区 3 项国际测试赛中，高佃亮创作的《牛娃滑雪》剪纸被作为颁奖纪念品颁发给各国运动员。这些剪纸不仅向世界传递了"更快、更高、更强、更团结"的奥林匹克精神，还成为非常独特的艺术品。高佃亮说："通过剪纸画的独特技艺，达到不褪色、不变色、可永久性收藏的艺术效果。"

在 2022 年冬奥会和冬残奥会举办期间，高佃亮设计制作的蔚县剪纸作为张家口文化名片在冬奥村中也大放异彩，在文化的舞台上为国争光。高佃亮的一系列冬奥剪纸作品中，不仅有 7 幅作品成为冬奥特许商品，还有近百幅不同作品被作为奥运礼物赠送来自世界各国的友人。其中，《激情冬奥》剪纸作品由国家越野滑雪中心场馆主任申全民赠送给国际奥委会主席巴赫、国际滑雪联合会主席约翰·埃利亚施等人。国内外近百家新闻媒体，对高佃亮及出现在冬奥村的剪纸做出了报道和赞扬。剪纸之花盛开在冬奥村，一同点亮冬奥会。

高佃亮还将冬奥会与教学相结合。在教学方面，他开发了系列冬奥剪

高佃亮创作的《冬奥福娃》剪纸

高佃亮创作的《京张高铁首发》剪纸

高佃亮创作的《激情冬奥》剪纸

纸 DIY 教学课程，可用于中小学教学。还在中国蔚县剪纸艺术学校实施了长期的剪纸人才培养、冬奥剪纸开发、剪纸扶贫教学等项目，助力家乡发展，助力冬奥举办，加强人民群众文化自信，向世界展示优秀中华文化。高佃亮说："小小剪纸，可以呈现大千世界，更可以展现我们对奥运的情感。能用剪纸为冬奥会加油祝福，用剪纸讲述中国人的奥运情结，是我的心愿。"

担当传承　引领新人

在高佃亮看来，"传承弘扬剪纸艺术是一个艺人的职责与使命，追求创新、实现繁荣要不断有新思维新举措"。为了将剪纸艺术发扬光大，做好传承与创新工作，高佃亮做了许多努力。

单堠剪纸厂注意招收高层次人才，构建一支高素质的剪纸队伍。传统剪纸大多是家庭或家族联手的作坊式生产，成员们的文化与素质相对较低，图样、技术也多是照猫画猫、照虎画虎。随着时代的变化，人们日益富裕，审美水平提高，对剪纸的审美要求也越来越多。高佃亮认为："剪纸要与时俱进，它将是高学历的竞争，是多学科融会贯通的竞争。或许很多人无法

高佃亮创作的《中国梦》剪纸

通过学习剪纸成为'大家',但却因此培养了审美力。审美才是人生的'大课'。"

因此,高佃亮给单墣剪纸厂扩招人员时,不仅精选有一定文化的农家子弟,还招收了美院的毕业生、美术印刷厂的制版及修版专业人员。这些有知识、艺术修养的专业技艺人才的加入,不仅使单墣剪纸厂的员工素质飞速提高,而且使剪纸作品保证了质量。正是在人才招收上坚持高标准,所以尽管单墣剪纸厂的规模不大、人数不多,但是生产的剪纸产品却非常优质。几十年来,高佃亮先后招收从业人员、收徒弟达200余人。这些人经过单墣剪纸厂的历练,有人成了剪纸新秀,有人实现脱贫致富,有人自主开店办厂。可以说,单墣剪纸厂不仅培养了剪纸艺术各种技艺人才,也为农村青年和高校毕业生就业提供了舞台。

高佃亮将剪纸技艺引入学校教学,培养学生们对剪纸的兴趣。作为一项传统手艺,剪纸的市场规模有限,愿意从事剪纸事业的人才较少,造成剪纸事业后继乏人的危机。面对传统文化受到冲击、当代年轻人对剪纸知之甚少的局面，高佃亮想到要从小学生抓起，从小就培养他们对剪纸的兴趣、审美及基本认知。2009 年，高佃亮带着资金与自编的剪纸教材，走进蔚县前进路第三小学，提出与该校合作，将剪纸引入小学教学内容的计划，得到了校方的大力支持。孩子们的反应很热烈，由于当地有浓厚的剪纸文化，孩子们多少都接触过剪纸，但是对剪纸的制作过程并不熟悉。高佃亮亲自讲解，现场剪裁图纸作画，目睹他刀刻笔染将一张纸化为神奇形象的过程，引得孩子们争相请教练习。2011 年，高佃亮与蔚县职教中心校企联合，成立了中国蔚县剪纸艺术学校。学员包括各年龄段剪纸爱好者、中小学美术教师、美术院校剪纸专业学生、各地剪纸巧手、名家及国外友人。2012 年，高佃亮与蔚县职业教育中心合作，创建了蔚县剪纸教学基地。高佃亮曾自豪地说："在蔚县，我是最早将剪纸艺术引入学校的人。"多年来，他一直致力于校企合作，通过学校系统培养提高传承队伍的专业素质。

　　高佃亮在剪纸教学上摒弃历史上师傅教徒弟"留一手"的做法，面对愿学者、求学者，学什么教什么，都毫无保留倾囊相授，并叮嘱众学生，要为民族传艺，把中国剪纸艺术传承下去、传播出去。在知识产权保护方面，高佃亮一直是河北省民间工艺美术版权保护工作方面的践行者，并在 2011 年获得"中国版权十大新锐人物"荣誉称号。但为促进剪纸艺术的更好发展，当有人仿制高佃亮的剪纸作品时，他一般采取较为宽松的方式，高佃亮也尽量不追究侵权行为，他说"版权保护是为了鼓励创作，鼓励创新，但中国剪纸当今正处于蓬勃发展阶段，应当给予新入行的手艺人多一些包容，没有模仿就没有进步，版权保护的目的也是为了行业更好的发展"，从而给后辈留一个生存空间、一个缓冲空间。因为有些剪纸艺人在起步阶段比较贫穷，他们依靠自己的手艺在市场上不具备足够的竞争力，很难生存下来，而高佃亮的剪纸产品在剪纸市场上很受欢迎，复制高佃亮的剪纸能让他们获得足够的收入。善良的高佃亮遇见了这样的情况，也不忍心追究他们的责任，只是希望他们生存下去稳定了情况以后再独立创新，支撑他们直到形成自己的艺术风格。对于版权保护，高佃亮自 2008 年之后就一直十分重视，积极配合国家、省相关单位关于版权注册等工作，在采访中高佃亮说，"国家要发展，社会要进步，行业要兴盛，就一定要注重版权保护工作，这样才能鼓励创新，激发劳动者的创造力，但其核心目的还是促进被保护行业的发展，发展是重点"，所以在剪纸行业版权保护上，作为创作型艺术家的高佃亮既看重版权的保护工作，也很多时候照顾剪纸新秀，保护后辈们也成长起来。

在招收剪纸学徒时，高佃亮还注意帮扶特殊人群，给他们提供学习和就业的机会。他的弟子中有一位身有残疾的小伙子，在求学过程中很是自立自强，高佃亮看重他的人品，收为学徒，不仅教会他所有的剪纸技艺，还教会他如何做剪纸的营生。他还专门请了中医大师给小伙子治疗，使他的身体状况慢慢好转，并越来越好。现如今，小伙子不仅开了剪纸店，独立做生意赚钱，还娶妻生子，拥有了一个幸福美满的家庭。

为更好地把剪纸艺术发扬光大，2010年7月，高佃亮在北京工艺美术出版社出版了《蔚县剪纸的创新与发展》这一剪纸专著，书中将剪纸技艺尽数传授。后来这本书被列入中国"保护民族民间文化珍贵遗产之五"专著。在这部长达270页的著作中，高佃亮公布了自己几十年间总结的制作剪纸的、工艺秘诀、感悟、经验等。这本书一问世便在业界引起强烈反响，薄松年、刘锡诚等著名专家学者给予高度评价，认为这是为剪纸艺术献上了一份厚礼。有了这本书，其他剪纸从业人员就相当于有了教科书的指导，知道如何规范地从事剪纸工作，知道如何避免一些失误，知道如何融合多领域艺术精髓等。高佃亮说："技艺是老祖宗传下来的，我作为这一代的传人，是代祖师传艺，艺脉传承是我们民族传承的重要部分。"

中国加入WTO之后，市场经济快速发展，中国的剪纸市场随着发展也出现了鱼目混珠、抄袭仿冒等恶性竞争的现象，严重影响了中国剪纸艺术的健康发展。面对市场上的各种不良现象，高佃亮坚定自己的立场，担当起自己的使命，坚持推陈出新，创造了"中国剪纸画"，为中国剪纸艺术开辟一条新路出来。

高佃亮关于中国剪纸画的构想，源于他刻制宋代《清明上河图》这一作品获得的启迪和对几十年来社会各阶层不同生活的观察与感知。随着生活的富足，审美品位的提升，人们不再满足于在窗户上贴戏人、炕头贴花卉的装饰，他们期望将房屋装饰得更高雅和有文化，但花大价钱去求一幅名家字画又太贵了。高佃亮从中看到了商机，他认为可以将传世名画用剪纸表现出来，剪纸与绘画、书法都是纸上艺术，既有相同之处，又有相通之术。经过多年的探索、试验，他终于以剪纸语言将《清明上河图》《富春山居图》《虢国夫人游春图》《五牛图》《兰亭序》等历代传世书画作品展现出来，使书画艺术和剪纸艺术完美升华，呈现给世人。许多专家学者和艺术家看了之后都不相信这是剪纸，惊叹得连连叫好称绝。在谈到这一创举时，高佃亮深有感触地说："世上无难事，只要肯用心。剪纸作为一种艺术，要登上国际舞台，像中国书法和国画一样'叫座'，就要与时俱进，创作出让海内外都认可、惊讶的艺术精品。"

高佃亮曾说："我做大剪纸事业不只是为赚钱，我要用多年积累的资金让剪纸事业在全国红火起来！"为了让更多的人关注和从事剪纸艺术，他提出了"千人百店计划"。所谓千人百店，是在全国各地建立 100 个蔚县剪纸的加盟店，至少创造 1000 个就业岗位。按照这个计划，高佃亮先后在北京、上海、天津、石家庄、郑州、杭州、扬州、太原、保定、呼和浩特、沈阳、本溪等地建立了几十个分店、加盟店，将蔚县剪纸宣传到全国各处，让更多人了解和喜爱上中国剪纸艺术。

今天，我们有时会遗憾地听到某一项非物质文化遗产陷入人亡艺绝、传承中断的困境，但以高佃亮为代表的蔚县剪纸依然有强烈的生命力。高佃亮由一个普通的农家子弟成长为剪纸艺术大师，其中之艰辛非常人能理解。如今，高佃亮的剪纸公司已经拥有非常成熟的产业链，有最先进的技术，能批量化生产。用高端的服务、低端的收费来服务大众。

更难能可贵的是，他历经磨难之后，在成功的

高佃亮创作的《飞车》剪纸

道路上，不以个人私利为追逐目标，而是以传承剪纸艺术为使命，悉心培养剪纸新人，实在值得人们赞叹和钦佩。几十年来，高佃亮坚持在传承中创新，在发展中提升，培养了一大批技艺精湛的剪纸艺术人才。他在剪纸的观赏性与实用性相结合的道路上大胆尝试，实现了剪纸实用性、艺术性、知识性、欣赏性、收藏性的有机融合，将古老的蔚县剪纸艺术提升到一个新的高度，推动了中国剪纸艺术的发展。

生生不息　展望未来

　　蔚县有深厚的剪纸文化传统，得益于时代的发展，当地许多人以刻刀和宣纸为生，制作出种类繁多的剪纸。根据 2004 年的一份统计材料，蔚县的剪纸专业村有 20 多个，从事剪纸生产的厂家有 200 多家，相关从业人员达 2 万多人。高佃亮就是其中一分子。他身材魁梧，憨厚淳朴，从形象上看，是个典型的北方农家大汉。你很难想象出来，他的一双巧手能做出令人惊叹不已的剪纸。巧夺天工、玲珑剔透、造型优美、色彩绚丽，这些精美的词语似乎都不足以形容他做出来的剪纸，这种奇妙的反差感让人好奇不已。

　　高佃亮的剪纸艺术生涯起源于民间乡土文化，但他的创作从不受限，他善于包容、大胆创新，成为一个不泥古、不守旧的创新者。高佃亮的剪纸始终以强烈的形式感和艺术感，展示出中国传统艺术的极大魅力。欣赏他的剪纸作品，总能让人感到温馨、和谐、美丽。他希望用自己的作品感染更多的人，力求表达一种对生命的热爱。作为一位有创新能力的民间剪纸艺术高手，他对传统的民间艺术因地制宜地进行改造，始终坚持以艺术魅力打动大众。

　　高佃亮的剪纸的刀法、纹路、构图，源自民间剪纸，但又极具现代审美，把传统和现代结合得非常到位，赋予剪纸深刻的社会意义。这是高佃亮在剪纸艺术探索道路上的重要尝试，他认为，剪纸要想走向世界，不仅要有民族性，还要有当代性。剪纸时刻要保持与时代的息息相通，以时代为审美观的基准，表现时代的社会情绪和审美潮流，才能在继承传统的基础上融会贯通，进行新的创造。

纵观高佃亮几十年间的剪纸作品，会发现一些变化。在创作方式上，从个人技艺转向产业化发展；在题材上，在传统的基础上更加贴近现实生活，呈现题材多样性、现代性的面貌；在功能上，从前是以融入本土民俗生活为主，现在也更多地转向高级的审美。

目前，剪纸市场存在一些困难，比如，缺乏监管。剪纸的生产分为手工操作和机器操作。手工就是手工，机器就是机器，要有监管，不能忽悠消费者。高佃亮现在的剪纸重心放在室内装饰上，把原本存放在窗户上的剪纸移到墙上，书法、绘画等都能变成剪纸作品。将工艺品转为艺术品，发展大幅的、高级的剪纸艺术品，高超的技艺打造出的蕴含深厚人文价值的艺术作品，使之难以仿冒。高佃亮不仅将目光放在国内市场，而且要卖到国外去，将剪纸艺术品充分展示在国际舞台上。

对于未来的发展，高佃亮准备线下线上两手抓。在线下，他想建立一个国家级剪纸博物馆，活态保护和传承剪纸艺术。观众进入这个博物馆，不仅是看展览、看故事，而且能接受中国传统文化教育；既能观赏到精美的剪纸艺术品，也能随时购买喜欢的产品。同时，在博物馆基础上成立剪纸艺术研究院，培养剪纸艺术后备人才。在线上，他要打造一个国际剪纸博物馆和国际剪纸产业平台，把全国的剪纸大师的作品都放在这个平台上，让剪纸在线上有更广的传播和交易空间。

在高佃亮看来，剪纸艺术传承的是技艺，创新的是产品，剪纸产品要与时俱进，随着社会的发展、文明程度的提高而不断变化，一定要和社会接轨，做到"生活艺术化、艺术生活化"，让老百姓消费得起。另外，作为文化产业发展的考量，一定要将中国的剪纸艺术品卖到国外去，在国际市场上谋求更大生存空间。

做好剪纸艺术的传承，高佃亮认为可以分成两种情况来考虑：第一种，有些剪纸适合市场的发展，要想传承下去首先要有市场，需要以市场为导向，经得起市场的考验，先谈生存再谈发展。第二种，有些剪纸作为历史文化载体适合进博物馆收藏。这一类剪纸中大部分在现在市场需求不大，

流通属性不强，实用价值欠缺，可以将其引进博物馆收藏展览，作为历史文化来保护、传承。

对于剪纸艺术的创新，高佃亮有两个建议：一是开通政策直通车。因为许多剪纸艺人缺少了解和掌握国家对非物质文化遗产保护的相关扶持政策的能力，很多时候无法真正获得国家政策的帮扶。例如，实行一对一专项补贴，把扶持经费直接拨给相关剪纸艺人，将政策帮扶直接到人，减少或取消中间环节。国家给予的帮扶，可以考核受帮扶艺人的创作成果，这对国家和剪纸艺人而言才是简单、直接、实惠、有益的做法。二是专家学者的调研一定要务实，不要搞形式主义。艺术最大的意义和作用就是宣传与传播，必须实事求是、对真实情况充分了解之后才能宣传出去。因此，调研报告、学术论文等，必须要如实反映当地剪纸艺术发展的现状，才能让剪纸艺术的宣传真正发挥作用。

中华文明传承不断，剪纸艺术作为其中重要的一个部分，也将长久地为中华民族文化、精神的传承贡献力量。相信在党的领导下，在众多仁人志士的支持下，剪纸艺人们一定能通过自身的奋斗让剪纸艺术在中华民族伟大复兴事业中绽放更夺目的光彩。

娘　本
梵心绘唐卡　卌载传丹青

　　1986 年的一天，天刚蒙蒙亮，黄南藏族自治州一个 15 岁的少年正搬起一摞砖头，费力地往一台拖拉机上装载，一次又一次，机械地重复着。300 多块砖已经整齐地占据了车斗的一半空间。对于少年来说，无数次搬运一摞摞砖头自然是苦累的。汗流满面的他用衣袖擦擦汗，不敢多歇，又赶紧忙碌起来。砖块终于塞满了车斗，司机发动拖拉机，这个小装卸工便跳上车，跟车前往目的地。跟车过程是休息的时候，到了地方，700 多块砖的卸车工作还在等着他。从一个地方到另一个地方，一车砖又一车砖，这个小搬砖工每天大约要干五六趟这样的活计，一天的报酬是两元钱。

　　少年家中生活紧张，四个姐姐当时都在上学，另外还有两个弟弟。因此，小男子汉要走出家门补贴家用。少年是懂事的，又是任性的。几天前，还追随着慈祥温和的夏吾才让老师在寺庙里学画画，画唐卡。学会了画唐卡的话，老师年底会给学徒一部分分红，不但可以为家庭增加收入，而且学得一门古老的技艺，以后能自食其力。所以少年学画已 3 年。开始学画的时候是很苦很累的。在寺庙里盘腿坐着，一画就是一天，对于活泼的少年来说，可真是太难了。何况还要听老师念难懂的经。一句句《度量经》经文没有拴住少年向往自由的心。他"逃学"了。他告诉爸爸不想学画了，挨骂是少不了的。爸爸又告诉他，如果要打工，那就是干体力活。于是爸爸请开拖拉机的邻居帮了忙，少年便做起了这个装卸的活儿。

搬砖跟车半个月之后，两手粗糙、浑身酸痛的少年深深知道了体力劳动也是不容易的。少年终于明白，面对困难和苦累，逃避是解决不了问题的。他懊悔从老师那里逃走，他开始对比两种不同的工作。他更喜欢画画，想着那绚丽的颜料，经过自己的双手，在画布上神奇地变成佛陀、菩萨、花鸟、万物，便会升腾起满心的虔诚和喜悦。不克服开始的困难是学不好唐卡的。这一次，少年坚定了自己的心意，郑重向爸爸请求能重新回到老师那里学画。恰在此时，夏吾才让派人找到了他。夏吾才让劝他，绘制唐卡是非常有前途的，不要放弃。从那以后，少年听从了老师的话，静下心来，非常努力地学习，再也没有想过放弃。

这个少年就是娘本。娘本家信奉藏传佛教，娘本这个名字即带有信仰的色彩，在藏语里意思是"十万颗虔诚的心"。多年之后，娘本尽得老师真传，通过自己的不懈努力，追随夏吾才让的脚步，终于成为传承热贡唐卡艺术的又一位大师。

娘本是土族人，1971年生于青海省黄南藏族自治州同仁市隆务镇吾屯上庄，多年来一直在绘唐卡的艺术道路上进行探索。如今的他身兼多种身份：中国工艺美术大师、国家级非物质文化遗产热贡艺术代表性传承人、青海省黄南州热贡画院院长，现任中国人民政治协商会议第十二届青海省委员会文化文史和学习委员会副主任、中国非遗保护协会常务理事、青海省工艺美术协会副理事长、青海省热贡唐卡艺术鉴定中心主任、西藏文化发展促进会个人常务理事及专家委员会专家、青海师范大学非遗研究院院长、台湾地区华梵大学客座教授及唐卡研究院院长、青海省黄南州热贡文化协会会长。曾任中华全国青年联合会委员、中国非遗保护协会副会长、首届西藏自治区工艺美术大师评审专家、中国人民政治协商会议第十二届青海省委员会教科卫体委员会副主任、第七届中国工艺美术大师评审委员会评委。

在这位大师身上，环绕着多种荣誉的光环，他曾先后获首届中国唐卡大师、中国知识产权文化大使、非物质文化遗产保护工作先进个人、青海省劳动模范、青海省民间工艺大师、全国农村青年致富带头人标兵、黄南州"我身边好人"、中华儿女 2011 年度特别推荐人物、黄南州青年五四奖、青海省关心下一代先进工作者、首届中华艺文青年奖、黄南州优秀拔尖人才、中华非物质文化遗产传承人薪传奖、全国就业创业优秀个人、全国轻工行业劳动模范、热贡文化宣传大使、全国社会扶贫先进个人、同仁县"同仁好人"、青海省"四个一批"优秀人才、青海省"全省社会扶贫先进个人"、黄南州"热贡文化领军人才"、黄南州"脱贫攻坚社会扶贫先进个人"、青海省"昆仑英才·高端创新创业人才"项目领军人才等荣誉。

娘本 12 岁起便师从工艺美术大师夏吾才让学艺,从事热贡艺术——唐卡绘画和藏传佛教艺术的研究工作,并成为夏吾才让大师最杰出的真传弟子。2006 年,为了更好地传承热贡唐卡艺术,他创办了同仁第一家唐卡画院——热贡画院。热贡画院先后荣获"青海省文化产业示范基地""青年就业创业见习基地""国家文化产业示范基地""青海省产业化扶贫龙头企业""三江源生态保护和建设农牧民技能培训示范基地""国家级非物质文化遗产生产性保护示范基地"等称号。在近 40 年的艺术创作实践中,娘本在继承热贡艺术传统风格的基础上积极探索,大胆创新,吸取各家所长,借鉴其师夏吾才让作品中的《敦煌飞天》和西藏唐卡的色调风格,融合热贡唐卡的用金技艺和汉族工笔画技法,逐步形成了自己独特的唐卡艺术风格,成为热贡唐卡艺术转型阶段最具代表性的人物之一。

自 2008 年至今,娘本创作的唐卡作品《释迦牟尼》《无量寿佛》《千手千眼观音》《释迦牟尼生平》《三世佛》《释迦牟尼与十八罗汉》《黄财神》等 60 多幅作品荣

娘本

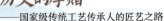

获了国家级和省级大奖。其中部分唐卡作品分别被中国国家博物馆、中国美术馆、中国艺术研究院、中国工艺美术馆、文化和旅游部恭王府博物馆、青海省博物馆等收藏机构和国务院办公厅、北京奥组委、澳门特别行政区政府等部门收藏。娘本的作品不仅进入了国内大众的视野，还在海外赢得了广泛的赞誉。娘本先后在中国国家博物馆、上海中华艺术宫、北京恭王府博物馆、深圳关山月美术馆、中国美术馆等国内知名艺术殿堂举办个人唐卡展。从奔波于北京、上海、香港、澳门等城市到远赴美、英、法、德、日、韩等 30 多个国家，为了加大热贡唐卡的宣传，他先后在北京、青岛即墨设立了娘本唐卡艺术馆，并不遗余力地拓展着中国非遗文化热贡艺术在世界上的影响力。

追随大师　矢志热贡唐卡

在青海东南部的高山峡谷之间，流淌着一条湍急的河流——隆务河。隆务河自南向北纵贯黄南藏族自治州，最终汇入黄河。娘本就是在隆务河畔成长起来的。2020 年 6 月，娘本的故乡——黄南藏族自治州的同仁县改为同仁市。同仁，藏语称为"热贡"，意思是"梦想成真的金色谷地"。这里是甘青川三省交会之处，青藏高原和黄土高原的交错地带，多个民族聚居于此，藏族、汉族、蒙古族、撒拉族、土族等。当地寺院众多，居民普遍信奉藏传佛教。黄南州政府和同仁市政府所在的隆务镇即有十余座寺院，包括黄南地区最大的隆务寺。同仁更是闻名中外的热贡艺术之乡、唐卡之乡。

热贡艺术发端于 13 世纪，并随着隆务寺的兴盛而发展，主要指唐卡、壁画、堆绣、雕塑等绘画造型艺术。热贡艺术以藏传佛教中的佛本生故事，藏族历史人物和神话、传说、史诗等为主要内容，也包括一些世俗化的内容。热贡艺术凭借其独特的审美观念、独有的原材料和独有的传承习惯在藏传佛教、民间美术、建筑艺术等方面具有重要的历史价值和艺术价值。

传统的热贡艺术主要在藏传佛教寺院内部创作、传承，并为藏传佛教服务。自 1958 年宗教改革以来，随着大量佛徒的还俗，热贡艺术开始流向民间，并在民间传播。热贡艺术的主要创作群体分布在同仁的吾屯、年都乎村、尕沙日村、郭玛日村等村落。

唐卡是藏语的音译，原是指用彩缎装裱后悬挂供奉的宗教卷轴画，具有鲜明的民族文化特色。唐卡随藏传佛教而起，据《释迦佛像记·水晶宝镜》，源自松赞干布用鼻血所绘制的愤怒相吉祥天母。热贡唐卡是我国藏传佛教艺术的重要流派，在热贡地区有着七百多年的传承历史。热贡唐卡艺人的作品用色大胆奔放，以金色勾边技术著称。在青海，同仁享有"户户有画师，人人会作画"的美誉。2008 年，隆务镇荣获"中国民间文化唐卡艺术之乡"称号。茫茫雪山高原、奔涌的隆务河和寺院悠长的诵经声，无不滋养着热贡唐卡艺人创作的灵感。唐卡之于热贡人民，不只是一种艺术品，更是一种"圣物"。

吾屯，藏语称为"桑格雄"，分为上下两庄。娘本的家乡吾屯上庄有着悠久的绘画艺术传统。许多男童会进入寺院，一边学习藏文和佛经，一边练习绘画和雕塑。或者通过家族或师徒传承方式学习绘制唐卡。因此，娘本自幼便耳濡目染，受到了藏传佛教绘画艺术的熏陶。

12 岁时，为了减轻家庭经济负担，娘本开始跟随唐卡大师夏吾才让学画唐卡。最初，这种选择对他来说只是出于生计的需要，后来成了他一生的志业。

夏吾才让是唐卡艺术大师，热贡唐卡的代表人物，也是吾屯人。18 岁跟随著名国画大师张大千到敦煌作画两年，23 岁出师，30 岁左右就以高超的彩绘技艺蜚声画坛。1988 年获"中国工艺美术大师"称号。他的作品被誉为"中国民族艺术的瑰宝""青藏高原上的奇葩"。在继承传统绘画技艺基础上，他大胆创新，突破了宗教绘画艺术只能照本临摹的定规，为热贡艺术的发展做出了突出贡献。

父亲送娘本到夏吾才让大师那里学艺时，娘本起初很高兴，因为以后他就可以画画了。按照当地的传统，一个孩子送到老师家里后，会被留下来观察 10 天左右，以判断其是否具有学习唐卡的天赋。娘本练习作画时，夏吾才让大师会在旁边观察。那时娘本虽然年纪小，但是手法很好。对于

历史的厚赠
——国家级传统工艺传承人的匠艺之路

夏吾才让大师与娘本（右）

唐卡的内涵，当时的娘本还没有深层的认识，所以才有了前面少年娘本"逃学"的插曲。

娘本初到夏吾才让大师门下，首先是学习《度量经》。《度量经》对诸佛、菩萨的造型特征和身体各部位的度量比例都有详细的记述，被唐卡画师奉为"金科玉律"，是学习绘制唐卡的基础。每天的第一项功课是听老师讲佛经，每天至少要读两个小时的经文。不懂佛经，仅凭技术是画不了唐卡的。师傅念经，徒弟听着，然后就根据佛经故事去画。经书里的藏文对于他这样文化程度不高的学生来讲，无异于天书。

加之书中只有文字，没有图像，更是增加了理解的难度。夏吾才让大师曾告诉娘本，绘制唐卡是一项神圣的事业。回归的娘本心想，可不能轻易向困难屈服，于是默默下定决心，从学习藏文开始，从颜料研磨开始，终于坚定地走上了唐卡绘画之路。

画唐卡是门苦功夫，在创作时要盘腿席地而坐，一坐就是一整天，完成一幅作品经常需要好几个月的时间。这个过程特别考验人的专注力。娘本曾回忆道："一开始学的时候，坐都坐不住。现在每年夏天很多大学生来实习，他们就坐不住。盘腿才能坐得稳，拉线条的时候手也稳，坐在凳子上是不行的。"长期持续的训练，磨砺了娘本的心性和技法，也让他对唐卡艺术的魅力有了日益深厚的理解。"画的时候必须要静，不能动，不能说话，怕线走歪了。老师要求也很严格，因为每天调的颜料都不一样，今天画坏了的话，明天去补的时候就像一个伤疤一样。"勾勒线条的技法需要时间的积淀，在苦练了很多年之后，随着眼力、心力的结合，才能达到笔随心动的效果。

在很多艺术领域，学徒阶段是没有收入的，而在热贡地区，学习唐卡的过程中老师会给参与唐卡创作的学徒一定分红。娘本记得他做学徒的第一年，年底得到了 500 元的分红。他认为这种方式比较好，有利于唐卡艺术的传承。后来他创办热贡画院，也采用了这种模式。

娘本跟随夏吾才让大师学习了 6 年时间。在此期间，他经常废寝忘食，用心去感受每尊佛的体态特征，体悟每幅作品背后的故事。随着技法的成熟，娘本已经可以跟老师一起为寺庙绘制唐卡。18 岁时，娘本正式出徒，开始独立作画。20 岁时，娘本已经可以自己带徒弟了。当时，唐卡还没有成为一种为大众所熟知的艺术，社会需求量并不大。娘本学成之后，主要为各地的寺院画唐卡，经常往来于青海、西藏、四川、甘肃等地的寺院。

外出闯荡　博采汉藏技法

1995 年，娘本带着几个徒弟去四川作画。在成都，娘本结识了国家一级美术师罗家宽先生。为了提高自己对汉族传统绘画的认识与理解，娘本决定跟随罗老师系统学习传统工笔绘画艺术。关于在成都学习的这段经历，娘本说："我只是不想让自己变成一个仅为了生存苟活的画匠，我希望有一天唐卡艺术能够被更多的人热爱。"在此过程中，他不仅学到了汉族工笔绘画技艺，而且对其文化内涵和表现形式有了深刻的理解，这让他的眼界更加广阔，艺术表现手法更加多样。

娘本唐卡作品《白度母》（黑金带彩）

1997 年，26 岁的娘本，虽然年纪轻轻，但是作为一名技艺精湛的唐卡画师，当时早已名声远播。这一年，娘本应邀参与创作《中国藏族文化艺术彩绘大观》。《彩绘大观》长 618 米，宽 2.5 米，画面达 1500 多平方米。上有唐卡 700 多幅，不同的堆绣图案 3000 多种，绘有 18.3 万多个人物。整个作品由青、藏、甘、川、滇 5 省（区）400 多名藏、蒙古、汉、土族的顶尖工艺美术师用了 27 年时间才完成。《彩绘大观》虽然规模宏大，但创作手法一丝不苟。在画面最密处，1 平方米内绘有 300 多个人物图像，许多画面都是由毫笔绘成的，在放大镜下才能看清。这幅画卷形象生动地反映了藏地的历史、宗教、文化、民俗及自然景观，画面绚丽多彩，内容浩瀚精深，可谓藏文化的百科全书，令人叹为观止。参与的两年时间里，娘本将汉藏艺术技法熟练地运用到《彩绘大观》的创作过程中，精益求精，为《彩绘大观》赢得吉尼斯世界纪录做出了自己的贡献。《彩绘大观》绘制完成后，在黄南藏族自治州首府隆务镇举行首展。此后多次外展，受到广泛赞誉和世界关注。目前《彩绘大观》作为镇馆之宝收藏于青海藏文化博物院。

　　娘本在成都学习了两年。罗老师劝他到西藏去，因为那里是藏文化的发源地，在那里可以接触到不同的艺术风格，也能得到许多交流的机会。比如，唐卡的流派主要有勉唐画派、钦则画派、噶玛噶孜画派等，每个画派又分出许多支脉。勉唐画派以拉萨为中心，主要流行于卫藏地区，其笔法工整流畅、法度精严而不失变化，色调活泼鲜亮。钦则画派主要流行于后藏和山南市，其风格是人物形象丰满稳健，色彩沉着饱满，纹样繁密华丽。噶玛噶孜派主要以四川甘孜、德格和西藏昌都为中心，其风格受汉族绘画影响较大，对比强烈，施色浓重，画面富丽堂皇。

　　1998 年冬天，娘本到了西藏，在拉萨八廓街开了一家唐卡店。在西藏期间，娘本经常应邀到大昭寺、扎什伦布寺和昌珠寺绘制壁画与唐卡。在创作过程中，他对各个流派的风格进行了比较。比如，拉萨的唐卡风格大多浓郁凝重，热贡唐卡则色调明快。娘本尝试着在不同的风格之间寻找一种平衡。正是在掌握了这种平衡之后，娘本逐渐成为唐卡领域少有的熟练掌握各个流派技法的大师。娘本在西藏待了将近 10 年，在此期间，他不只为自己赢得了声誉，也扩大了热贡艺术在西藏的影响。

在艺术领域，许多关键的转型和重要流派的产生都源自对不同风格的兼采与融合。在唐卡绘画上，娘本既有热贡艺术传统技法的积淀，又深得汉族传统工笔画技法之长，并且接触了西藏各大寺院的许多作品，这使他在融合各家风格方面游刃有余。娘本不断博采各家所长，并大胆探索创新，形成了成熟独特的个人风格。他借鉴了敦煌艺术深沉典雅的色彩系统与艺术元素，融合了热贡艺术辉煌、华美的施色和用金技艺，辅以汉地工笔艺术的淡雅和空灵，这使他的作品具有色彩通透、用线缜密、形象飘逸的特色。在作品的设色上，他充分利用固有色和夸张色的配合，逐步形成作品绚丽大方、画面构图精细复杂、线条绘画严谨细腻、画面人物神态突出的独特风格。他画佛像时，经常使用高度夸张的色彩，配合佛造像优美的造型，在现实与幻影中展现神佛的魅力，创造出奇丽的艺术境界。他描绘现实景物时，注重使用固有色，以表现自然景物朴实的色彩。浓重饱和的用金技术与淡雅柔和的面部设色相结合，是娘本绘制唐卡的独到之处。这种技法既能体现佛造像的庄严大气，又能表现人们在现实生活中对美好的向往与追求。学者评价，2007 年，热贡画院正式建立同时，娘本唐卡艺术风格基本成熟。

开办画院 绘就美好生活

从 2003 年起，经常在西藏和热贡两地间奔波往来的娘本有了回到家乡的念头。在娘本看来，虽然自己在西藏的发展前景很好，但他的根在热贡。2006 年，娘本带着他这些年的积蓄和一身的技艺，回到了养育他的热贡。

夏吾才让大师一直想建一所艺术学校的愿望，在他生前没能实现。他曾多次嘱咐娘本，一定要培养好、传承好我们的民族文化。2003 年夏吾才让去世前，对娘本说："我的遗憾是没能建立一所画院，将唐卡发扬光大。"娘本一直记得夏吾才让的遗愿。2006 年 8 月，娘本在故乡同仁县隆务镇吾屯开始筹建青海黄南州热贡画院。正是这一年，热贡唐卡被列入第一批国

黄南州热贡画院

家级非物质文化遗产代表性项目名录。2007 年，热贡画院正式成立，这是青海同仁地区第一家唐卡画院。

热贡画院主要从事热贡艺术的创研、培训、制作、销售、展览、收藏和进出口事业，致力于保护、传承和发展热贡艺术。热贡画院下设展示部、培训部、创作部和市场外联部，附设青海热贡艺术传习所、黄南州热贡艺术传播公司、热贡画院职业技能培训学校和青海热贡唐卡艺术馆，集唐卡、堆绣、刺绣、泥塑、石雕、木雕和铜制品艺术为一体，全面开展文化艺术活动。经过多年的发展，热贡画院荣获"国家级非物质文化遗产生产性保护示范基地"等诸多称号。已培养各类画师数百名，他们均已成为热贡艺人中的业务骨干，在热贡唐卡艺术的保护、传承和发展过程中发挥了重要作用。他们创作的唐卡作品《大黑天》《木质浮雕唐卡》等作品获国家知识产权局颁发的"外观设计专利"。热贡画院年均生产唐卡、堆绣、刺绣等热贡艺术品 6000 余幅。

因热贡画院的卓越成就和个人对于热贡唐卡艺术的突出贡献，作为热贡画院院长，2007 年 6 月，娘本荣获"中国唐卡大师"称号。2009 年 6 月，娘本被评为国家级非物质文化遗产项目热贡艺术代表性传承人。中央电视台到热贡画院对娘本进行了专访，对热贡艺术的制作工艺和发展现状进行

娘本与爱心企业家资助大学生助学金发放仪式

了专题介绍。2009年6月，娘本又荣获"非物质文化遗产保护工作先进个人"称号。也是这一年，热贡唐卡入选联合国教科文组织人类非物质文化遗产代表作名录。2011年12月，娘本获首届中华艺文青年奖。2012年6月，获中华非物质文化遗产传承人薪传奖；11月，娘本被评为第六届中国工艺美术大师。

在热贡画院的带动下，当地已有更多的农牧户从事热贡艺术事业，不仅促进了热贡艺术的传承和发展，还拓宽了当地富余劳动力的就业渠道，增加了当地群众的收入。娘本在带领热贡画院发展的同时，还不忘服务社会，积极参与慈善事业。他先后为社会公益事业和各界困难群众捐款900多万元。

热贡画院的培养方式与传统的师徒相授制是不同的。画院联合了多名热贡艺人，共同指导学生。来学习的一般都是十二三岁的孩子，娘本会用一段时间来观察他们，看他们是不是真的有这方面的天赋，是否有学习的心。以前，唐卡界有"传内不传外，传男不传女"的旧俗。为了让唐卡艺术更好地传承，也为了让更多的孩子能够掌握这门技艺，娘本不再拘泥于这些习惯。热贡画院的大门是敞开的，只要有心学习，他都不会拒绝。"我们建了画院。男女都可以学，谁想学都可以学。这是从我们开始的。我们这个画院建立以来，主要是面向没有能力去学的，没人教的，贫苦户家里的，没人带的，这样的小孩，教给他们一些技艺。"那些家庭困难的孩子们如果能有机会学习唐卡技艺，就可能会改变他们的整个人生，改变他们的家庭，甚至带动一个地区脱贫致富。热贡画院为他们提供了免费食宿和充分的学习条件。娘本说："学成这门手艺的话，他们一辈子就能自力更生了。这样，社会也会慢慢地好起来，富起来。"

关于这些学生的就业去向问题，娘本说："我们的学生，有的想留到画院的，可以留下来，自己画自己的作品。各种花销包括吃住等，都是我自己管着的。有的还是要出去打拼的。他们现在很多都变成了真正的地方上有能力、真正的有传承的艺术家、唐卡艺人。所以我们也是很高兴。自己的学生都成人了，成年了，成才了，这是一个老师真正的希望。我们是这样被教出来的，我们教学生也是如此。我跟我儿子说，你也是一样地这样教下去啊。这样的话，热贡唐卡艺术才能真正地代代传承。"

现在这座古色古香、具有传统藏式风格的建筑——热贡画院，已经成为热贡唐卡艺术走向世界的一扇窗口，也成了非遗技艺助推精准扶贫的一个平台。对于娘本是如何带动脱贫致富或者说如何成功的问题，他由衷地说："以前唐卡绘画技艺学到了以后，说实话卖唐卡比较难，很多人不了解唐卡、不认识唐卡，这个地方也是一个不是太好的贫困村，现在变成了一个小康村。是非遗文化和热贡艺术带动了整个热贡地区的老百姓的脱贫致富。感恩父母给予我生命，感恩老师给了艺术的传承、技艺，感恩地方政府创造机会领出去宣传推广，有了今天的日子，都离不开这些支持和帮助。但我自己有多么成功，没想过。我正在和学生们进行一个千米唐卡的绘制。我一个艺人，一辈子只做一件事，最荣幸的一件事，就是画唐卡。这个千米唐卡留给后人，也算是文化的遗产，所以我的一生最终要贡献给了这个千米唐卡了。"娘本略带骄傲地提道："国家前几年才开始说'精准扶贫'，但我们画院精准扶贫已经十多年了。青海省真正能达到小康的村子还不多。但整个热贡地区，我们真的做起来了，带起来了，人们的生活水平极大提高，谁都不敢相信。中央电视台曾采访过我。我说，用手中的画笔画出了美好的生活。每一个热贡唐卡艺人都是手中的画笔画出了美好的生活。"

守创传承　不忘丹青初心

佛教诞生距今已有 2600 多年，藏传佛教传入中国也有 1000 多年的历史，热贡唐卡艺术则有 700 多年的历史。在悠久的传统和厚重的历史影响之下，对于热贡唐卡画师而言，绘制唐卡是修心的过程，唐卡艺人是带着信仰的艺术家。这是娘本所认为的热贡唐卡艺术与其他很多艺术形式所不同的地方。"画唐卡的人每天早上诵经，诵完经洗了手，干干净净地才开始画。并且不能抽烟、喝酒，这都是对佛的一种尊重。佛经故事和剧本一样，要依靠画师的想象力去创作，没有固定的模式。""带着信仰每天作画，坐下来，就很高兴，拿着颜料，每天干上 12 个小时，都是一样很高兴。"娘本认为，心中有佛，才能创作出璀璨夺目的唐卡，而对藏传佛教了解不深的人，画的唐卡就少了神韵。他说："画唐卡与画水墨画不一样，唐卡考验的是人的心，说到底是在修炼佛之心，是在练崇善之心。真正的大师的作品，会让人肃然起敬，感觉到神圣。"热贡唐卡的传承是建立在对佛理的研习基础上的。画师们将自己对佛教的理解融入画笔中，传达他们对大千世界的理解、对神佛万象的敬畏，因而，他们所绘的唐卡艺术价值之高、思想之深，实属罕见。为实现唐卡艺术的原生态传承，热贡画院开设了一门特殊的课程，就是教导学员以虔诚之心对待唐卡，

娘本唐卡作品：《千手观音》（黑金带彩）

娘本作品：《文殊菩萨》（红唐）

把绘制唐卡与个人思想的修行联系起来。在创作的每个环节开始前，都要举行特定的宗教仪式，并要求画师保持平静的心态，自始至终遵守严格的宗教戒律。以这样的身心状态画出来的佛像，才会展现出慈悲、智慧和力量，作品才能具有相应的文化底蕴和精神气质。

色彩的绚丽闪耀是热贡唐卡的一大特色。热贡画师画唐卡时所用的颜色，标准色有白、黄、红、蓝、绿、紫、青、黑、金，每种色彩都有其蕴含的意义，不同色调的差别较大。这几大类颜色再经相互调配，可达数百种。这些原料及其配制、调色的方法，都是保密的。这给热贡彩绘艺术蒙上了一层神秘的面纱。绘制唐卡的颜料由矿物、植物、纯银、纯金甚至各类珠宝加工制成，包括珍珠、玛瑙、珊瑚、绿松石、孔雀石、朱砂等矿物宝石颜料和藏红花、大黄、蓝靛等植物为颜料，用这些颜料绘制的唐卡，即使历经千年，仍能金碧辉煌，灿烂如新。色彩在热贡唐卡中不只用于表现客观世界，更重要的是用来表达特定的情感。热贡唐卡中的每一种色彩都有其独特的象征意义，红色象征着统治、权势、愤怒；白色象征着和平、纯洁、慈祥；绿色象征着丰盛、富裕。依照背景用色的不同，唐卡可分为黑唐、红唐、金唐、彩唐等。

娘本说，各个区域的唐卡，颜料的原料和绘画技法都有相同的源头，最大的差异就在于颜料的调配方式。西藏的唐卡一般会在颜料中加入较多的墨，因此其整体色彩会偏暗，而青海的唐卡不会在调出的颜料中加入别的色彩，所以呈现出来的色彩更亮一些。传统的唐卡一般晕染较重，娘本在创作唐卡时融入了工笔画的手法，晕染相对来说淡一些。娘本说："热贡唐卡艺术是博采众长、兼容并蓄，汇集多地域、多民族、多文化，包容性、创造性极强的独特艺术。热贡唐卡的绘画风格庄重、大气、精妙、辉煌，从艺术高度看，已达到超然物外的境界。仅从美学角度，还不足以概括它的内在审美价值。它是神圣、智慧与彻悟的艺术。"

娘本始终坚持用传统颜料进行创作。他每次创作前都要认真挑选天然红珊瑚、绿松石等珍贵原料，亲自研磨加工。他认为，这样虽然费时费力，但只有这样才能展示真正的唐卡艺术，体现热贡艺术的内涵和收藏价值。娘本说："颜料是唐卡的根，最珍贵的就是颜料。目前来看颜料不是什么问题，我们每年都存很多。普通的颜料现在每斤1000多元，但是能用很长时间，一个人一年用上5斤颜料就很不错了。"颜料中价格最为昂贵的是金粉。浓重饱和的用金技艺是热贡唐卡画师的绝活，用金箔勾画出的佛像，熠熠闪亮，气韵十足，其明艳的色彩、严谨的构图、极端复杂的工序，充分展示了唐卡艺术极致的美学观念。娘本的一幅《释迦牟尼三世佛》黑金唐卡，所用的金粉就价值七八十万元。

国家级非物质文化遗产代表性项目"热贡艺术"的介绍词里说："随着

绘制唐卡的主要颜料

老艺人的相继去世（四个大师级的画家前后于世纪之交离世）、市场经济和商品意识的不断冲击、旅游业的不断繁荣，热贡艺术精品越来越少，而充斥市场的赝品、复制品和粗制滥造的现象却越来越多，急需抢救保护。"近年来，随着唐卡走向市场，许多画师为了节省成本和时间，经常会采用化学颜料作画。娘本在向学员们传授唐卡技艺的时候，坚持使用真材实料的矿物和宝石颜料。他认为，不论在什么情况之下，唐卡艺术中有一样东西是永远不可以妥协的，那就是颜料，这是唐卡的根本。娘本说，唐卡艺人一定要在画工方面下功夫，要使用真正的矿物质颜料，这样才能画出好的作品。在他看来，这不是值不值得的问题，如果要学习唐卡，在一开始就必须使用正确的方法。矿物质颜料的研磨和上色，每一步都是学问。唐卡颜料的原色只有十几种，在研磨的过程当中，经过调配，会达到几百种颜色，而其中各种原材料如何搭配，调配出何种色阶的颜色，全凭画师的个人经验。另外，不同颜料的性质不同，研磨的力度与手法也不尽相同。研磨完成之后，上色又是一个挑战。如果一开始就用广告色学习上色，以后一定很难驾驭矿物质颜料。

随着唐卡价格的不断提升，唐卡创作领域还一度出现了流程化、工业化和量产化的现象。少数画师急功近利，不遵循传统的绘制方法，而是直接印刷草稿，再找人上色。看到那些劣质的唐卡，娘本十分痛心。在他看来，尽管唐卡艺术可以借鉴中国画或油画的一些技法，使自身不断丰富、生动，但必须坚持自己的底线，包括艺人对信仰的执着、对寂寞和枯燥的忍耐力及唐卡颜料的选用标准。他认为，一幅好的唐卡，必须是原创的，而且其颜料应该是真材实料。要画好唐卡，从制作画布开始到起稿、构图、设色、晕染，每一步都要认真细致，因为画唐卡所使用的都是天然矿物质色，使用的金银都是纯金和纯银，每一个线条都会考验艺术家自身的功底和能力，所以艺术家要不断学习，深刻了解佛教文化的内涵，提高自身的艺术造诣，才能画出具有更高艺术水平的唐卡作品。相比之下，"临摹的就很容易了，拍张照片，比照就能画下来，按照模板去铺色晕染，不需要运用思考能力去定位，很快便能完成，但这不是真正的唐卡。真正的唐卡大师，每个人都有自己的个人风格，每一笔下来都不一样，百分之二百的不一样"。唐卡对于娘本来说，不只是一门技艺，更是一种信仰。他说："很多人一辈子努力画，如果被少数人做坏，正宗的唐卡怎么发展。"为了唐卡的长远发展，娘本耐心劝导那些偏离传统的画师，甚至收那些曾经制作劣质唐卡的画师为他的学生，教他们画真正的唐卡。娘本的努力取得了成效，在他的影响下，劣质唐卡在这一带逐渐消失了。

在热贡画院收藏的 600 多幅唐卡中，有 100 多幅是明清时期的作品。娘本收藏唐卡的工作已经持续了 20 余年。他认为，收藏明清时代的老唐卡及大师们的精品，也是挖掘老艺人技艺的一种方式。在热贡唐卡中，各个艺人绘图、调色的技法都不一样，也就形成了不同的风格，这些作品都是宝贵的艺术财富。

谈及热贡唐卡的创新传承时，娘本说："明代有明代的风格，清代有清代的风格，现代有现代的风格。这种风格就是文化和艺术传承的过程中不断进步与创新的体现。我们现在的创新，题材上，我们可以创新。所谓的技艺上，不能创新。传统的颜料不能创新。"以前，唐卡都是供奉在寺庙里的，所以，一般人会认为唐卡反映的一定是宗教内容。随着唐卡逐渐融入社会生活，其可以表现的题材越来越多。娘本说："我画的最多的还是佛教故事。中华人民共和国成立 60 周年的时候画过《文成公主进藏》《开国大典》，捐给了国家。北京奥运会的时候还画过《福娃》唐卡，送给奥组委。什么题材都可以用唐卡来表现。不一定每个人都喜欢，但也是一种尝试吧。"2009 年 11 月，为纪念澳门回归 10 周年，娘本组织画师创作了一幅以改革开放 30 周年为主题的唐卡《回归十周年》，捐赠给澳门特别行政区政府，时任澳门特别行政区行政长官何厚铧亲笔回信感谢。娘本的唐卡作品，不但反映了他独特的审美视角，同时也体现了他热爱祖国、热爱家乡的民族情结和人文情怀。通过他的作品，人们也能感知娘本数十年来在唐卡艺术道路上不断求索、不断进步、不断升华的心路历程。娘本认为，就像中国画和油画一样，唐卡也有一个融入社会的过程。在宗教文化之外，人们也会逐渐认识到唐卡独特的美感。

热贡唐卡艺术在传承与变迁中形成了鲜明的地域风格和时代特色，其功能早已经突破了宗教意义。以唐卡为代表的热贡艺术所蕴含的宗教文化价值、民俗文化价值和艺术审美价值日益引起国内外学术界的关注。近年来，热贡唐卡艺术和其他民间文化一样面临着现代生产方式的冲击，出现了传承方式和传承内容简单化、创作意识受市场影响等问题。作为热贡唐卡的重要传承人，娘本一直坚信，为了保护和传承传统艺术，要致力于实现保护性生产，单纯地强调保护，而不做保护性生产是不行的。他表示，要培养出一批传承人，并使传统艺术实现其经济效益，这样才会有更多人来学习制作唐卡。现在社会普遍认可唐卡的价值，可以借此条件，将保护、生产、经济效益结合起来，传承好唐卡艺术。

娘本认为，热贡艺术在技术传承、新项目开发和宣传推广方面还存在许多新的问题。他表示，抢救非物质文化遗产，首先必须做好传承工作，除了要把传统技术完好地传承下来，还要整理出一套支撑热贡艺术永久传承的文字资料。他希望社会各界多多关注和支持热贡艺术的保护和传承，让热贡艺术能够随着时代的进步而不断丰富和发展，长期保持生机。

谈及热贡唐卡艺术的衍生品、文创话题，娘本坦言："现在为止，真正有规模的文创没做起来。我一般不合作，现在是在丝巾上画了一些新的题材。很多人把佛家的题材拿到衍生品上，衣服上、鞋子上，很不好。真正的唐卡艺人是有一种信仰的，比生命还重要。佛家的东西我们不去衍生。我们可以把里面的一些花鸟山水，这里面很多都可以做这些东西。也就是它的一些元素，很美的元素，代表性的符号可以衍生出来。比如，现在流行的脖子里的那种小唐卡，地方上很多小艺人都画这种小唐卡。他们多的每天可以挣到三四千块钱，这也带动了整个区域的脱贫致富。"

唐卡创作不只需要独特的思想和出众的技术，还要有充沛的精力。娘本认为，对于工笔画来说，20岁到40岁是最好的时间，一般到了50岁就已经开始走下坡路了。一个艺术家在精力衰退后，不可能再达到从前的水平。他现在有很多东西可以传授给学生，起稿也没有问题，但若要亲自创作，拿最小的楷笔，画最精细的细节的时候，眼睛和手都不听话了。娘本现在虽然还会坚持创作，但培养学生才是他的第一要务，只有这样，热贡艺术才能有更广泛、更坚实的发展基础。热贡画院打破传统的"传内不传外，传男不传女"传承方式就是一种难得的创新。娘本还说："我的学生很多，说实话，画得好的也很多，有几个学生画得比我还好。这样我们就后继有人了，可以称得上有真正的传承人了，祖先留给我们的艺术可以代代传承，而且有好的发展，这是最让人高兴的事。"

妻贤子孝 最美艺术家庭

娘毛吉是夏吾才让大师的孙女，娘本的妻子。娘本与娘毛吉都出生在吾屯，均师从夏吾才让大师学习唐卡绘画技艺，可以说是青梅竹马。婚后娘本多奔波在外，娘毛吉主要承担起照顾家庭的重任，全力支持娘本的事业。在看到昌珠寺的国宝珍珠唐卡后，娘本与妻子一起研究和实验，恢复了这门失传已久的古老技术。热贡画院成立之后，娘毛吉负责后勤，将所有心思都放在了管理画院和照顾学生们身上，每天往返于家和画院两边，打扫庭园，为孩子们做饭，闲暇时带着妇女们刺绣。

娘本与娘毛吉的儿子仁青多杰，也是一名唐卡画师，青海省工艺美术大师。如今正值27岁盛年的他从小就在热贡艺术的氛围中浸染，家里人画唐卡，邻居、朋友家也画唐卡。可他最开始想学唐卡的时候，却遭到了祖父母的反对。仁青多杰的祖父母目睹了娘本早年从事唐卡绘画所面临的种种艰辛：从前作品没有市场，也没有形成产业规模，画师常年要到寺院去找工作机会，收入既不稳定也很微薄。出于对孙辈的疼爱，他们最初并不赞成仁青多杰学习唐卡，认为今后从事其他工作也会有出息，不必再走那么苦的路。仁青多杰却很向往唐卡绘画，看着别人画，觉得画起来很顺畅，一心想跟父亲学习。唐卡绘画后继有人，父亲很开心，祖父母最终也就尊重了他自己的决定。2007年，仁青多杰12岁，与时年36岁的父亲开始学艺的年纪惊人的一致，热贡唐卡艺术传统的父子传承开始了新的接力。

仁青多杰18岁时便成为热贡画院的实习教师，正式加入热贡艺术传承人的队伍中，并常常同娘本一起参与展览等推介热贡唐卡艺术的活动。仁青多杰说，自己的作品与父亲的相比，风格上一脉相承，笔触、蜡法上各有特色。2017年，仁青多杰自创了蓝色和绿色的唐卡，这在唐卡绘制上属于全新的尝试。而对于仁青多杰的创新，父亲也很支持，并会在专业上给予具体的指导。仁青多杰自己也有两个女儿，大女儿已经快5岁了，受家庭环境熏陶，从会走路时起，就喜欢拿毛笔，也非常喜欢画画。仁青多杰和父亲每天都在画画，有一次在北京，仁青多杰的一幅唐卡快要完成了，女儿趁着中午大人们吃饭的间歇，跑出去拿着毛笔和颜料自己画。那幅画仁青多杰一直保留在北京,准备等女儿长大后送给她。仁青多杰介绍,从前他父母那一代的女性大多只能干农活,而现在随着经济发展、生活改善,女性有了更多就业选择,就比如画唐卡。此外,生活改善了,学生却变得有些难带了。仁青多杰从 2016 年开始带学生,学生里面有青海省内的,也有山东、北京等地的。仁青多杰学唐卡那会儿,手机并不普遍,学生们也都很听话。而现在,多了手机,也多了娱乐方式。娘本唐卡艺术中心开通了短视频账号,仁青多杰有时也会连着刷几个小时的短视频,除了分享一些创作的片段,还有很轻松活泼的内容。唐卡的学习和传承,面临新的机遇和挑战。

娘本还有一个女儿,现在中国传媒大学学习传播学,2022 年前往英国留学深造。娘本说,热贡艺术真得传播不够啊,热贡地区需要传播方面的人才,女儿留学回来,应该会对热贡艺术传播做出一点贡献。

2018 年至 2019 年,娘本家庭先后被评为青海省最美家庭、全国最美家庭。对于娘本一家来说,热贡画院就是一个大的家,他们和其他画师、

2019 年在中国美术馆"梵韵丹青——娘本唐卡艺术展"开幕式现场
(左一为娘本,右一为仁青多杰)

学生们共同生活在热贡画院这个大家庭里，共同为热贡唐卡艺术的保护、传承和发展贡献着力量。

推宣唐卡　尽其心竭其力

在多年艺术生涯中，娘本不仅一心创造发掘热贡唐卡的艺术之美，而且致力于热贡唐卡艺术的传承、推广和宣传。

2014 年 4 月，娘本在中国国家博物馆（以下简称国博）举办个人唐卡展览——"娘本唐卡艺术展"，展出个人精品唐卡作品 65 幅。热贡唐卡艺术首次专场现身国博，这在唐卡艺术界是史无前例的。其中，作品《释迦牟尼生平图》（黑金唐卡）被国博收藏。相关作品收入《中国工艺美术大师娘本唐卡艺术》（吕章申主编，安徽美术出版社 2014 年版）一书中。

2014 年在中国国家博物馆举行的《娘本唐卡艺术展》开幕式现场（左一为娘本）

2016 年 7 月，"《四部医典》曼唐长卷——娘本唐卡艺术传承成果展"在国博举办。这次展览展出了娘本及其 30 位学生历经 3 年时间创作的作品——藏族《四部医典》80 幅彩图唐卡（曼唐）。《四部医典》是藏医药经典集大成者，系统记载了藏医药学的基本理论，人体的解剖构造及生理功能，病理及症状、疾病的诊断方法及治疗原则，药物的种类、性味及用法，饮食起居及卫生保健知识，行医的道德及守则等内容。曼唐则是唐卡艺术的一个重要门类，是历代藏医药名家通过尸体解剖、药材考察和临床实践，以科学审慎的态度整理绘制的挂图。作品以 6487 个画图系统生动展现了《四部医典》156 个章节内容。《四部医典》80 幅曼唐之前仅有 2 套完整

娘本在"《四部医典》曼唐长卷——娘本唐卡艺术传承成果展"现场

版本存世，一套保存在西藏拉萨罗布林卡，另一套保存在西藏自治区藏医院。此展的曼唐长卷，单幅尺寸和总体尺寸（长80米）均为目前最大的版本，绘制的精细程度和艺术水平也比前代有了很大的提高。开幕式上，娘本将这部巨幅《四部医典》曼唐长卷赠予国博，该套作品也成为唯一在藏区以外博物馆收藏的完整版本。这次展览不仅让神秘的藏族医学瑰宝为大众所见，给人们以智慧的启迪，而且有力地推动了热贡唐卡艺术的宣传推介工作。

2016年9月，娘本带着69幅精品唐卡在上海中华艺术宫举办了"云端的艺术——中国工艺美术大师娘本唐卡艺术展"。一幅幅精美绝伦的画面

"云端的艺术——中国工艺美术大师娘本唐卡艺术展"现场

讲述着一个个藏传佛教的神奇故事。不需要语言的诠释，观者无不倾倒于唐卡的神圣、高贵、明艳、华丽。

2018年5月，"梵境传心——娘本唐卡艺术展"在深圳举办，展出了娘本及其亲传弟子的60余幅作品。娘本在开幕式上说："热贡唐卡艺术是从人、自然、社会、文化的各种变量的作用中产生、传承、发展的，他的变量与自然生态和社会生态相关，与文化的所处区域的山脉、河流、气候、社会观念、社区变迁、居住环境紧密相连，是一种连接土地、天空、社会和自然的生态结构的产物。我们不但注重唐卡的图像价值，更注重的是从人文历史的价值层面去升华唐卡艺术，这是支撑民族精神的动力，也是连接唐卡文化生态土壤的思想基础。热贡唐卡艺术是博采众长兼容并蓄，多地域、多民族、多文化汇集，包容性、创造性极强的独特艺术。热贡唐卡的绘画风格庄重、大气、精妙、辉煌；从艺术角度看，已达到超然物外的境界。仅从美学角度，还不足以概括它的外在美与内在审美涵量。它是神圣、智慧、彻悟的艺术。"

2018年9月，"圣途——青海热贡唐卡艺术展"在上海举办，展出了娘本及其亲传弟子的38幅唐卡作品及娘本组织300余位技艺精湛的年轻画师所创作的巨型唐卡。其中一幅38米长的作品《释迦牟尼佛与十八罗汉、四大天王、八大弟子》（千米唐卡的局部）首次在上海展出。这幅堪称唐卡的百科全书的作品预计总长1300米，由娘本领衔数百位唐卡画师集体创作。

2019年4月，娘本带着他在近40年艺术历程中极具代表性的70件作品，在中国美术馆举办了"梵韵丹青——娘本唐卡艺术展"，并将自己的部分代表作捐赠给中国美术馆永久收藏。此次展览也是向祖国华诞70周年献礼。中国美术馆馆长吴为山表示，娘本唐卡创作中的每一笔、每一条线、每一种色彩的运用，都倾注了他的智慧，融注了他对唐卡艺术的深厚感情。中国美术家协会副主席、工笔画家何家英认为，娘本的唐卡艺术作品让人感受到：心里要静，感情要深，对这个时代的责任感要强，才能创作出打动人心的艺术作品。艺术家的创作，无论是工笔画还是唐卡，不能只追求表相的真实华丽，更要注重作品的内涵和价值表达。唐卡和工笔画，都需要一颗安静不浮躁的心。娘本以虔诚之心进行创作，把创作当作修行的一部分，这种创作状态更值得画家们学习借鉴。2021年6月，同名展览在上

2019 年在中国美术馆"梵韵丹青——娘本唐卡艺术展"开幕式现场
娘本大师与各界嘉宾合影留念

海苏宁艺术馆举办。

2021 年 4 月，在上海中心大厦举办了"般若流金——娘本唐卡艺术特展"……在此不一一赘述。娘本唐卡艺术展体现了娘本在推广和宣传热贡唐卡艺术的道路上尽心竭力，执着而行。

目前，国内主要有两座娘本担任馆长的主题艺术馆。2017 年 12 月，娘本唐卡艺术馆在北京崇文门外设立。2020 年 11 月，娘本唐卡艺术馆在山东即墨落成。娘本唐卡艺术馆不只是唐卡艺术馆，也是唐卡艺术展示、交流与创作的中心。娘本说："今天唐卡艺术已经不仅仅是热贡的艺术、青海的艺术了，它更是中国的精粹艺术。我要把唐卡所有的题材都画出来，留给后人一份永久性的文化遗产，让全世界了解它，热爱它。"著名钢琴家郎朗说，娘本大师的唐卡作品技艺精湛，每天从不同角度去欣赏，会有不同的心得体会。他感觉，看娘本的唐卡作品，如同欣赏巴赫的《歌德堡变奏曲》，曲调中那种"极致的平衡"对他来说也是一个自我审视的过程。郎

朗直言："在娘本的唐卡作品前记诵钢琴曲谱，心格外能够很快地静下来。"此外，2018 年 8 月，安多娘本唐卡艺术入驻位于上海市上海中心大厦的宝库匠心馆，并设立热贡唐卡艺术常驻展厅。

对于唐卡宣传、推广乃至传承上的问题，娘本有着独到的见解："非遗进校园，这个非常必要，目前，我们中国的很多年轻人不了解自己文化的这种底蕴。我现在担任青海师范大学非遗研究院院长。虽然我没怎么上过学，但是我知道我自己在唐卡技艺方面，能说明白。我们怎么去传承，怎么去保护，怎么去绘画，这种技艺是怎么来的，这个颜料是怎么调的。而真正的非遗，要得到认可，还是要从小学抓起。教育上可以有一个这样的课，大家都从底子上有一点儿了解我们非遗的传承。"

中国的热贡　世界的唐卡

热贡唐卡艺术，既是中国的，又是世界的；既是宗教的，又是普世的；既是民族的，又是全人类的宝贵艺术财富。为了向世人展示热贡唐卡艺术的魅力，这位唐卡艺人不仅奔波于北京、上海、深圳、天津、香港、澳门等国内城市，还远赴美国、英国、法国、澳大利亚、德国、日本、荷兰、韩国、比利时、菲律宾、新西兰、尼泊尔、越南、蒙古国、阿尔及利亚等30 多个国家。娘本说，唐卡作为藏传佛教的文化瑰宝，对于如何更好地保护和发扬唐卡艺术，我们一直在努力。曾经几十位老艺人培养了我们这一代百位左右唐卡艺人。如今交接棒传到我们手中，我们要培养出成千上万，甚至更多的唐卡艺人来传承弘扬唐卡艺术，让热贡唐卡走出中国，走向全世界，让全世界人民感受中华非物质文化遗产的魅力，这是我们这一代人乃至于下一代唐卡艺人的共同期许。

比如，2014 年，春节前夕，娘本获邀参加法国巴黎卢浮宫"庆祝中法建交 50 周年大型文化艺术展览——中华艺术精品展"，并荣获"文化中国"奖。参展的珍珠唐卡《白度母》等 16 幅精品唐卡力作，引起法国观众极大的兴趣和关注。法国前总理拉法兰先生就藏族唐卡艺术风格技法等问题与娘本进行了交流。10月底，娘本前往美国纽约参加相关文化艺术交流活动，期间向联合国扶贫基金会捐赠了娘本精品唐卡一幅，此唐卡现场拍卖160万美金。得到了时任联合国秘书长潘基文先生的亲切接见，在交谈中，娘本充分表明了热贡唐卡艺术走向世界的意愿。通过对外文化交流，进一步提升了热贡唐卡艺术的知名度，在国际社会上留下了一定的影响，为促进热贡艺术走向世界发挥了较好的作用。2019年11月，在外交部蓝厅以"新时代的中国：大美青海从三江源走向世界"为主题的外交部青海全球推介活动隆重举行，娘本携精美热贡唐卡作品参加本次活动，会场上，娘本在现场展演热贡唐卡的绘制并对前来参观的领导及游客就热贡唐卡文化进行讲解。同月，娘本与美国涂鸦艺术家布拉德利·西奥多（Bradley Theodore）作品交换及艺术交流会在联合国总部举办。2022年，娘本还计划前往美国波士顿进行为期两个月的热贡唐卡艺术展，并且在哈佛大学有两次讲课。他希望抓住这样的机遇多做宣传，让国外的人更加了解中国的热贡唐卡艺术，在展示好自己的艺术作品的基础上讲好中国故事。

娘本在不断对外推广宣传热贡唐卡艺术的同时，也发现了现实的问题和困难。"热贡唐卡艺术在国外的这种市场引领。面临着很大的困难。我们缺乏这种人才，特别是对国外的这种宣传、推广。所以很多时候都是我们自己去做，还是缺人才，也缺合作伙伴。目前我们国外的合作对象，很多是那种画廊型的。我的目的是我去打开这个市场窗口。世界的这种舞台上有没有这种唐卡艺术家的地位，很重要。我们地方上还有3万多唐卡艺人。我可以说是一个引领的人。"

娘本曾说："我们的祖先在这里孜孜不倦地画了700多年，流传下了这精美绝伦的唐卡艺术，我们一定要尽最大的力量，把它传承和发扬下去，让全世界了解它，热爱它。"许多像娘本这样有追求的热贡艺人，始终把绘制唐卡视为自己的使命，矢志不渝地潜心研究，认真创作。他们对唐卡艺术的虔诚，为了唐卡艺术的发展而不断探索，是唐卡艺术保持活力的源泉。

提到对于从事热贡艺术传承事业的年轻人的希望，娘本认为，非遗的

"中华艺术精品展"现场的娘本（左一）与法国前总理拉法兰（中）

传承，不是说一两个人做得完的。他要求学生们多带学生，好好地传承和保护这项技艺；不能掺进别的杂乱东西进来；在创新方面，大胆创新；要变成真正的艺术家、传承人和文化的使者。娘本对于年轻人未来的发展持乐观的态度。他说，青海有100多个国家级大师，我们一个村子里面就有7个国家级大师，这个是独一无二的。非遗的保护，主要方面之一就是对传承人的保护。青海有很多年轻的省级工艺美术大师，州级工艺美术大师现在也有500多人。现在的年轻人都一个比一个优秀，5万多热贡艺人里有500个大师的话，比例太少了，以后一定会更多，热贡艺术有更大的希望。

四十载如一日，中国工艺美术大师、国家级非物质文化遗产热贡艺术代表性传承人娘本将美好的少年时代、青年时代献给了热贡唐卡艺术的传承。在获得了众多头衔和无数奖项之后，娘本仍自称只是一名唐卡艺人。这位唐卡艺人——娘本大师，用手中的画笔画出了金色谷地热贡的美好生活，为热贡唐卡艺术赢得了世人的高度评价和广泛赞誉，为推动人类非物质文化遗产热贡唐卡艺术的保护、传承和发展做出了卓尔不凡的贡献。

后　记
POSTSCRIPT

　　今年，我有幸作为民盟北京市委 2022 年度参政议政调研课题——"新时代传统技艺和传统美术类非遗的保护与传承"的课题负责人组织开展相关研究工作，深感保护、传承和发展我国非物质文化遗产对于中华文明乃至世界文明的深远意义，其作为中华优秀传统文化的重要组成部分，凝结着劳动人民的创造和智慧，映射着劳动人民的精神世界，描绘着人们对于美好生活的不懈追求。当前，我国非物质文化遗产保护工作已经进入"巩固抢救保护成果，提高保护传承水平"的纵深发展阶段，全国范围内的非物质文化遗产四级名录体系已经搭建，各级代表性传承人认定工作有序开展，相关的学术研究亦如火如荼。精准地巩固成果、提高水平已经成为当前我国非物质文化遗产保护工作的重中之重。

　　本书选择传统工艺类非物质文化遗产的十个代表性项目，希望能为读者了解该领域非物质文化遗产的现状做一次极小规模的导游。整体而言，在我国非物质文化遗产代表性项目中，传统工艺类占有颇高的比例。以国家级项目为例，在已经公布的五批国家级代表性项目名录中，传统工艺类非物质文化遗产代表性项目占比 28.97%。此外，为进一步提高我国非物质文化遗产的保护和传承水平，文化部、中国非物质文化遗产保护中心于2009 年 9 月正式提出了生产性保护的概念，传统技艺、传统美术与传统医药炮制一起被纳入了生产性保护的范畴，这一领域在近些年也取得了快速的发展。

做好传统工艺类非物质文化遗产保护工作，不但有利于全面巩固我国非物质文化遗产保护已经取得的成果，精准提升保护和传承的整体水平，而且通过在此领域制定的一系列更加科学合理的政策条例和实施细则，将充分指导和调动更多非物质文化遗产从业者在生产性保护方面做出更为积极的探索，为代表性项目的可持续发展和实现真正的活态化传承打下坚实的基础。与此同时，通过相关领域的系列调研和分析，还可以为开展相关保护工作的单位和各级主管部门提供新时代非物质文化遗产保护的新思路和新举措。

　　千余项传统工艺类非物质文化遗产代表性项目，每一项都极其精彩，但囿于时间、精力和能力，本书最终借鉴了以点带面、"大传统"结合"小传统"的文化人类学研究方法，按照不同区域、不同项目，以及体现不同侧重的标准，选定了来自全国七个省市的十位传统工艺代表性传承人作为主要访谈对象。访谈主要集中于传承人的从艺经历、目前遇到的困难和存在的问题，以及他们对于非物质文化遗产保护和传承的建议。由此也了解到，目前的保护与传承工作中还存在一些困难和需要解决的问题，如传承人的认定与培养、代表性项目的宣传与推广、原材料的获取与组织生产，以及生产性保护的市场培育等，亟待继续做好相关工作的推进、引导和支持。

　　数千年来，我国的手工艺文化随着中华文明生根发芽成长，是我们的宝贵财富，也是全人类的宝贵财富。这些财富不仅是物质的也是精神的。此次通过记述十位传统工艺代表性传承人的亲历故事和感悟，希望让更多的人了解、体验和珍惜我国非物质文化遗产，从中感受中华优秀传统文化的魅力及其所蕴含的深意，让古老的技艺在新时代焕发新的生机。书中采访的十位传统工艺代表性传承人所展现的匠心、求新、坚韧和"痴心"，可能正是他们巧夺天工的秘诀所在。他们独具巧思、精益求精，他们不惧挑战、百折不挠，他们不落窠臼、不断求变，他们痴心不改、全力以赴。但他们又个性鲜明：神思妙想、浪漫牙雕的李定宁；谨言慎行、独爱青瓷的夏侯文；心细如发、精塑面人的郎志丽；精编巧思、高洁如竹的何福礼；笃定沉稳、舞漆弄墨的郑修钤；心思缜密、精研苏绣的张美芳；殚精竭虑、云锦织梦的金文；不拘绳墨、与时俱进创作景泰蓝的钟连盛；踏实低调、熟谙剪纸了然于心的高佃亮；心怀善念、钟情唐卡技法融会贯通的娘本。

动态保护和活态传承对于实现非物质文化遗产健康发展犹如鸟之两翼、车之两轮。在持续变化的内外部环境下，保护、传承和利用好我国非物质文化遗产，对于延续历史文脉、坚定文化自信、推动文明交流互鉴、建设社会主义文化强国具有重要意义。在我国非物质文化遗产的传承中，前人已经做了很多，在其当代的保护和传承发展中我们更要努力。我们只有不断加强对我国非物质文化遗产全方位的深入调研，重视其基本内涵，关注并弘扬其时代价值，推动其创造性转化、创新性发展，才能让我国非物质文化遗产在新时代绽放全新的光彩，耀眼于神州，璀璨于世界。

在本书付梓之际，由衷感谢民盟北京市委领导的关心和支持；感谢十位代表性传承人的鼎力相助，也感谢传承人的家人和学生从方方面面所给予的大力帮助；感谢中国民主法制出版社倾力支持出版此书；感谢为本书的编辑出版发行付出辛勤劳动的相关人员；感谢所有良师益友的鼓励；感谢中国非物质文化遗产缪篆书法第五代传承人张会利为本书刻制非遗印章；感谢家人对我的支持。

由于水平所限，本书疏漏之处在所难免，敬请指正。

方鸿琴

2022 年 6 月